阅读唐律

由法制而文化

本成果系国家社科基金重点项目

中国传统法理学研究成果

张中秋 著

阅读唐律

由法制而文化

中国政法大学出版社

2022·北京

声 明　1. 版权所有，侵权必究。

　　　　2. 如有缺页、倒装问题，由出版社负责退换。

图书在版编目（CIP）数据

阅读唐律：由法制而文化/张中秋著.—北京：中国政法大学出版社，2022.1
ISBN 978-7-5764-0296-4

Ⅰ.①阅… Ⅱ.①张… Ⅲ.①唐律-文集 Ⅳ.①D929.42-53

中国版本图书馆CIP数据核字(2022)第011379号

出 版 者	中国政法大学出版社
地　　址	北京市海淀区西土城路 25 号
邮寄地址	北京 100088 信箱 8034 分箱　邮编 100088
网　　址	http://www.cuplpress.com（网络实名：中国政法大学出版社）
电　　话	010-58908289(编辑部) 58908334(邮购部)
承　　印	固安华明印业有限公司
开　　本	880mm×1230mm　1/32
印　　张	10.25
字　　数	230 千字
版　　次	2022 年 1 月第 1 版
印　　次	2022 年 1 月第 1 次印刷
定　　价	55.00 元

序　言

　　本书是我学习和研读唐律的习作，汇集了若干论文和一篇译文。这里所说的唐律是指唐代法律的总称，包括唐前期的律、令、格、式四种法律形式和判，以及唐后期的格后敕等，其中《唐律疏议》是代表。本书之所以取这个书名，主要是因为它的前部分是有关法律制度的，后部分是有关法律文化的，中间是由制度向文化过渡的，前后似乎构成了对唐律由法制而文化的阅读，其中好像还隐含着某种合逻辑的展开。其实，这不是刻意追求的产物，而是因为多种机缘巧合，在持续的阅读中自然形成的结果。本书之所以说是习作，是因为我对唐律的研究未达精深，相对于唐律研究的大家名家，我对唐律只能说是好之而非专家。所以，本书确是我提交的一份阅读唐律的作业，一是想表达我对伟大的唐朝和优秀的唐律的致敬，二是期待中华民族和中华文化（包括法文化）再现辉煌。

张中秋

2020 年 9 月

目　录

序　言 / 1

※ 为什么说《唐律疏议》是一部优秀的法典　/ 1
※ 大唐律令与唐代经济社会的盛衰　/ 15
※ 唐代的工商与专卖法　/ 49
※ 唐代民事法律主客体与民事法源的构造　/ 98
※ 唐代的物权与债权　/ 117
※ 唐代对外贸易的法律调整　/ 167
※ 透视唐代经济民事法律　/ 178
※ 论唐朝司法审判的法律依据　/ 198
※ 传统中国政治生活类型的转变
　　——依唐代经济法律所作的一种分析　/ 211
※ 传统中国法的道德原理及其价值
　　——以《唐律疏议》为分析中心　/ 217

※ 法律文化交流的一般原理及其作用
　　——以唐与清末中日法律文化交流为个案的
　　　分析　/249
※ 中华法系与罗马法的原理及其哲学比较
　　——以《唐律疏议》与《法学阶梯》为对象的
　　　探索　/269
※ 初唐法律论（译作）　/290

后　记　/315

为什么说《唐律疏议》是一部优秀的法典[*]

在法学特别是法史学界，一般都认为《唐律疏议》是一部优秀的法典，但论者的论据和标准并不相同。国外学者中以日本学者为代表，他们一般是通过与同时代的欧洲法进行横向比较而提出此说，但他们又都往往是在讨论其他问题时提出，并没有就此专门展开论证。譬如，世界著名的中国法史学者仁井田陞教授曾说过："像唐律那样的刑法发达程度，可以说在当时世界上无有望其项背的。亦就是连欧洲划时代的加格林法典，不但在时间上比唐律晚了900多年，其发达程度亦不及唐律。甚至和欧洲19世纪的刑法典相比，唐律亦毫不逊色。"[1]中国学者从古到今大多喜欢从纵向的比较中提出此说，其中作为论据和标准而经常被引用的，即是前人所说的"论者谓唐律一准乎礼，以为出入得古今之平"[2]。

---

[*] 原载于《政法论坛》2013年第3期，有修改。

[1] 参见刘俊文主编：《日本学者研究中国史论著选译》（第8卷：法律制度），中华书局1992年版，第102页。这里还要说明的是，引文中仁井田陞教授所说的"唐律"即指《唐律疏议》。严格说，这样使用并不规范。因为唐代有律、令、格、式四种法律形式，《唐律疏议》只是其中"律"的一种，但基于《唐律疏议》的代表性和重要性，所以，论者往往以"唐律"指《唐律疏议》，学界多习以为常。本文除特殊说明者，亦同。

[2] 语出《四库全书总目·唐律疏议提要》。转引自（唐）长孙无忌等撰：《唐律疏议》，刘俊文点校，中华书局1983年版，第677页。此说最初是在对《唐律疏议》与传统中国法典作纵向对比中提出的，此后却作为论据和标准被反复运用到对《唐律疏议》的评价上。

虽然持论者历来对"一准乎礼"不乏阐述,但为何"一准乎礼"即"得古今之平"?又为何因此而谓之优秀?大家却未作深究。对于上述这两种有关《唐律疏议》的评判研究,如果我们稍作比较,就可以发现,虽然它们的纵横侧重有所不同,但就其路径和方法来说,都是立足于法史的一种比较认识,可以归入比较法史学的范畴。其实,如何对一部法典进行评判,还有一种法理学的视角,尤其是从法理学的立法学角度来看,评判一部法典至少涉及原理、制度与技术三个方面。[1]很显然,这与上述比较法史学不同,它是一种从理上立论的研究路径和方法。因此,我以为对《唐律疏议》的评判,亦可从原理、制度与技术这三个方面来探讨。[2]

---

[1] 参见周旺生:《立法学》(第2版),法律出版社2009年版,第1编"原理"、第2编"制度"、第3编"技术"。
[2] 这篇文章原是从我的一个真实的梦境扩充改写而来的。这个梦产生的背景和情景是这样的:应台湾政治大学黄源盛教授的邀请,我拟于2011年2月25—26日去台湾参加"秩序·规范·治理——唐律与传统法文化国际学术研讨会",为修改与会的论文(《传统中国法的道德原理及其价值——以〈唐律疏议〉为讨论中心》),我昨天(2010年10月28日)计划今天(2010年10月29日)检阅读过并有记录的《唐律疏议》,以供修改文章之用,梦就发生在从28日到29日的这个夜间(应是下半夜)。我记得在梦中,好像是在台湾的一个大学的外面(又好像是在大街边上的大楼走廊里),有很多人在闹哄哄地开会,会议由黄源盛主持,来自南京大学的钱大群教授(他亦是被邀请者)发言后就轮到了我,匆忙中不知怎么我记有发言提纲的小纸片滑落到了听众的前排下(听众似乎亦没有注意到),就在我迟疑不决之际,大会开始了休息,这时我突然不想讲纸片上准备好的内容(好像是有关唐律中的经济法律问题),同时脑子里迅速开始寻找新的主题,奇怪的是新的东西似乎未加思考就蹦了出来,会议一开始我就做了这个报告,大意是自古以来(譬如罗马帝国),法律在赋予人们的权利义务上,都依民族、种族和国家的不同而不同,不平等是正常而基本的现象,但唐是一个开放的国际化的帝国,唐律对不同民族、种族和国家的人所

一、就《唐律疏议》的原理言

按照立法学理论，原理是一种包含价值的评判，制度与技术更多是一种事实评判。虽然这两种评判在对《唐律疏议》的研究中都不乏见，但最常见的还是事实评判，至于从原理方面进行的价值评判，基本上还是停留在因袭古人的唐律一准乎礼而得古今之平的水平上。因此，我首先从原理方面展开。

我们知道，法之为法的根本在于它的正当性。法的正当性即是理，理的抽象和系统化就是法的原理。藉此可知，法的原理乃是法的精神和根本所在。所以，人们要制定一部好的法典的关键在于其原理，而正确认识和使用好一部法典的关键亦在于其原理。正如沈家本在《重刻唐律疏议序》中所说："律者，民命之所系也。其用甚重，而其义至精也。根极于天理民彝，称量于人情事故；非穷理无以察情伪之端，非清心无以祛意见之妄。设使手操三尺，不知深切究明，而但取辨于临时之检按，一案之误，动累数人；一例之差，贻害数世。岂不大可惧哉！是今之君子所

赋予的权利，在古代世界中是最低限度的不平等。例如，允许外国人参加科举考试进而做官，允许外国人娶中国女子成家，允许外国人在唐境内自由经商并保护他们的私产，若有纠纷适用对等的法律等。这说明唐是一个开放、自信、兼容的朝代，唐律是优秀的法律。我讲的时候似乎还是闹哄哄的，但一讲完就爆发出了长时间的热烈掌声。我亦随之醒来，因一时不能成眠，就索性仔细回忆起刚做过的梦，并依着上述大意，提炼扩充主题，勾勒出本文的思路，当时就形成了一份"伟大的朝代 优秀的法律"的提纲，后又对提纲补写形成初稿，现依初稿改写成此文。上述絮语，绝非妄言。只因事过奇异，故记录在此，权作本文的前因。

当深求其源，而精思其理矣。"[1]借用今天的话说，这个"精思其理"的"理"就是《唐律疏议》的原理。

对于什么是《唐律疏议》的理，或者说《唐律疏议》的原理是什么？论者们都愿意把它归结为礼，即使现代学者亦是这样，实际上这还是对前述"一准乎礼"的简单翻版。然而，由于"礼"首先是而且主要是规范，因而其自身具有极强的规范性，所以，人们总是很难把它与思想性的原理等同起来。最近这些年，我根据自己对《唐律疏议》的研究，发现它的原理可以称之为道德原理。[2]基于《唐律疏议》是传统中国法的代表，道德原理亦可以说是传统中国法的原理。换言之，道德是传统中国人视法之为法，亦即法的正当性的理据所在。

当然，这里"道德原理"中的"道德"一词，其含义与我们现在通常所说的"道德"的含义不同。前者是传统中国哲学的一个重要范畴，用以表达世界万物的构成原理，即"道"是事物的存在形式，"德"是事物的存在根据，"道"与"德"共同构成事物的统一性。这个原理贯通天、地、人，即沟通自然、社会与人类。所以，它本质上是传统中国人的世界观。从文化哲学上说，这就是中华文化的基本原理。《唐律疏议》以其特有的方式和措辞对此加以概括和定位，亦即在开篇《名例》"序"中

---

[1] 前揭（唐）长孙无忌等撰；《唐律疏议》，刘俊文点校，第669页。另，台湾大学高明士先生对唐律中的"理"作了溯源分类和司法运用方面的解读，阅者可参见高明士：《律令法与天下法》，台湾五南图书出版股份有限公司2012年版第193~237页。

[2] 参见收入本书的《传统中国法的道德原理及其价值——以〈唐律疏议〉为分析中心》一文。

提出以"德礼为政教之本,刑罚为政教之用,两者犹昏晓阳秋相须而成者也"为指导思想,应该说这是用法言法语完整而精确地反映了传统中国人的世界观。因此之故,《唐律疏议》才称得上是中华文化的基本原理在法律上延伸和表达的经典。

　　道德原理的内核是道与德,或者说外与内、形与质的对立统一。它反映到传统中国人的世界观上,首先,同时亦是最根本的,即是一个"诚"字,亦即是什么就是什么。换句话说,世界就是道与德,亦即外与内、形与质的对立统一。然后,以这个"诚"字为原点和基点推展开去,构成一个具有内在逻辑的道德世界观。如果要用最简单的方式来显示这种逻辑展开,那就是诚→如实→中庸→不偏不倚→实事求是→恰到好处。在中文语境中,恰到好处就是中或者说合理。中或合理是传统中国人的公平正义观,用古代的法律术语来说就是平,用现代的法律术语来说就是正当。这样,在《唐律疏议》中,从道德原理内生和引申出了诚→如实→中庸→不偏不倚→实事求是→恰到好处→中/合理→平/正当→公平正义的法理逻辑,所以,"论者谓唐律一准乎礼,以为出入得古今之平"可谓是一语中的。因为礼是道德的载体和表达,所以,一准乎礼意味着一准乎道德。而依据上述《唐律疏议》中的法理逻辑,一准乎道德即是一准乎诚,一准乎诚即是如实,如实即是不偏不倚,不偏不倚即是恰到好处,恰到好处即是中或合理,中或合理就是前人所说的平。依据这样的法理逻辑,立法者如果还能很好地总结经验教训,并能运用成熟的立法技术(唐初立法确实如此),那么,其所立之法必然是"得古今之平"。所以,元朝人柳赟在评价《唐律疏议》时说:"非常无古,非变无今。然而必择乎唐者,以唐之揆道得其中,乘之则过,除之即不及,过与不及,其失均也。"[1]柳赟说唐之揆道得其中,说明《唐律疏议》所遵循和体现的立法原理,正是恰到好处的中或者说合理,亦即不失其均的平,所以它才有了出入得古今之平的美誉。因此,如果要从原理方面作价值评判,我们可以说《唐律疏议》是一部优秀的法典。因为平是法的本义,亦是人类优秀法典的精髓和本质标志。

然而,我还有必要指出,上面所说的平,或者说传统中国的公平正义,并不完全等同于现在所说的平等。在中国哲学上,道曰序为异,德曰生为同,所以,生与序或德与道表现为同与异的对立统一,亦即尚德求同与重道别异的有机结合。这意味着传统中国的公平正义不是简单绝对的平等,而是同与异的有机统一,亦即包含了同与不同、等与不等的合理或者说中。所谓同/等就是同生同德同理者同等,这谓之等序;所谓不同/不等就是不同生不同德不同理者不同等,而是按生之先后、德之高低、理之大小排序,生先、德高、理大者居上,生后、德低、理小者居下,这谓之差序。但无论是等序还是差序,都是事物固有的秩序结构,亦即本来如此,这就是诚,符合事物的存在法则,所以,它们都是合理的。如前所说,合理作为传统中国人的正义观,体现在法律上就是平或曰义,亦即公平正义。由此可见,这个公平正义不是简单绝对的平等,而是同与不同、等与不等的有机结合,其结果即是法律上合理有序结构的形成。由于这个结构是基于理而成的,所以它的有序或者说等差,因获得了理的支撑而拥有了正当性。又因为这个理是源于自然的生与序而成的,所以它的正

---

[1] 前揭(唐)长孙无忌等撰:《唐律疏议》,刘俊文点校,第664页。

当性就有了扎根于自然的道德性。因此,从自然中的生序到哲学上的道德,从哲学上的道德到法律中的合理,这就是植根于道德原理的传统中国法的公平正义。这种形式上有差、实质上合理而本质上为道德的公平正义观,与西方形式上平等、实质上对抗而本质上为自由的公平正义观恰成对极,但与先贤在评价《唐律疏议》时所说:"论者谓唐律一准乎礼,以为出入得古今之平",诚可谓若合符节。否则,我们就无法理解:唐律一准乎礼,而礼是有差序的,为何又谓之平?原来传统中国的平是合理,而合理是有差序的,准确说合理是同与不同、等与不等,亦即等序与差序的有机结合。可见,前人的评价是何等的精准!在此,我还要再次强调,尽管传统中国法中的平并不完全等同于现在所说的平等,但就像西方法中的正义那样,人类的优秀观是有文化和时代差异的。

二、就《唐律疏议》的制度与技术言

作为蕴含价值取向的立法原理,道德原理支配和引导着《唐律疏议》的制度设置,并透过成熟的立法技术发挥出来。在中华法系范围内,以及与同时代和同类型的世界其他法典相比较,《唐律疏议》的制度设置和立法技术都可以说是相当出色的。学界有关《唐律疏议》制度这方面的研究相当多,但最值得推荐的是薛允升的《唐明律合编》和沈家本的《历代刑法考》。[1]从

---

[1] 参见(清)薛允升撰:《唐明律合编》,怀效锋、李鸣点校,法律出版社1999年版;(清)沈家本撰:《历代刑法考》,邓经元、骈宇骞点校,中华书局1985年版。在这两部作品中,尤其是第一部作品,大部分内容都是这方面的讨论。

这两部杰出的作品中，我们可以清晰且实证地看到，《唐律疏议》的制度是如何在道德原理的支配下，亦即如何按照它说的"德礼为政教之本，刑罚为政教之用，犹昏晓阳秋相须而成者也"进行设置，从而达到"一准乎礼"而"出入得古今之平"的。当然，《唐律疏议》中的制度设置之所以能够达到这一点，除了原理的支配和引导外，还依托了成熟的立法技术。有关《唐律疏议》的立法技术，主要是法典编纂和法律解释两方面，其中最突出的是它的体系和对律学成果的充分吸收与运用以及将两者融为一体。例如，《唐律疏议》在内容的技术性排序上，是先总则后分则，先原则性制度后具体律文，先实体法后程序法；而在内容的精神性排序上，是先皇室后国家，先中央后地方，先政治后经济，先重罪后轻罪。这与当时的中国社会和国家体制吻合，反映出法典与社会同构的立法原理。因此，从立法技术上说，这不只是达到而是代表了它那个时代的最高水准。[1]综合这方面的

---

[1] 例如，伊斯兰教的《古兰经》以章、节为体例，记录的是穆罕默德的言论，内容上的排序并无严格的先后轻重之分。例如，第一章：开端；第二章：黄牛；第三章：仪姆兰的家属；第四章：妇女；第五章：筵席；第六章：牲畜；等等。所以，《古兰经》的译者马坚先生说："《古兰经》每章的次第，是穆圣在世时早已编定了的。至于各章的次第，那是圣门弟子编定的，大概是把比较长的放在前面，把比较短的放在后面，但亦不一定是那样的。因此，阿里所编排的《古兰经》，各章的次第，是依年代的先后；又伊本·默斯欧德和武百耶所编的，各有其特殊的次第。"[参见马坚译：《古兰经》，中国社会科学出版社1981年版，"古兰简介（节录）"第3页。] 又如，印度的《摩奴法典》以卷、条为体例，它不是国家颁布的法典，而是婆罗门教祭司根据吠陀经典、累世传承和古来习惯编成的教规与法律混合为一体的作品，其内容的排序在总体上是一个体系，但其具体的条文内容并无《唐律疏议》那般严格、严密。（参见马香雪转译：《摩奴法典》，商务印书馆1985年版。）再譬如，中世纪欧洲的著名法典《萨利克法典》，表现出立法技术十分粗糙，完全是一些习惯法的汇编；内

相关研究,可以说《唐律疏议》是一部体系严密、篇章结构严谨、法条简洁明确、疏议通晓明白且逻辑性强的法典,这已为相关研究所论证。[1]鉴于上述情况,本文就不再对《唐律疏议》的制度与技术作分别论述,而是从制度与技术的结合方面,做一个弥补此前不足的补充性讨论。

法律人都知道,法律的任务是解决人类社会的纠纷。解决纠纷的核心是诉讼,诉讼的核心是司法人员准确了解案件事实与正确适用法律依据。准确了解案件事实是司法人员在法庭调查中要解决的问题,而正确适用法律依据则首先是法律规定的问题,即有关法典对司法适用的法律依据是否有严密的制度规定。这是人们衡量有关法典在制度与技术结合方面是否完美的关键指标,亦是人们据此评价有关法典是否优良的重要依据之一。根据《唐律疏议》的相关规定,唐代司法人员所适用的法律依据,在形式上有律、令、格、式、敕令、习俗、比附、理法(法理解释)等多种法源。不过,这些法律依据具有一定的层次结构。其中,律、令、格、式是天下的通规,司法人员在司法中必须优先适用,即《唐律疏议》所规定的"诸断罪皆须具引律、令、格、

容上亦无内在的逻辑联系。如:①法庭传唤;②关于偷猪;③关于偷窃有角牲畜;……㉖关于释放奴隶;㉗关于各种窃盗;等等。[参见集体选编:《外国法制史资料选编》(上册),北京大学出版社1982年版,第171~184页。]

[1] 参见钱大群:《唐律与唐代法律体系研究》,南京大学出版社1999年版;何勤华编:《律学考》,商务印书馆2004年版,第155~172页;何勤华的《唐代律学的创新及其文化价值》一文,第173~198页;[日]八重津洋平的《〈故唐律疏议〉研究》一文;张中秋:《中西法律文化比较研究》(第4版),法律出版社2009年版,第198~199页。

式正文，违者笞三十。"[1]因此，律、令、格、式是属于第一层次的法源。敕令、习俗、比附和法理解释，虽然都是律、令、格、式的补充形式，但相互之间又有区别，敕令和习俗在适用上要优于比附和法理解释，因为敕令和习俗虽不是常法，但仍是有文可据的，尤其是敕令，因其来源于皇帝，故而其效力甚至超过律、令、格、式，只是因为唐太宗曾规定："不可轻出诏令，必须审定，以为永式。"[2]而且，《唐律疏议》卷三〇"制敕断罪"亦规定："诸制敕断罪，临时处分，不为永格者，不得引为后比。若辄引，致罪有出入者，以故失论。"[3]因此，总的来看，敕令和习俗仍是同属第二层次的法源。比附和法理解释是在"律无正条"和无敕令、习俗的前提下才被适用，亦即《唐律疏议》卷十七"亲属为人杀私和"疏议所确定的"金科虽无节制，亦须比附论刑"[4]。这说明比附和法理解释当属第三层次的法源。这三个层次的法源构成了一个严密的法律依据体系，从而确保了司法人员在适用法律依据方面的有序性和周密性。[5]就此而言，《唐律疏议》在有关诉讼的制度与技术结合方面，即便不算完美亦已臻于完善。

在上述制度与技术结合之外，《唐律疏议》有关涉外方面的规定，真正体现出了它那个时代罕见的开放性和先进性。人类法

---

[1] 前揭（唐）长孙无忌等撰：《唐律疏议》，刘俊文点校，第561页。
[2] 《贞观政要》卷八。
[3] 前揭（唐）长孙无忌等撰：《唐律疏议》，刘俊文点校，第562页。
[4] 前揭（唐）长孙无忌等撰：《唐律疏议》，刘俊文点校，第334页。
[5] 参见张中秋：《论唐朝司法审判的法律依据》，载《史林》1987年第4期。

律史告诉我们，古代社会（甚至今天）的法律，在涉外方面所赋予人们的权利义务上，都是依民族、种族和国家的不同而不同，不平等是正常而基本的现象。譬如，在古代最讲平等和民主的希腊、罗马法中，著名的雅典城邦法就将人分为公民、外侨和奴隶三种，三种人之间的法律地位极不平等，只有雅典公民才享有平等的权利。同样，在罗马共和国时期的市民法，亦是将人区分为罗马公民与非罗马公民，即使到罗马帝国的万民法时代，帝国境内的不同种族、民族取得了同样的法律地位，但帝国境外的异族（如日耳曼人）在法律上仍然被作为野蛮人而受到歧视。[1] 此外，人类其他著名的法律，如伊斯兰法、印度教法，甚至中世纪的欧洲法等，亦都没有跨越这样的藩篱。[2] 相比较而言，唐律（主要是《唐律疏议》，下同）对不同民族、种族和国家的人所赋予的权利，达到了古代世界（除通行万民法时期的罗马帝国境内）最大限度的平等，或者说是古代世界中（除通行万民法时期的罗马帝国境内）最低限度的不平等。例如，按现在法的分类，在公法领域，唐律不仅允许外邦人士[3]在唐入学、科考和做官，而且是落到实处，如新罗的崔致远、日本的阿倍仲麻吕（汉名晁衡）和大食国（阿拉伯）的李彦昇等，都是这一类中成

---

[1] 分别参见何勤华主编：《外国法制史》（第5版），法律出版社2011年版，第3章"古希腊法"、第4章"罗马法"。
[2] 分别参见前揭何勤华主编：《外国法制史》（第5版），第2章"古印度法"、第5章"日耳曼法"、第8章"伊斯兰法"。
[3] 唐律称外邦人士为化外人，意指中华教化以外，实即唐政府直接管辖以外的周边少数民族和外国人士。

功的显例。[1]在私法领域，唐律允许外邦人士在唐娶妻生子、自由经商并保护他们的财产，这样的规定和实例亦同样被历史记录下来。[2]通常来讲，在一国国内法中，在私法方面赋予外国人（包括自然人和法人）与本国国民同等或接近同等的待遇，这是现代社会的事，而且还是对等的；至于在公法方面，人类法律至今还远未达到。但早在一千多年前的唐律，不仅在私法方面有了如此类近的规定，而且在公法所涉及的公权利方面，就已经允许外邦人士参加国家的教育和考试，甚至还允许他们担任行政公职以至出任政府官员。就我所知，这样的开放性在历史上不说是绝无仅有，亦是罕见的。但唐律还不止于此，它在最为关键的涉外纠纷处理方面，规定对同一外邦人之间适用对等的法律，不同外邦人或外邦人与唐人之间通用唐律，这即是著名的《唐律疏议》规定："诸化外人，同类自相犯者，各依本俗法；异类相犯者，

---

[1] 分别参见新罗崔致远的《桂苑笔耕集》（上海商务印书馆 1936 年版）；《旧唐书·日本传》；《全唐文》卷七六七载陈黯《华心》文。还有，唐代有关涉外的法律规定和历史事迹以及相关记载内容不少，而且已有研究者做了较好的梳理和探讨，本文限于篇幅不宜在此重复，所以只提供相关内容的资料信息，阅者可以检索其中信息含量较高的作品，如高树异的《唐宋时期外国人在中国的法律地位》［载《吉林大学学报（社会科学版）》1978 年第 5~6 期］和张淼淼的《唐代化外人的法律地位述论》（苏州大学 2010 年硕士学位论文）。此外，关于崔致远、阿倍仲麻吕和李彦昇在唐的经历和事迹，最简便的方式可到网上搜索查阅，崔致远（载 http://baike.baidu.com/view/131964.htm），阿倍仲麻吕（载 http://baike.baidu.com/view/62744.htm），李彦昇（载 http://baike.baidu.com/view/4460726.htm）。

[2] 参见前揭（唐）长孙无忌等撰：《唐律疏议》，刘俊文点校，第 178 页"疏议·准别格引"；《册府元龟》卷九百九十九《外臣部》"互市"；以及前注中所揭高树异的《唐宋时期外国人在中国的法律地位》和张淼淼的《唐代化外人的法律地位述论》。

依律论。"《疏议》接着解释说:"'化外人',谓蕃夷之国,别立君长者,各有风俗,制法不同。其有同类自相犯者,须问本国之制,依其俗法断之。异类相犯者,若高丽之于百济相犯之类,皆依国家法律,论定刑名。"[1]这条规定体现了属人主义与属地主义相结合的原则,既坚持了本国的司法主权又尊重了他国的法律习俗,可以说是一项在当时极为先进在今天亦不显落后的涉外纠纷处理法。以上在表明,唐是一个开放、自信、兼容的朝代,反映到法律上体现为它的开放性和先进性。[2]而透过这种历史上罕见的开放性和先进性,我们不是亦从一个侧面看到了《唐律疏议》的优秀性吗?

三、一个初步认识

总结以上的讨论,我认为无论是从法史的比较角度出发,还是就法典论法典的立法学而言,《唐律疏议》都称得上是一部优

---

[1] 前揭(唐)长孙无忌等撰:《唐律疏议》,刘俊文点校,第133页。
[2] 如果要追问唐朝和唐律为什么有这样的开放性和先进性,其中一个最重要的原因是华夷不分的文化天下观,亦即唐不以血缘、种族和疆域来区分民人。这是迄今为止人类交往中最开放和最先进的理念。如《全唐文》卷七六七所载陈黯《华心》一文云:"大中初年,大梁连帅范阳公得大食国人李彦昇,荐于阙下,天子诏春司考其才。二年,以进士第,名显,然常所宾贡者不得拟。或曰:'梁,大都也。帅,硕贤也。受命于华君,仰禄于华民,其荐人也,则求于夷,岂华不足称也耶?夷人独可用也耶?吾终有惑于帅也。'曰:帅真荐才而不私其人也。苟以地言之,则有华夷也;以教言,亦有华夷乎?夫华夷者,辨在乎心,辨心在察其趣向。有生于中州而行戾乎礼义,是形华而心夷也。生于夷域而行合乎礼义,是形夷而心华也。若卢绾少卿之叛亡,其夷人乎?金日磾之忠赤,其华人乎?繇是观之,皆任其趣向耳。今彦昇也,来自海外,能以道祈知于帅,帅故异而荐之,以激夫戎狄。俾日月所烛,皆归于文明之化。盖华其心而不以其地也。而又夷焉?作《华心》。"

秀的法典。当然，这并不意味着它完美无瑕。其实，无论就当时还是从今天来看，《唐律疏议》都存在着某些不足。就当时言，它的制度中有先过于理想后又趋于保守而致脱离实际者，如均田制中有关口分田的分配规定即是显例；[1]而它的《疏议》中亦有不少注解存在着繁而不要甚至前后矛盾的现象。[2]如果要从今天来看，它的立法原理、制度与技术，相对于现代法典，更是存在着时代与文化上的差异与差距。但正如金无足赤、人无完人所喻，世上并无完美之物，《唐律疏议》即使存在着上述不足，总体上亦可以说是瑕不掩瑜。

---

[1] 参见张中秋：《唐代经济民事法律述论》，法律出版社2002年版，第9～31页"唐代的土地法律"。
[2] 《唐律疏议》中有的《疏议》的注解繁而不要，主要原因是述古和训诂太多，如对五刑之"笞"的注解即是如此，阅者可以详见前揭（唐）长孙无忌等撰：《唐律疏议》，刘俊文点校，第3～4页。正是由于注解中述古和训诂太多，而在词源学上人们又可以有不同的训诂，所以，难免在注解上尤其是在人们的理解上出现前后矛盾的地方。我国著名的唐律专家钱大群教授，在参加台湾政治大学主办的"秩序·规范·治理——唐律与传统法文化国际学术研讨会"（2011年2月25日上午）发言时就曾指出这点，我当时在场并亲耳所听。对于述古和训诂太多这样的情况，如果要从中国法典史来看，这恐怕不止是《唐律疏议》，而是整个传统中国法的一个特点。但如果要从立法学的简明和逻辑自洽来说，这个特点显然亦是个缺点。

大唐律令与唐代经济社会的盛衰[*]

一、唐代的疆域与经济社会形势

国土面积的大小直接决定王朝的疆域。在中国历史上，唐是继西汉以后又一个疆域辽阔的帝国，并较汉的版图略有扩大。按西汉全盛时的疆域为郡国130，县邑1314，总计东西9302里，南北13368里。[1]唐代疆域东西与汉大致相仿，南北大为超过。[2]唐初不仅拥有广阔的疆土，而且，经过隋末战乱和李唐王朝的着意挤压，东汉以来占据社会经济、政治统治地位的豪门世族受到了沉重打击，支撑他们的部曲庄园经济彻底瓦解，大片的沃土重新掌握在新王朝手中，关内、河南、河北、淮南几道的情

---

[*] 本文原以"大唐律令与唐代经济繁荣关系之研究"和"论大唐律令与唐代经济衰退之关系：以均田律令为中心"为题分别发表于《南京大学学报》1990年第2期和《江海学刊》1991年第1期，现合为一文，有修改。
[1] 《汉书·地理志》。
[2] 《新唐书·地理志》略云："太宗元年（公元627年），始命并省，又因山川形便，分天下为十道：一曰关内，二曰河南，三曰河东，四曰河北，五曰山南，六曰陇右，七曰淮南，八曰江南，九曰剑南，十曰岭南。至十三年定簿，凡州府三百五十八，县一千五百五十一。明年，平高昌，又增州二，县六。其后，北殄突厥颉利，西平高昌，北逾阴山，西抵大漠。其地东极海，西至焉耆，南尽林州南境，北接薛延陀界。东西九千五百一十一里，南北一万六千九百一十八里。……举唐之盛时，开元天宝之际，东至安东，西至安西，南至日南，北至单于府，盖南北如汉之盛，东不及而西过之。"

况尤其如此。同时，战争亦造成了人口的巨大伤亡，据正史统计，贞观年间户数不足三百万，若按每户五口计算，人口也不超过两千万，[1]成丁的劳动力自然要比这个数字少得多。这样，唐初形成了土地广大而人口稀少且豪强势力薄弱的经济社会形势。这一方面为唐王朝对土地的重新调整和安排提供了良机，同时亦为农业经济的发展提供了可能。但要使这种可能变成现实，还有很多工作要做。

二、重农与土地开发

农业虽然是传统中国的基础，但它经常受到商业的冲击和动摇，明智的统治者总是不忘将农业列为施政中最优先考虑的事项，在这方面，初唐帝国可称典范。从有关的材料和法律规定来看，唐初重农的核心是放在劝农、省徭和增丁上，以期将有限的劳力投之于农业生产，借以减少对农业生产力不合理的消费和耗损。据《通典》记载，隋炀帝大业二年（公元606年），全国的户数是8 907 536，口数是46 019 956，可是到贞观初年（公元627年），全国的登记户数不满300万，[2]比大业二年减少了500多万户。虽然我们可以肯定这个数字并不是准确无误的，但人口和户数大规模的减少应没有疑问。因此，在这种情况下，劳动力显得弥足珍贵。如何将有限的劳力投之于农业，自然成为唐初治国的关键。唐武德七年（公元624年），高祖定律令，规定：

---

[1] 参见梁方仲：《中国历代户口、田地、田赋统计》，上海人民出版社1980年版，甲表21（第69页）。
[2] 《通典·历代盛衰户口》。

"诸每岁一造计帐,里正责所部手实,具注家口年纪"。[1]具注家口年纪既是为了确定户税,亦是为了明确丁数,亦就是查清包括劳动力在内的全国人口数。在唐初,依律规定,成丁者才是严格意义上的劳动力,土地的分配以丁为单位,即《唐会要》卷八三《租税》所载:"凡天下丁男,给田一顷。"其余的人依丁递减,可见力农者在当时的地位和价值。贞观年间,太宗对农事更加重视,曾经特别强调:"凡事皆须务本,国以人为本,人以衣食为本,凡营衣食,以不失其时为本。"[2]因此,贞观十六年(公元642年)下令:"不夺其时,使比屋之人,恣其耕稼,此则富矣。"[3]鼓励人们专志农事。永徽、开元年间,劝农的律令不断颁行,历武德、贞观、永徽、开元几朝而总其成的均田律令,既贯彻了劝农政策,又促进了农业的发展。

大概可以这样说,在传统中国,除了弃农经商和战事以外,徭役可谓是耗损农业劳动力最重要的原因。唐廷大臣王珪曾对太宗说:"昔秦皇、汉武,外则穷极兵戈,内则崇侈宫室,人力既竭,祸难遂兴,彼岂不欲安人乎?失所以安人之道也。亡隋之辙,殷鉴不远。陛下亲承其弊,知所以易之,然在初则易,终之实难。"太宗回答道:"公言是也。夫安人宁国,惟在于君,君无为则人乐,君多欲则人苦,朕所以抑情损欲,克己自励耳。"[4]贞观四年(公元630年)太宗下令征发劳力修洛阳宫,给事中张

---

[1] [日]仁井田陞:《唐令拾遗》,栗劲等编译,长春出版社1989年版(以下所引此书为同一版本),第148页。
[2] 《贞观政要·务农》。
[3] 《贞观政要·务农》。
[4] 《贞观政要·务农》。

玄素上书谏止道:"方今承百王之末,属凋弊之余,必欲节之以礼制……兴发数多,岂疲人之所望?"[1]如果劳役过度,必然财力凋尽,国归于乱。太宗听取了他的意见,停止征发,并褒奖张玄素,赐绢 200 匹。为了将省徭制度化、法律化,唐武德、开元期间先后颁布了严格的律令,规定在正常情况下,每丁每年平均服徭役 20 天,最多不超过 50 天,超过法定期限者按日折算免租或调,违法者依律惩处。比较历史上诸王朝以至近代中国的徭役制度,这算是轻徭了。

在劝农和省徭之外,增丁即增加劳动力的数量亦是唐初重农的法律措施之一。扩大包括劳动力在内的人口基数,鼓励婚姻确是一个有效的途径。唐初政府所定的法定婚龄逐渐变小,并以婚姻成立的多少作为考核地方官吏的一项标准。这与现今的做法确是迥然不同,但在特定的社会历史环境下自有其道理。贞观元年(公元 627 年)太宗下诏曰:"宜令有司,所在劝勉,其庶人男女无室家者,并仰州县官人,以礼聘娶,皆任其同类相求,不得抑取。男年二十,女年十五之上,及妻丧达制之后,孀居服纪已除,并皆申以婚媾,令其好合,若贫窭之徒,将迎匮乏,仰于亲近县里,富有之家,裒多益寡,使得资送。……刺史县令以下官人,若能婚姻及时,鳏寡数少,量准户口增多,以进考第;如导劝乖方,失于配偶,准户减少附殿。……[开元二十二年(公元 734 年)十二月敕]男年十五,女年十三以上,听婚嫁。"[2]

在增加劳动力方面,吸纳外来户要比鼓励婚姻见效快。唐令

---

[1]《贞观政要·纳谏》。
[2]《唐会要·嫁娶》。

规定:"诸没落外蕃得还,及化外人归朝者,所在州镇,给衣食,具状送省奏闻。化外人于宽乡附贯安置,落蕃人依旧贯,无旧贯,任于亲近附贯。"[1]这条法令收到了显著效果,"大唐贞观户不满三百万。三年,户部奏:中国人因塞外来归及突厥前后降附开四夷为州县,获男女一百二十馀万口。"[2]

唐通过上述以及其他一些措施,户数和口数都获得了突飞猛进的增长。现依据史料,将其户口数的增长情况列表如下:

表1 唐前期户数口数增长简表

时间	户数	口数	资料
贞观年间 (公元627—650年)	不满 3 000 000		《通典·历代盛衰户口》
永徽三年 (公元652年)	3 800 000		《通典·历代盛衰户口》
神龙元年 (公元705年)	6 156 565		《唐会要·户口数》
开元十四年 (公元726年)	7 069 565	41 419 712	《旧唐书·地理志》
开元二十八年 (公元740年)	8 412 871	48 143 609	《新唐书·地理志》
天宝元年 (公元742年)	8 525 763	48 909 800	《旧唐书·地理志》
天宝十三年 (公元754年)	9 619 254	52 880 488	《旧唐书·地理志》

---

[1] [日]仁井田陞:《唐令拾遗》(栗劲等编译),第146~147页。
[2] 《通典·历代盛衰户口》。

从表中可以看到，一百年间，唐朝的户数增加了500多万，人口增加到5000多万。在医疗条件极其简陋，战争、灾害频发的中古社会，这个成就是相当不易的。增加的人口中绝大多数是农业生产的主力，这支力量为唐朝经济的繁荣，进而为社会的发展，提供了必要的人力和物力资源，这个资源与律令的支持和保障是分不开的。尽管唐朝疆域辽阔，但耕地还是受到了限制。因此，开垦荒地、扩大耕地面积亦是发展农业生产所必需的。唐帝国有关荒地开垦的法律措施主要有两项：一是迁移；一是屯田和营田。《唐令拾遗》记："诸居狭乡者，听其从宽。"[1]《唐六典》卷三"户部郎中员外郎"条亦有类似的规定。唐律一般禁止出卖永业、口分田，但"狭乡乐迁就宽乡者，准令并许卖之"[2]。这是一种自愿式的迁移，称作乐迁。"开元十六年（公元728年）十月敕：诸州客户，有情愿属缘边州府者，至彼给良沃田安置，仍给永年优复。"令文中说给良沃田，但实际上缘边州府只有荒地待垦，并无多少良田沃地可分。

屯田和营田是由官府组织力量直接对荒闲无主之地加以垦耕。它以开辟荒地为主。屯田和营田的规模越大，意味着荒田荒地的利用率越高。唐廷为了加强对屯、营田的管理，特设屯田官以掌其事。其制规定："屯田郎中员外郎，掌天下屯田之政令，凡军州边防镇守，转运不给，则设屯田以益军储，其水陆腴瘠，播植地宜，功庸烦省，收率等咸取决焉。"[3]

---

[1] [日] 仁井田陞：《唐令拾遗》（栗劲等编译），第146页。
[2] （唐）长孙无忌等撰：《唐律疏议》，刘俊文点校，中华书局1983年版（以下所引此书为同一版本），第242页。
[3] 《唐六典·屯田郎中员外郎》。

"大唐开元二十五年（公元 737 年）令：诸屯隶司农寺者，每三十顷以下二十顷以上为一屯；隶州镇诸军者，每五十顷为一屯；应置者，皆从尚书省处分。其旧屯重置者，一依承前封疆为定。新置者，并取荒闲无籍广占之地。……其屯官取勋官五品以上及武散官并前资边州县府镇戍八品以上文武官内，简堪者充。据所收斛斗等级为功优。"[1]

唐代屯、营田主要在边区或外防未开发之地进行，并取得了很大的成绩，有关的史籍记载很多，这里略择几例，[2]以资说明："太宗贞观初，张俭为朔州刺史，广营屯田，岁致数十万斛，边粮益饶，及遭霜旱，劝百姓相赡，遂免饥馁，州境独安。""高宗显庆中，刘仁轨为带方州刺史，镇守百济，于是渐营屯田，积粮抚士，以经略高丽。""中宗时，王晙为桂州都督，桂州旧有屯兵，常运衡、永等州粮以馈之。晙始改筑罗郭，奏罢屯兵及转运。又堰江水，开屯田数千顷，百姓赖之。"

唐代通过律令，鼓励开垦，收效显著。元结的《元次山文集》卷七《问进士第三》记录："开元天宝之中，耕者益力，四海之内，高山绝壑，耒耜亦满。"这在一定程度上缓和了耕地有限的矛盾。

三、土地占有与均田律令的基本内容

唐代的土地占有，从形式上看，仍为国有与私有两大部分。所有山林川泽、道路桥梁、原隰丘陵、硗埆斥卤等荒野不毛的无

---

[1] 《通典·田制》。
[2] 以下三例均见《册府元龟》卷五〇三。

主之地，自然只能由代表国家的政府占有；前朝的皇室、勋戚、权贵、豪门等私有土地，在国破家亡、改朝换代之后，被新的王朝所没收，这部分土地亦变成了国有土地；其他因犯罪被籍没家产，或因战乱饥荒而逃亡他乡，其所遗留下来的田地也为政府没收，统并入国有地产之内。此外，由政府自行开垦的屯田和营田亦是国有土地的一个组成部分。国有土地以外的耕地基本上为私人占有，这部分土地因田主居住在其间，所以唐人称之为庄、庄田、庄园或庄子等。从一般史籍来看，均田制废除以前，唐代的国有土地在总耕地内占有相当大的比重，而私田的数量比较有限。[1]

国有土地的分配和使用主要是借助均田律令而化作永业田、口分田、职分田、勋田、公廨田以及赐田等，构成一个完整的均田制度。有关均田律令的基本内容大致如下：

（1）均田的时间及机关（负责人）。唐令："诸应收授之田，每年起十月一日，里正预校勘造薄，历十一月，县令总集应退、应受之人，对共给授，十二月内毕。"[2] 依唐令的规定来看，均田的时间为每年的十月至十二月，均田的机关（负责人）为里正、县令。

（2）均田的对象及数量。《通典·田制》有如此规定："凡

---

[1] 对此，亦有不同的看法。傅筑夫先生认为："（唐代）在全国所有的已耕土地之中，私有土地占绝大比重，官田只占其中的很小一部分……"[傅筑夫：《中国封建社会经济史》（第4卷），人民出版社1986年版（以下所引此书为同一版本），第201页。]

[2] [日] 仁井田陞：《唐令拾遗》（栗劲等编译），第566页；《唐六典》卷三"户部郎中员外郎"条及《唐律疏议·户婚》皆有同类记载。

天下之田，五尺为步，二百有四十步为田。凡给田之制有差，丁男中男以一顷（中男年十八已上者，亦依丁男给），老男笃疾废疾以四十亩，寡妻妾以三十亩，若为户者则减丁之半。凡田分为二等：一曰永业，一曰口分。丁之田二分永业，八为口分。凡道士给三十亩，女冠二十亩，僧尼亦如之。凡官户受田，减百姓口分之半。凡天下百姓，给园宅地者，良口三人已上给一亩，三口加一亩；贱口五人给一亩，五口加一亩，其口分永业不与焉。若京城及州县郭下园宅不在此限。"[1]其他王公贵族官僚及工商业者给田皆有制，最高的亲王一百顷，职事官正一品六十顷，最低的男爵及职事官从五品五顷，九品官一顷五十亩，工商者宽乡减半，狭乡不给。[2]这说明均田的主要对象是普通百姓和官僚贵族，并以丁男为基本单位，其他杂色人等授田均有等差。均田数量以顷（百亩）为常量，最高者百顷，最低的如工商业者、狭乡可以不给。

（3）均田的顺序及调剂。唐令的规定是："凡州县界内所部受田，悉足者为宽乡，不足者为狭乡，……凡授田，先课役后不课役，先贫后富，先无后少。"[3]"诸田乡有余，以给比乡；县有余，以给比县；州有余，以给比州。……狭乡田不足者，听于宽乡遥受。"[4]

---

[1] 另见［日］仁井田陞：《唐令拾遗》（栗劲等编译），第 539~542 页诸令文；《册府元龟·邦计部·田制》、《白氏六帖事类集》卷二三《授田令》亦有同样规定。
[2] 有关均田对象及数量的法律规定可参见《唐律疏议·户婚》、《唐六典》卷三"户部郎中员外郎"条、《旧唐书·食货志》中的相关部分。
[3] 《唐六典》卷三"户部郎中员外郎"条。
[4] ［日］仁井田陞：《唐令拾遗》（栗劲等编译），第 557 页。

上述关于土地分配的均田律令给我们这样几点印象：①分配土地的制度比较完备；②分配土地以丁男为基本单位，妇女（寡妻妾为户者除外）不参加土地的分配；③官僚贵族受田数额颇大。前后两点比较容易理解，制度完备是唐代的一个基本特点，官僚贵族受田优待是特权所致。令人疑惑的是为什么要以丁男为基本单位？为什么妇女（寡妻妾为户者除外）不参加分配？这样的规定有什么意义？下面我们试作一些分析。

《通典·食货·丁中》记："大唐武德七年（公元624年）定令：男女始生为黄，四岁为小，十六岁为中，二十一岁为丁，六十为老。"后来，神龙元年（公元705年）和广德元年（公元763年），成丁年龄分别提高到22岁和25岁。不管是21、22或25，有一点很清楚，丁龄是指20岁以上60岁以下的男子。在任何社会中，这个年龄段的男子都是标准的劳动力。而且，在唐朝，男子的婚龄都低于成丁年龄。因此，可以说，作为劳动力的丁男，不是一个人，一般代表一个家庭。这样的家庭形式，在我国唐朝以至整个传统社会一直都是最普遍的。唐令规定以丁男为均田的基本单位，实际上就是以劳动力、以男耕女织的个体小农家庭为中心。这样，凡按时结婚成家的妇女就等于分到了土地，而不结婚的女子（寡妻妾为户者亦是结过婚的）则分不到土地。由此可以看出，立法的意向显然是在鼓励婚姻，促成男耕女织的个体小农家庭的建立。这种家庭模式的建立，有几个明显的好处：①符合圣人之法和古制传统。何休《公羊解诂》云："圣人制井田之法而口分之。一夫一妇受田百亩，以养父母妻子。五口为一家，公田十亩，即所谓什一而税也，庐舍二亩半，凡为田一顷十二亩半。"五口之家的个体小农家庭自战国以来成为中国传统的家庭模式。②可以增加户口，繁殖人口，增收赋税，亦使劳动力的来源更为扩大。③稳定社会，便于治理。孟子曾答滕文公问治国说："民事不可缓也。……民之为道也，有恒产者有恒心，无恒产者无恒心。……是故贤君必恭俭礼下，取于民有制。"[1]这些益处应是立法者所考虑和追求的。然而，任何一种生产方式或者说劳动形式最终还是由生产力的发展水平所决定的，男耕女织的个体小农家庭在传统中国的历史结构中蕴藏着更加巨大的经济意义。

春秋以前，我国农业生产的工具非常落后，主要是木制和石制的，施肥的知识亦很有限，个体生产无法进行，必须采取"千耦其耘"式的协作方式，与此相应的便是井田制。春秋战国时期，铁制农具开始出现，最早的铁铧犁是在木底上套上"V"字型的铁口，故又称作铁口犁。当时还出现了铁口锄、铁镰刀等。这样，从工具的使用角度来说，进行个体劳动有了可能，原先共耕共耘的劳动形式随之解体。但当时的铁口犁还不能深耕，而且有的重达十四五斤，牵引这种犁需要有双牛，个体的小农家庭负担不起，只有富裕大户才具备如此农具和畜力。因此，一般的个体小农家庭还必须依靠富裕户。最后，逐渐演变为东汉及魏晋南北朝时期的庄园经济，个体自耕农遂转变为豪强氏族的部曲，丧失了人身自由，并受到超经济的剥削。发展到隋唐时期，生产经验和冶铁技术有了进步，过去的铁铧犁被逐渐改造成重约三市斤并具有犁壁的铁犁。这种犁辕不论曲直，较前都缩短很多，没有了"回转相妨"的缺点，耕作速度大大加快。而且，这种犁经

---

[1]《孟子·滕文公上》。

过改进，比较省力，可用单牛牵引，亦可由人力牵引。同时，铁耙、铁锹、铁铲、铁锄、铁镰、水车等主要农具亦都有了改进。[1]

生产工具改进的结果是，生产力水平在此基础上获得了极大的提高，精耕细作和农业生产的独立性亦同步增长，男耕女织的小农家庭成为当时主要的经济单位和劳作形式。这种形式下的农民成为国家的正式编民，摆脱了庄园主的超经济剥削和人身束缚，劳动的自主性和积极性大为提高。对他们来说，只要有土地就有希望；对国家来说，只要分配土地给农民，农业就会发展，税收就会增加，社会稳定和国力亦会增强。唐代以丁男为基本单位的均田律令实现了这一点。这不仅是因为它符合了当时生产力的发展水平，使劳动力和土地的结合比较合理，更关键的是，为了实现这点，帝国还采行了比较有力的手段，将均田制置于法律的支撑和保障之下。

四、均田制的法律保障与实施

均田制的实施需要诸方面条件的配合，例如，社会环境的安定，中央集权的强大，行政机构的完备有效等。这些条件在唐前期基本上是具备的，这里不再细说。在此将着重说明唐代法律对均田制的实施起了怎样的保障作用。

（1）收授田地的法律保障。唐令对全国每年收授田地的时间、机关（负责人）、顺序、对象、数量及调剂方法均有明确规

---

[1] 韩国磐：《隋唐五代史论集》，生活·读书·新知三联书店1979年版，第88～100页。

定,为了保证这些规定的实施,《唐律疏议·户婚》"里正授田课农桑违法"条规定:"诸里正,依令:'授人田,课农桑。'若应受而不授,应还而不收,应课而不课,如此事类违法者,失一事笞四十;〔一事,谓失一事于一人。若于一人失数事及一事失之于数人,皆累为坐〕三事,加一等。县失十事,笞三十;二十事,加一等。州随所管县多少,通计为罪。〔州、县各以长官为首,佐职为从〕各罪止徒一年,故者各加二等。"本条疏议曰:"各罪止徒一年,谓州县长官及里正,各罪止徒一年。故犯者各加二等,即是一事杖六十;县十事笞五十;州二县者,二十事笞五十,计加也准此通计为罪,各罪止徒二年。"唐律还规定:"诸应受复除而不给,不应受而给者,徒二年。"本条疏议又曰:"依令:'人居狭乡,乐迁就宽乡,去本居千里外复三年,五百里外复二年,二百里外复一年'之类,应给复除而所司不给,不应受而所司妄给,徒二年。"[1]律文中的复除是免除赋税的意思。由此可见,唐廷是用严厉的制裁手段来保障土地收授得以实现的。

(2)禁止买卖口分田的法律保障。唐令规定,每丁男受田一顷(唐制百亩),其中二十亩为永业,八十亩为口分。永业田可以传承,口分田在主人死后必须交还政府。因此,均田制下口分田一般不准买卖。《唐律疏议·户婚》"卖口分田"条律云:"诸卖口分田者,一亩笞十,二十亩加一等,罪止杖一百;地还本主,财没不追,即应合卖者,不用此律。"唐律有限制地禁止口分田的买卖,意在使国家不失应收回的土地,确保每年有地

---

[1] (唐)长孙无忌等撰:《唐律疏议》(刘俊文点校),第251页。

可授。

（3）禁止占田过限、盗耕、妄认、盗卖、在官侵夺田地的法律保障。唐律有这样一些规定，其一，禁占田过限。律云："诸占田过限者，一亩笞十，十亩加一等，过杖六十，二十亩加一等，罪止徒一年。[疏议曰：王者制法，农田百亩，其官人永业准品，及老、小、寡妻受田各有等级，非宽闲之乡不得限外占田。若占田过限者，一亩笞十，十亩加一等，过杖六十，二十亩加一等，一顷五十一亩罪止徒一年……]"[1]

其二，禁盗耕公私田。《唐律疏议·户婚》"盗耕种公私田"条律云："诸盗耕种公私田者，一亩以下笞三十，五亩加一等；过杖一百，十亩加一等，罪止徒一年半。荒田，减一等。强者，各加一等。苗子归官、主。"据此，若盗耕种三十五亩有余，杖一百；五十亩有余，徒一年半。并且，其地所生长的苗子和草，仍归原主。"若盗耕人墓田，杖一百；伤坟者，徒一年。即盗葬他人田者，笞五十；墓田，加一等。仍令移葬。"[2]

其三，禁妄认、盗贸卖公私田。《唐律疏议·户婚》"妄认盗卖公私田"条律云："诸妄认公私田，若盗贸卖者，一亩以下笞五十，五亩加一等；过杖一百，十亩加一等，罪止徒二年。"

其四，禁在官侵夺公私田。《唐律疏议·户婚》"在官侵夺公私田"条律云："诸在官侵夺公私田者，一亩以下杖六十，三亩加一等；过杖一百，五亩加一等，罪止徒二年半。园圃，加一等"。本条疏议曰："凡是居官挟势，侵夺百姓私田者，一亩以

---

[1]（唐）长孙无忌等撰：《唐律疏议》（刘俊文点校），第244页。
[2]（唐）长孙无忌等撰：《唐律疏议》（刘俊文点校），第246页。

下杖六十，三亩加一等，十二亩有余，杖一百。三十二亩有余，罪止徒二年半。"若侵夺百姓种蔬菜、水果的院地，罪加一等。若侵夺地及园圃，罪名不等，也准并满之法。并且，在官时侵夺、贸易等，去官事发，科罪并准初犯之时。

《唐律疏议》规定的上述诸禁，意在保护天下均田不受侵犯。那么，唐律为均田制的施行提供了如此充分的保障，其实际效果又如何呢？换句话说，在法律的支持和保护下，均田制实施的程度和结果是否理想？我们不妨先看一下史料，再作分析。

例一：《全唐文》卷四〇八（张浍）《对给地过数判》。案由："甲给地过数，科所由，曰：更耕之田。"判词："凡制农田，是分地职，家给百亩，夫当一廛。矧伊所由，慎乃厥事，善相邱陵坂险，能均地邑人居。使一易之田，加之以二，再易之地，增之以三。盖居瘠土者劳，则宅沃土者逸，将更耕以获利，与不易而方齐。故俗阜时康，以广数圻之外；家给人足，宁嗟十亩之间，旷土既无，代田是匹。欲科之罪，其善有词。"这份判词说明了，当时一夫（一丁男）受田百亩，易田加倍，三易之田再加倍，这和唐令的规定一致。

例二：贞观十八年（公元644年）太宗迁狭乡民于宽乡，其"幸灵口，村落偪侧。问其受田，丁三十亩。……诏雍州录尤少田者，并给复，移之于宽乡"[1]。

例三：高宗"初，永徽中，禁买卖世业、口分田"[2]。此和唐律规定一致。

---

[1]《册府元龟·惠民》。
[2]《新唐书·食货志》。

例四：唐臣贾敦颐"永徽五年（公元654年）累迁洛州刺史。时豪富之室，皆籍外占田。敦颐都括获三千余顷，以给贫乏"[1]。敦颐敢括获如此多的田地并分于贫乏，必得有法律依据。

例五：玄宗开元七年（公元719年）和开元二十五年（公元737年）又先后两次颁布均田令，实行均田，并在天宝十一年（公元752年）十一月乙丑下诏："应缘括简共公给授田地等，并委郡县长官及本判官录事，相知勾当，并特给复业并无籍贯浮逃人，仍据丁口，量地限恶，均平给授，便与偏附，仍放当载租庸，如给未尽，明立簿账，且官收租佃，不得辄给官人亲识工商豪兼并之家。如有妄请，先决一顿，然后准法科罪。"[2]

以上是有关传世文献的记载，让我们再看一看从敦煌、吐鲁番发掘的均田文书的情况。根据韩国磐先生的研究，[3]敦煌户籍残卷中所录授田情况可简表如下：

表2　敦煌户籍残卷所录授田情况简表

年代	户主姓名	应受田亩数	已受田亩数					未受田亩数
			总数	口分	永业	园宅	勋买田	
大足元年（公元701年）	邯寿寿	131	44	23	20	1		87
	张玄均	231	75	35	40			156

---

[1]　《旧唐书·贾敦颐传》。
[2]　《册府元龟·邦计部·田制》。
[3]　参见韩国磐：《北朝隋唐的均田制度》，上海人民出版社1984年版，第209~211页。

续表

年代	户主姓名	应受田亩数	已受田亩数					未受田亩数
			总数	口分	永业	园宅	勋买田	
开元二年（公元714年）	阙名	101	36	16	20			65
开元四年（公元716年）	杨法子	131	15		14	1		116
	母王	51	26	6	20			25
开元十年（公元722年）	赵玄义	52	11		11			41
	曹仁备	3182	63	22	40			3119
天宝三年（公元744年）	张奴奴	82	22		20	2		60
天宝六年（公元747年）	曹思礼	364	62	1	60	1		302
	程什柱	155	64	15	40		9（勋田）	91
大历四年（公元769年）	索思礼	6135	243	167	40	3	19（勋田）14（买田）	5910
	唐元钦	151	90	50	40			61

（注：本表有节略。）

依据上述表录，我们至少可以得出以下两点认识：①沙州敦煌郡是实施了均田制的，每户受田分口分、永业、园宅、勋田、买田几项，基本上符合均田令的规定。②据新旧《唐书·地理志》记，沙州敦煌郡仅有4265户，16250口，分属两县。户口如此少，应属宽乡，户籍残卷中受田亦是按宽乡计算的，但各户受田普遍不足，主要指口分田，而永业田则基本受足。[1]

沙州敦煌郡的情况如此，西州又怎样呢？日本大谷探险队在新疆吐鲁番地区发掘了数千张文书碎片，其中有关土地制度的约有三百种，文书藏在日本京都龙谷大学图书馆，后经西嶋定生、仁井田陞等人的整理、研究，为我们认识唐朝西州尤其是高昌、柳中县的均田状况，提供了可靠的原始资料。文书资料比较繁复，这里不便具录。吐鲁番出土的土地文书，主要有五种形式：①给田文书；②退田文书；③欠田文书；④按户主分类的田籍文书；⑤佃户文书及少量屯田和征税文书。西嶋先生在研究了这些文书后，认为高昌县在"开元末仍然实行了土地的收授，这一事实已不能怀疑，换句话说，均田法确实被实施了"[2]。但由于高昌县是狭乡，受田也是普遍不足，因此，"永业田亦成为收授的对象。"[3]

以上文献和文物都表明，无论是在内地的雍、洛等州，还是在边远的敦煌、高昌等地，均田律令肯定是实施了的，但不管是宽乡（敦煌）还是狭乡（雍州、高昌），受田都普遍不足，说明均田律令实施的程度是不彻底的。虽然均田律令实施的程度不彻底，但它仍为唐代经济的繁荣奠定了法律基础。一般认为，封建经济是一种农业经济，农业的发展是其他经济（诸如工商、贸易、货币、消费等）存在和繁荣的前提。农业经济的核心条件是劳动力、土地以及劳动力与土地的合理结合。唐帝国在其前期比

---

[1] 韩国磐：《北朝隋唐的均田制度》，上海人民出版社1984年版，第213页。
[2] [日] 西嶋定生：《中国经济史研究》，冯佐哲等译，农业出版社1984年版（以下所引此书为同一版本），第410页。
[3] [日] 西嶋定生：《中国经济史研究》（冯佐哲等译），第428页。

较成功地运用律令这种有效的法律武器,保护和扩大了劳动力,调整和重新分配了土地(以丁男为均田的基本单位),使劳动力与土地的结合比较合理,而且在律令的保障下,又使这种结合得以一定程度的实现,结果出现了社会经济由萧条到繁荣的发展。[1]以下按时序略选几例以资印证。

(1)隋末唐初的荒凉。

例一:大业九年(公元613年),"黄河之北,则千里无烟,江淮之间,则鞠为茂草。"[2]

例二:武德六年(公元623年)二月诏,"自有隋失驭,政刑板荡,豺狼竞起,肆行凶虐,征求无度,侵夺任己,下民困扰,各靡聊生,丧乱之馀,百不存一。"[3]

例三:贞观元年(公元627年)太宗下诏曰,"朕以隋末乱离,毒被海内,率土百姓,零落殆尽,州里萧条,十不存一。"[4]

例四:贞观初年(公元627年左右)魏征对太宗说,"今自伊、洛以东,暨乎海岱,灌莽巨泽,苍茫千里,人烟断绝,鸡犬

---

[1] 传统农业经济的繁荣除了劳动力、土地以及劳动力与土地的合理结合这三个核心条件外,还有一些必要的条件,其中比较关键的是水利与社会环境。唐朝从高祖到玄宗的一百多年间,修筑的河渠、陂塘、堤堰等都被重新加以疏通;同州境内自龙门开渠引黄河水,可灌溉六千余顷地;黄河河套地修建了规模巨大的唐徕渠,渠长二百一十里,灌田六七千顷。其他的灌溉工具也有改进和创新。可以说,唐前期在水利设施的建设方面适应和促进了农业的发展,而且,唐前期一百余年间,社会比较稳定,农业生产在发展中积累,在积累的基础上又有发展。于是,唐朝逐渐改变了初期那种"率土荒俭"的情况,形成了四海晏清,人丁兴旺,繁华无比的盛唐气象,经济社会达到了高度的繁荣。

[2] 《隋书·杨玄感传》。
[3] 《全唐文·罢差科徭役诏》。
[4] 《全唐文·劳邓州刺史陈君实诏》。

不闻,道路萧条,进退艰阻。"[1]

(2)贞观、永徽、开元、天宝之盛。

例一:"贞观初,户不及三百万,绢一匹易米一斗。至四年,米斗四五钱,外户不闭者数月,马牛被野,人行数千里不赍粮,民物蕃息,四夷降附者百二十万人,是岁,天下断狱,死罪者二十九人,号称太平。"[2]

例二:永徽初,"高宗承之,海内艾安,太尉长孙无忌等辅政,天下未见失德,数引刺史入阁,问民疾苦,即位之岁,增户十五万。"[3]

例三:"开元初,上励精理道,铲革讹弊,不六七年,天下大治,河清海晏,物殷俗阜。安西诸国,悉平为郡县,自开远门西行,亘地万余里,入河湟之赋税,左右藏库,财物山积,不可以胜较。四方丰稔,百姓殷富。管户一千余万,米一斗三四文。……人情欣欣然。"[4]

例四:开元十四年(公元726年),"两京斗米不至二十文,面三十二文,绢一匹一百二十文。东至宋、汴,西至岐州,夹路列店肆待客,酒馔丰溢,……南诣荆、襄,北到太原、范阳,西至蜀州、凉府,皆有店肆,以供商旅,远适千里,不持寸刃。"[5]

例五:天宝五年(公元746年)"是时,海内富实,米斗之价钱十三,青、齐间斗才三钱,绢一匹钱二百。道路列肆,具酒

---

[1]《旧唐书·魏征传》。
[2]《新唐书·食货志》。
[3]《新唐书·食货志》。
[4](唐)郑綮:《开天传信记》。
[5]《通典·历代盛衰户口》。

以待行人，店有驿驴，行千里不持尺兵。"[1]

例六：天宝中，"时海内丰炽，州县粟帛举巨万。"[2]

唐代农业生产经过贞观、永徽、武周时代的连续发展，到开元、天宝时达到了顶峰。是时海内丰炽，物价便宜，人丁兴旺，户数从唐初的不足三百万猛增到天宝十三年（公元754年）的九百多万，形成了所谓"稻米流脂粟米白，公私仓廪俱丰实"[3]的繁荣景象。农业的发展为手工业、商业开辟了广阔的原料来源和产品销售市场，进而促进了传统手工业、商业的发展。当时的长安、洛阳、扬州、杭州、泉州、广州、益州（今成都）等都成了国际性的商业都市，其繁华景象在古代世界是极为罕见的。[4]

概括以上论述，笔者以为，以均田律令为中心的唐代律令，保护和增加了劳动力，使土地得到了较合理地利用，同时，保证了劳动力与土地合理结合的实现。从而，为当时农业发展所必须的基本条件：劳动力、土地以及劳动力与土地的合理结合提供了支持和保护；又因得到水利建设和其他社会条件的配合，最终促成了唐前期经济社会的繁荣。因此，我们可以说，大唐律令为唐代社会的兴盛提供了最基本的制度保障。

五、经济的衰退与均田律令的废止

天宝十四年（公元755年），安史之乱爆发。经此，唐王朝

---

〔1〕《新唐书·食货志》。

〔2〕《新唐书·杨国忠传》。

〔3〕（唐）杜甫：《忆昔》。

〔4〕参见陶希圣等：《唐代经济史》，商务印书馆1939年版；傅筑夫：《中国封建社会经济史》（第4卷），相关部分；[日]日比野丈夫撰：《华丽的隋唐帝国》（《中国历史图说》4），讲谈社1977年版，相关部分的文字和图片。

由强转弱，经济社会由盛转衰，下列记载可见一斑。乾元三年（公元760年），元结对肃宗说："自经逆乱（按：指安史之乱），州县残破，唐、邓两州，实为尤甚。荒草千里，是其疆畎；万室空虚，是其井邑；乱骨相枕，是其百姓；孤老寡弱，是其遗人。"[1]当年"自四月雨，至闰月末不止，米价翔贵，人相食，饿死者委骸于路"[2]。永泰元年（公元765年），"岁饥，米斗千钱，诸谷皆贵。"[3]宝历三年（公元827年），"文宗初即位，沧州李同捷叛。……于时瘝荒之余，骸骨蔽野，墟里生荆棘。"[4]据《唐会要》卷八四《户口数》记载，安史之乱后的将近一百年间，唐代的户口数发生了下列重大变化。

表3　唐代户口数变化简表

时间	户口数
天宝十三载（公元754年）	9 069 154
乾元三年（公元760年）	1 931 145
广德二年（公元764年）	2 933 125
建中元年（公元780年）	3 805 076
元和（公元806—820年）	2 473 963
长庆（公元821—824年）	3 944 959
宝历（公元825—826年）	3 978 982

---

[1]《清省官状唐邓等州县官》。
[2]《旧唐书·肃宗纪》。
[3]《旧唐书·代宗纪》。
[4]《新唐书·殷侑传》。

唐自僖宗即位（公元873年）以后，王朝即进入衰亡过程，天灾人祸日益严重，满目疮痍、萧条荒凉的衰败景象随处可见。造成这种景象的根源是什么呢？从社会现象来观察，似乎安史之乱是根子。其实，安史之乱只是促成社会经济大衰退的导火索或者说直接原因，其根源应是传统经济自身的不治之症——土地兼并。史实告诉我们，土地兼并必然产生两个直接的后果：一是大量的土地掌握在极少数地主、官僚、豪强手中；二是大量的农民失去土地，不得不背井离乡，成为流民、客户，最终被迫诉诸暴力。这样，少数不事稼穑者拥有大量地产而大量劳动者却无地可耕，其结果是人不能尽其力，地不能尽其利。人力和地利得不到正常的结合和发挥，传统农业经济自无前途。即如前述，传统农业经济繁荣所必需的基本条件是：劳动力、土地以及劳动力与土地合理结合的实现。土地兼并造成了对人力和地利的抑制，尤其是它将劳动力与土地分离开来，使劳动力和土地的合理结合变成不可能，以致在根本上破坏了农业生产力，最后必然导致经济的衰退。唐朝经济的大衰退，从根源上说，正是出于这个原因，并非安史之乱。安史之乱爆发前，这个不治之症早已存在，有关唐前期土地兼并以及由此引起人口流移的记载史不绝书。

唐初，"建成、元吉……复与诸公主及六宫亲戚骄恣纵横，并兼田宅，侵夺犬马。"[1]又"初，永徽中（公元650—655年），禁买卖世业口分田。其后，豪富兼并，贫者失业"[2]。景云二年（公元711年），监察御史韩琬上疏曰："往年，人乐其

---

[1]《旧唐书·隐太子建成传》。
[2]《新唐书·食货志》。

业,而安其土。顷年,人多失业,流离道路。若此者,臣粗言之,不可胜数。然流离之人,岂爱羁旅而忘桑梓?顾不得已也"[1],"开元中(公元713—741年)豪弱相并,宇文融修旧法,收羡田,以招徕浮户而分业之。"[2]天宝十二载(公元753年)十一月丑诏曰:"……如闻王公百官及富豪之家,比置庄田,恣行吞并,莫惧章程,借荒者皆有熟田,因之侵夺;置牧者唯指山谷,不限多少,爰及口分永业,违法买卖,或改籍书,或云典贴,致令百姓无处安置,乃别停客户,使其佃食,既夺居人之业,实生浮惰之端,远近皆然,因循也久。"[3]

上述记载至少可以说明这样几点:①唐朝的土地兼并从唐初就开始,愈演愈烈,到天宝年间已达到"恣行吞并,莫惧章程"的程度;②兼并者主要是王公、百官及富豪之家;③兼并的主要方式是强占、侵夺及违法买卖;④兼并的结果是"贫者失业""流离道路""致令百姓无处安置"。隋唐史专家汪篯先生曾对这种情况进行过统计:"唐天宝时实有耕地面积约在八百万顷至八百五十万顷(依唐亩积计)之间。在唐政府掌握的约六百二十余万顷的田亩中,已经包括有大量地主阶级占有的土地。这约在一百八十万顷至二百三十万顷之间的隐匿田亩,则绝大多数都是地主阶级以巧取豪夺的手段从农民手中占去的土地。如果上面的估计不谬,那么,据此还可以推出,当时的逃户约在三四百万之间。"[4]据此,我们还可以进一步推算出,唐天宝年间,也就是

---

[1]《唐会要·逃户》。
[2]《文献通考·田赋考》。
[3]《册府元龟·邦计部·田制》。
[4] 汪篯:《汪篯隋唐史论稿》,中国社会科学出版社1981年版,第67页。

唐朝社会经济最繁荣的时期，天下总户数在八九百万，[1]而失去土地的逃户却有三四百万，几乎占了总户数的一半，而且，这一半基本上都是贫苦的农民。可以想见，一个王朝有近一半的劳力与自己的土地分离，它的经济将要受到多大的打击，衰退自然成为不可避免的结局。

土地兼并从根本上导致了唐代社会经济的衰退，这已得到说明。问题是根据《唐律》及其《疏议》卷十二、卷十三《户婚律》的规定，口分田一般是禁止买卖的，凡盗耕、盗卖、妄认、在官侵夺公私田等兼并行为都要受到法律的制裁，那为什么在法律的严禁下，买卖兼并不仅得不到抑制，反而愈演愈烈至无法控制的地步呢？笔者以为，这是由律令自身的局限性所造成的。这里所说的律令的自身局限性，是指均田律令对禁止土地买卖，只是作了一般的限制而缺乏彻底性。于是，买卖一行，兼并随即而至。唐代律令对土地买卖的规定是："武德七年（公元624年），始定均田赋税，凡庶人徙乡及贫无以葬者，得卖世业田，自狭乡而徙宽乡者，得并卖口分田。"[2]"诸庶人有身死、家贫无以供葬者，听卖永业田，即流移者亦如之，乐迁就宽乡者，并听卖口分（卖充住宅、邸店、碾硙者，虽非乐迁，亦听私卖）。诸买地不得过本制，虽居狭乡，亦听依宽制，其卖者不得更请。凡卖买皆须经所部官司申牒，年终彼此除附，若无文牒辄卖买，财没不追，地还本主。"[3]唐律还规定："诸卖口分田者，一亩笞十，二

---

[1]《唐会要·户口数》记："天宝元年（公元742年），计户八百五十三万五千七百六十三。十三载，计户九百六万九千一百五十四。"
[2]《文献通考·田赋考》；[日]仁井田陞：《唐令拾遗》（栗劲等编译），第560页。
[3]《通典·田制》。

十亩加一等,罪止杖一百,地还本主,财没不追。即应合卖者,不用此律。"[1]条文似乎很严厉,但却留了个漏洞:"即应合卖者,不用此律。"《疏议》解释说:"即应合卖者,谓永业田家贫卖供葬,及口分田卖充宅及碾硙、邸店之类,狭乡乐迁就宽者,准令并许卖之。其赐田欲卖者,也不在禁限。其五品以上若勋官,永业田亦并听卖,故云'不用此律'。"[2]

上述律令无疑对无所顾忌的自由买卖和任意兼并有一定的限制,但意味深长的是立法者故意网开一面,为买卖兼并开了后门。后门一开,势不可挡。因为在传统中国,土地是最大的不动产,是财富的主要形态。对于土地所有者,它又是一种最直接可靠的生息获利手段,多获一分土地,就多得一份财富,因此,土地成为人们争相追逐的对象。官僚、地主、豪强大族以至小农细户,都想尽办法钻法律的漏洞。尤其是律令不仅允许国家授与的口分、永业田可以有条件买卖,而且连赐田和勋官的永业田亦可以自由买卖。这样一来,使原来不能进行买卖的大量公田,亦可以口分、永业、赐田的形式,在私人之间辗转买卖了,演化到最后,一切的法律限制只能是空文一张。正如水心叶氏所言:"要知田制所以坏,乃是唐世使民得自卖其田始,前世虽不立法,其田不在官亦不在民,唐世虽有公田之名,而有私田之实。其后,兵革既起,征敛烦重,遂杂取于民,远近异法,内外异制,民得自有其田而公卖之,天下纷纷,遂相兼并,故不得不变为两税。

---

[1] (唐)长孙无忌等撰:《唐律疏议》(刘俊文点校),第242页。
[2] (唐)长孙无忌等撰:《唐律疏议》(刘俊文点校),第242页。

要知其弊，实出于此。"[1]可见，律令对禁止土地买卖的不彻底，为兼并开了方便之门，并随时光流逝、社会变化，此举日益疯狂。最后，不仅否定了它自己，亦直接导致了唐代经济社会的大衰退。问题到这里似乎已清楚了，但实际还没有完。既然导致唐朝经济社会衰退的根源是土地兼并，而土地兼并得不到抑制的原因又是律令的自身局限性，那么，产生律令自身局限性的原因又是什么呢？

历史唯物主义有一著名原理："每一时代的社会经济结构形成现实基础，每一个历史时期由法律设施和政治设施以及宗教的、哲学的和其他的观点所构成的全部上层建筑，归根到底都是应由这个基础来说明的。"[2]在传统农业社会，经济结构的主要形态是私有制，准确说是土地私有制，它由国家用法律的形式加以确认，从而上升为私人土地所有权。私人"土地所有权的前提是，一些人垄断一定量的土地，把它作为排斥其他一切人的，只服从自己个人意志的领域"[3]。这就是说，土地所有者对其土地拥有占有、使用、收益和处分的权利，他可以自由买卖、任意处置而不受他人干涉。由此可知，传统社会土地的自由买卖是必然的，法律体现和反映这一要求亦是必然的。这是出于它们都是传统社会经济结构的伴生物，是由土地私有制的发展规律所决定的。

---

[1]《文献通考·田赋考》。
[2]《马克思恩格斯全集》(第19卷)，人民出版社1963年版，第225~226页。
[3]《资本论》(第3卷)，人民出版社1975年版，第695页。

从根本上说，唐朝的土地所有制是一种私有制度。均田中的永业田、赐田以及私人占有的庄田和小农的自有田都是纯粹的私有土地；均田中的口分田、营田、屯田以及职分田、公廨田属于半私有性质的土地；分得口分田的农民、获得职分田的官僚以及营田、屯田、租种公廨田者，对其土地只有占有、使用权，而不拥有最终的处分权，处分权掌握在国家手里，只是国家实际是以皇帝为中心的统治者的代名词，所以，究极也是一种私有。不过，作为国家形式的私有和作为个人形式的私有还是有很大区别的，前者是不纯粹的私有即半私有，主要体现为以皇帝为中心的国家利益；后者是纯粹的私有，完全体现为个人利益。国家利益和个人利益在很大程度上是对立的，国家利益要求禁止土地买卖，以确保最高统治集团的富有、社会的安定和王朝的延续；而个人利益则希望土地买卖兼并不受任何限制，以满足个人对财富的追求。因此，为了调和国家利益与个人利益的矛盾，唐朝立法者在他们制定的律令中，一方面限制土地买卖，另一方面又不予彻底的限制，最后形成我们所见的"漏洞"现象。这应是律令自身局限性形成的根源。

律令的局限性不只是由唐代土地私有制所决定，而且随着土地私有制的不断深化，其本身亦日趋松弛，社会环境的变化加速了它的最终废止。但事物的发展有它自己的逻辑，私有制作为一种重大的所有制形态和其他事物一样，一旦产生，就沿着自己固有的规律发展下去。私有制发展的规律是不断深化、不断纯粹，最后达到否定自己，由公有制取而代之，完成它自己的历史使命。我国土地私有制的发展规律亦是如此。春秋以前，我国实行的是"田里不鬻"[1]的"井田"制度，所谓"普天之下，莫非王土"[2]。这实际上还是一种部落形式的公有制，即使有少量的私有土地存在，亦不足以改变整个土地制度的性质。我国真正合法的土地私有制是从商鞅"废井田，开阡陌"开始的。马端临评论说："盖自秦开阡陌之后，田即为庶人所擅，亦惟富者贵者可得之。"[3]由此，土地买卖逐渐盛行起来。土地买卖自然引起土地兼并。土地的买卖和兼并是土地私有制不断深化的必然途径。但买卖和兼并又往往引起社会矛盾的激化，造成社会的动荡。鉴于历史的教训，每次动荡后建立的新王朝必然动用国家的强制手段来进行新的土地分配、调整土地关系、限制土地的自由买卖和兼并，以免重蹈覆辙。这样一来，法律成了国家政治权力干预经济、限制土地私有制不断深化的主要工具。但是，私有制的发展是难以阻挡的，它在和法律的较量中，最终必然是胜利者，这就是经济的力量、规律的力量，这就是汉代的限田制、王莽的王田制、西晋的占田制、北魏的均田制一个个先后失败的根源所在。唐代均田律令最终亦没能逃脱这个结局，不过是它经历了一个相对较长的较量过程而已。

武德七年（公元624年），唐高祖制定均田律令时已对私有制作了妥协，允许土地买卖，但主要限制在永业田、赐田及私有田地范围内。然而，对私有制的发展来说，任何的限制都是不能容忍的，它力图无束缚地发展自己。这个规律体现在当时的土地

---

[1] 《礼记·王制》。
[2] 《诗经·小雅·北山》。
[3] 《文献通考·田赋考》。

关系中,便是土地买卖日益扩大,私人的口分田和国家的公地(荒山、野岭、湖泽、山林等)亦成了买卖兼并的对象。尽管政府一再下达禁令,但私有制发展的滚滚巨澜已无法遏制,律令在松弛,制度在毁坏。下述记载明显地反映出这一过程:"周之制最不容民迁徙,惟有罪则徙之,唐却容他自迁徙,并得自卖其所分之田。方授田之初,其制已自不可久矣。"[1]"中叶以后,法制隳驰,田亩之在人者不能禁其卖易,官授田之法尽废。"[2]"开元二十三年(公元735年)九月诏:天下百姓口分、永业田频有处分,不许买卖典贴,如闻尚未能断,贫人失业,豪富兼并,宜更申明处分,切令禁止。若有违犯,科处敕罪。"[3]虽然朝廷明令:"若有违犯,科处敕罪",但兼并之焰日炽。到天宝年间,情形更趋恶化,杜佑说:"开元之季,天宝以来,法令驰坏,兼并之弊,有踰于汉成、哀之间。"[4]于是,政府再次颁布诏令,并开始由严禁转为退让。天宝十一载(公元752年)九月诏:"其王公百官勋荫之家,置庄不得踰于式令,仍从宽典,务使弘通。……应缘括简共给授田地等,并委郡县长官及本判官录事相知勾当,并特给复业,并无籍贯浮逃人,仍据丁口,量地好恶,均平给授。……自令已后,更不得违法买卖口分永业田,及诸射兼借公私荒废地、无马妄请牧田,并潜停客户有官者私营农。如辄有违犯,无官者决杖四十,有官者录奏处分。……又郡县官人多有任所寄庄,言念贫弱,虑有侵损,先已定者,不可改移,自

---

[1]《文献通考·田赋考》。
[2]《文献通考·田赋考》。
[3]《册府元龟·邦计部·田制》。
[4]《通典·田制》。

今已后，一切禁断。"[1]

政府即使做出让步，兼并者仍不满足，土地私有制的发展规律，驱使着兼并者疯狂地去侵夺、摄取、占有他人的土地。政府无可奈何，被迫放弃国家干预，停止强制推行均田律令，采取随情编户的方式，默认事实。《册府元龟》卷四九五《邦计部·田制》记："广德二年（公元764年）四月敕：如有浮客情愿编附，请射逃人物业者，便准式据丁口给授。如二年已上种植家业成者，虽本主到，不在却还限，任别给授。"实际上，均田律令到此已经徒有虚名了，安史之乱和其他社会环境的变化加速了均田制的崩溃。

安史之乱（公元755—763年）前后为害七年，给社会造成了巨大的破坏，唐朝的社会、政治、经济、军事等都发生了巨大的变化，其中对废止均田律令最有影响的主要有以下两个方面：首先是中央权力的衰弱。安史之乱前，唐是一个统一的中央集权国家，均田律令在强大的中央权力支撑下，基本上还能得到实施。开元以后，中央权力渐衰，律令亦开始松弛。安史之乱后，藩镇四起，中央权力一落千丈，致使早已徒具虚名的律令失去了政治权力的支持，律令是无论如何亦贯彻不下去了。其次是户口的混乱，赋役的乱征。唐初，天下编户齐民，均田、赋役都有户籍可依。渐后，土地兼并发展起来，失去土地的农民被迫流离他乡，户籍亦开始混乱起来。可是国家仍据原来的户籍征税，户主不在的，由其邻户承担。于是，逃亡益众。这样的恶性循环，到天宝年间，逃亡户几乎占全国总户数的一半，按户籍均田、征收

---

[1]《册府元龟·邦计部·田制》。

赋役的方法，实际上已无法进行。安史之乱后，战争中死亡、逃亡、躲藏的人户更多，这种情况便是马端临所说的："租庸调法以人丁为本。开元后久不为版籍，法度废弊，丁口转死，田亩换易，贫富升降，昔非向时，而户部岁以空文上之。……天宝中，王鉷为户口使，务聚敛，以其籍存而丁不在，是隐课不出，乃按旧籍除当免者，积三十年责其租庸，人苦无告，法遂大弊。至德后，天下兵起，人口凋耗，版图空虚，赋敛之司，莫相统摄，纪纲大坏，王赋所入，无几科敛。凡数百名废者不削，重者不去，吏因其苛，蚕食于人。富人多丁者以宦学释老得免，贫人无所入则丁存，故课免于上，而赋增于下，是以天下残瘵荡为浮人，乡居土著者百不四五。炎疾其弊，乃请为两税法，以一其制。"[1]

有关两税法的详情，我们随后还要讨论。在此先要指出的是，两税法的颁行意味着均田律令以及依附于均田律令而存在的租庸调法的最终废止，亦宣告了唐代百余年间国家干预土地私有化的最后失败。均田律令的废止，产生了一些连锁的反应和作用，其中对经济社会发展最具影响的有以下方面：

其一，均田律令的废止是历史的必然，亦是一种进步。即如前述，土地私有制只有不断地深化，不断地纯粹化，才能日益接近否定自己，更高级的土地所有制才能从它的否定中获得确立。因此，从整个经济法律史的发展来看，土地私有制每深化一点都是一种进步。唐代均田律令的废止是土地私有制不断深化的必然结果，而它的废止又为土地私有制的继续发展撤除了障碍。均田律令废止后，租佃制迅速发展起来，国家亦出租土地，成为国家

---

[1]《文献通考·田赋考》。

地主。与均田制相比较,虽然租佃制并没有减轻对农民的剥削,甚至可能加重,但租佃制是一种建立在契约基础上的土地法律制度,它解除了均田制强加给农民的国家控制,使人身获得了更大的自由。[1]这表明封建社会的超经济压迫减轻了,农民可以依其自己的意愿租种土地、栽培谷物,而不必像均田制下的农民那样严格依律令的规定耕种,积极性因此被激发起来。土地私有制的进一步发展,特别是租佃契约关系的确认又带来了土地私有权的发展,这为宋以后尤其是明清资本主义萌芽的经济发展提供了条件。

其二,从唐后期社会经济发展来看,均田律令的废止、两税法的施行,既救治了时弊,又解放了一定的生产力。马端临在《文献通考》卷三《田赋考》中评论说:"中叶以后,法制隳弛,田亩之在人者不能禁其卖易,官授田之法尽废,则向之所谓输庸调者,多无田之人矣。乃欲按籍而征之,令其豪富兼并者,一例出赋可乎?又况遭安史之乱,丁口流离转徙,版籍徒有空文,岂堪按以为额?!盖当大乱之后,人口死徙虚耗,岂复承之旧,其不可转移失陷者独田亩耳!然则视大历十四年垦田之数以定两税之法,虽非经国远图,乃救弊之良法也。"同时,在均田律令下,客户是非法的,而两税法规定:"户无主、客,以见居为簿",这就承认了客户的合法性,这样,他们的生产积极性亦随之提高。这本身就是一个进步,亦是生产力的一次解放。此外,均田

---

[1] 参见[日]高桥芳郎:《宋至清代身分法研究》,李冰逆译,上海古籍出版社2015年版(以下所引此书为同一版本),第146~165页"唐宋间身分构成原理的转换"。

律令施行时,唐代存在着大量的"部曲"。"部曲"为私家所有,律属"贱民",是介于奴婢和良人之间一种带有农奴身份的私家劳动者。[1]均田律令废止后,租佃制度得到发展,他们的身份性隶属关系逐渐得到解除,由私家的贱民转化为佃主的佃户而编入国家户籍,不再是地主的私属。这实际上亦是一次人身自由和社会生产力的解放。

当然,正像一枚硬币总有其两面,均田制这种"国家通过法律控制土地(财富)、人口和社会关系"的政治经济治理模式,一旦瓦解,以私有和流转(自由买卖)为特征的租佃制经济在消除均田制弊端的同时,亦带来和引发了某些在均田制下没有或者说受到控制的并非良好的社会现象,以致引起中唐以后中国历史和社会结构的变化。[2]

---

[1] 参见〔日〕高桥芳郎:《宋至清代身分法研究》(李冰逆译),第 148–153 页"唐律中的部曲"。
[2] 参见〔日〕内藤湖南:《概括的唐宋时代观》,载刘俊文主编:《日本学者研究中国史论著选译》(第 1 卷),中华书局 1992 年版;收入本书的《传统中国政治生活类型的转变——依唐代经济法律所作的一种分析》一文。

唐代的工商与专卖法[*]

唐代的工商业在时间和空间的充分保障下较以往有了很大的发展，其中手工业的规模愈趋扩大而技艺则愈益精细，但是在性质上还是承袭传统，分为官营与私营两大类；商业方面无论是国内各地区的商贸往来，还是对外的国际通商贸易都远超前朝，形成由古代型商业向近代型商业转变的趋势。所有这些发展以及发展中所暴露出来的问题，在制度层面都与唐帝国的经济法律有着密切的关系。

一、唐代的手工业法律

在传统中国，手工业的范围是十分广泛的。就唐代而言，它至少可以包括纺织、建筑、矿冶、铸造、陶瓷、制盐、制革、酿酒、造船、制纸、制糖、漆器、兵器、交通工具等。在此，笔者准备着重阐述有关手工业的一般规定，某些在经济法律史上比较重要的具体行业，如盐、铁、酒、茶等，将留待专卖部分说明。

从官营手工业的制度出发，唐仍然是历久相沿的传统体制，没有脱离《周礼》设官分职的范围，但是官制更完整，职掌更

---

[*] 本文原以"唐代工商法律叙论"和"唐代专卖法律研究"为题分别发表于《法律史论丛》（第3辑）江西高校出版社1998年版和《南京大学法律评论》1995年第1期，现合为一文，有修改。

分明，门类更繁多。唐代的官手工业大致可以分为三类：一是日用手工业品的制造，二是有关军用品的制造，三是关于土木营建工程和建筑材料的加工生产。日用手工业品的制造隶属少府监，建置沿革及职掌、营运情况，据史籍所载，大体如下："少府监，监一人，从三品。少府者，天子之私府，所以供奉之职皆在焉。……龙朔二年（公元662年）改为内府监，咸亨元年（公元670年）复为少府监，光宅元年（公元684年）改为尚方监，神龙元年（公元705年）复旧。开元初，分甲铠弓弩，别置军器监，十二年（公元724年）省军器监，其作并归少府，寻又于北都置军器监。"[1]少府监的职能是："掌百工技巧之政，总中尚、左尚、织染、掌冶五署及诸冶、铸钱、互市等监。供天子器御、后妃服饰及郊庙圭玉、百官仪物。凡武库袍襦，皆识其轻重乃藏之，冬至、元日以给卫士，诸州市牛皮角以供用，牧畜角筋脑革悉输焉。钿镂之工，教以四年；车路乐器之工，三年；平漫刀矟之工，二年；矢镞竹漆屈柳之工，半焉；冠冕弁帻之工，九月。教作者传家技，四季以令丞试之，岁终以监试之，皆物勒工名。"[2]

少府监因是天子的私府，所以供奉之职相当完备。在唐代官工机构中，它的规模最大，辖属部门最多，其所掌管的手工业种类从宗庙祭器到服饰玩好等各种必需品、便利品和奢侈品几乎无所不包。从上引记录来看，唐代第二大类的官手工业，即有关军用品制造的军器监亦曾隶属过少府监，后才分出单独置监。《通

---

[1]《唐六典·少府监》。
[2]《新唐书·百官志》。

典·军器监》有类似记载:"大唐武德初,置军器监,贞观元年(公元627年),罢军器大监,置少监,后省之,以其地隶少府监,为甲弩坊。开元初,复以其地置军器使,至三年(公元715年)以使为监,更置少监一员,丞二员,主簿一员,录事一员,及弩坊等署。十一年(公元723年),悉罢之,复隶少府,为甲弩坊。十六年(公元728年),移其名于北都,置军器监。天宝六载(公元747年),复于旧所置军器监,监一人,领甲坊、弩坊两署。"在少府监和军器监之外,另一个掌管土木营建工程和建筑材料加工的庞大机构是将作监。《新唐书·百官志》云:"将作监……掌土木工匠之政,总左校、右校、中校、甄官等署,百工等监。大明、兴庆、上阳宫、中书、门下、六军仗舍、闲厩,谓之内作;效庙、城门、省、寺、台、监、十六卫、东宫、王府诸廨,谓之外作。自十二月距二月,休冶工;自冬至距九月,休土功。凡治宫庙,太常择日以闻。"

少府监、军器监以及将作监均是帝国的中央官工机构,帝国的地方治府亦有一定规模的官营手工业部门,如州县的地方作院。中唐以后,作院的规模进一步扩大,以适应藩镇的需求。作院的生产物亦是品种繁多,但最主要的有这样三类:一是军器制造,这是地方作院的中心任务;二是具有地方特色的特种丝织品的制作;三是在地方分工的前提下,颇具地方特色或有特殊技艺的手工业。

唐代官工机构除了上述中央和地方的设置外,还有主要设于官廷为皇室私人服务的其他杂手工业,它们不隶属于帝国正式的官工机构,直接由内庭管理,并从全国各地选调能工巧匠,专门为皇室制作精美绝伦的服饰玩好等物。例如,唐廷有一官锦坊,坊里的工匠不属少府监管辖，但生产品同样供皇家私人使用。史记："宫中供贵妃院织锦刺绣之工凡七百人，其雕刻熔造又数百人。"[1]贵妃因得宠爱而致专为她们织锦刺绣、雕刻熔造的工匠上千。这不得不使人感叹，无限的欲望和不受限制的权力一旦结合起来，结果是多么令人不可思议。

庞大的官工机构造成了庞大的官工匠队伍。据传，在唐初，因官作的种类还不是很多，各种官工匠的数量尚还有限，如武后垂拱初的尚方监，"有短蕃匠五千二十九人，绫锦坊巧儿三百六十五人，内作绫匠八十三人，掖庭绫匠百五十人，内作巧儿四十二人，配京都诸司诸使杂匠百二十五人。"[2]不久，官工种类不断增多，又于官制正式编制之外，在内庭设置诸多作坊，官工队伍随之扩大。仅就正式编制而言，少府监系有匠一万九千八百余人，将作监系统有一万五千人，其他诸作，人数亦相当可观。[3]

唐代庞大的官工队伍主要来源有三：一是征调；二是奴隶；三是和雇。官工匠中的绝大多数是从民间征调来服役的，唐令："诸丁岁役二十日，有闰之年加二日。若不役者收庸，每日绢、绢各三尺，布三尺七寸五分。须留役者，满十五日免调，三十日租调俱免（从日少者，见役日折免），通正役并不得过五十日。遣部曲代役者，听之。"依户令，唐代的丁龄一般在20至60之间。可以推测，这个年龄段的丁数应占总人口的1/3到1/4，即

---

[1]《旧唐书·玄宗杨贵妃传》。
[2]《新唐书·百官志三》。
[3] 参见《唐六典·工部郎中员外郎》相关内容。

使按 1/4 计算，数量亦是颇为可观的。还有一些能工巧匠，他们注册匠户，只应官差，每年按官府规定的时间，轮番到少府、将作监所属各部门中无偿服役。若官方一时工作不多，用不了过多工匠时，应役人可以纳资代役。但有特殊技术应供奉内庭的工匠，则不能纳资代役。这一类工匠世代相传，一有缺少，即以子弟递补。一入工匠户籍，就永远不准改业。《唐六典》卷七《尚书工部》载："少府监匠一万九千八百五十人，将作监匠一万五千人，散出诸州，皆取材力强壮、技能工匠者，不得隐巧补拙，避重就轻，其驱役不尽，及别有和顾者，征资市轻货，纳于少府将作监，其巧手供内者不得纳资。有阙，则先补业作之子弟。一入工匠后，不得别入诸色。其和顾铸匠，有名能铸者，则补正工。"

服役的工匠因工作时间不同而分为长功、中功、短功。"凡计功者，夏三月与秋七月为长功，冬三月与春正月为短功，春之二月、三月，秋之八月、九月为中功，其役功则依户部式。"[1] 到官府服役的工匠来自帝国各地，所谓"散出诸州"是也。为了管理上的需要，官方把应服役的工匠组织起来，以州县为团，又以五人为伍组成小组，称为火，五火置长一人，负率领和管理之责。[2] 他们必须按法定日期到所隶官府报到，稽留延误者依律惩处。

唐代官工业中的第二支主力是奴隶，严格来说奴隶主要是指男奴女婢，但从事奴隶性质劳动具有准奴婢身份的官工匠，在唐

---

[1]《唐六典·尚书工部》。
[2]《新唐书·百官志》。

代还包括官户、乐户、刑徒等。官府在处置官奴婢时，首选有技能的，将他（她）们优先安排到各官工机构中从事手工劳作。有关官工奴婢及准奴婢的情况，《唐六典》及《新唐书》均有比较详备的记载，这里略择一二，以供参考。①"官户奴婢有技能者，配诸司，妇人入掖庭，以类相偶。"[1]②"年六十及废疾，虽赦令不该，并免为番户，七十则免为良人，任所居乐处而编附之。凡初配没有伎艺者，从其能而配诸司，妇人工巧者入于掖庭，其余无能，咸隶司晨。"[2]③"官户皆在本司分番，每年十月都官按比，男年十三已上，在外州者十五已上，容貌端正送太乐，十六已上送鼓吹及少府教习，有工能官奴婢亦准此。业成准官例分番，其父兄先有伎艺堪传习者，不在简例。"[3]④"凡配官曹，长输其作，番户杂户则为分番。番户一年三番，杂户二年五番，番皆一月。十六已上当番，请纳资者也听之，其官奴婢长役无番也。"[4]⑤"其应徒则皆配居作：在京送将作监，妇人送少府监缝作；在外州者，供当处官役及修理城隍、仓库及公廨杂使。犯流应住居作者亦准此。妇人亦留当州缝作及配舂。诸流、徒罪居作者，皆著钳，若无钳者着盘枷，病及有保者听脱，不得着巾。"[5]

上述①、②两条资料是有关官户奴婢及废疾和年岁七十而免为良人的配属问题，男有技能者分配到相应的官工机构，女有技

---

[1]《新唐书·百官志》。
[2]《唐六典·尚书刑部》。
[3]《唐六典·尚书刑部》
[4]《唐六典·尚书刑部》。
[5]《唐六典·尚书刑部》。

能者隶属掖庭。"掖庭局,掌宫人簿帐、女工。凡宫人名籍司其除附,公桑养蚕,会其课业,供奉物皆取焉。妇人以罪配没,工缝巧者隶之,无技能者隶司农。"[1]男女无技能的只能从事与农事有关的活计。③、④两则资料着重说明官户、番户、杂户在官分配服役的年限和轮番为官服役的时间,但家有特技传习的,不按一般规定配置;官奴婢终身服役,没有轮番制度。第⑤条资料是有关犯罪者(刑徒)的规定,配属大致如官奴婢,只是地方上的刑徒可于当地服役,刑徒服役劳作时须戴加刑具。上述几则资料透露出这样两条信息:一是唐代官工中的官奴婢和准奴婢身份的官工匠在数量上应不小;二是官工中使用的奴婢和准奴婢大都是有特长技能的。技能既使他(她)们沦为官工,又为他(她)们提供了同类中非技能者所不能享有的待遇。

唐代官工匠来源的另一条途径是和雇,意即官府按当时社会上的一般工价雇佣工匠。既谓和雇,乃取自雇者与受雇者双方两相情愿之意。唐代凡有官工匠不敷应用时,便出钱雇工。涉及和雇的文献资料不在少数,既有惩罚在和雇中贪赃枉法之官吏的,亦有大臣进谏建议减少和雇以免浪费劳务的。例如:"贞观十三年(公元639年),魏征恐太宗不能克终俭约,近岁颇好奢纵,上书谏曰:'……顷年以来,疲于徭役,关中之人,劳弊尤甚,杂匠之徒,下日悉留和雇,正兵之辈,上番多别驱使,和市之物,不绝于乡间,递送之夫,相继于道路,既有所弊,易为惊扰'。……"[2]又"[元和]十五年(公元820年)正月,宪宗

---

[1]《新唐书·百官志》。
[2]《贞观政要·慎终》。

崩，诏楚为山陵使。……楚充奉山陵时，亲吏韦正牧、奉天令于翚、翰林阴阳官等，同隐官钱，不给工徒价钱，移为羡余十五万贯上献，怨诉盈路，正牧等下狱伏罪，皆诛，楚再贬衡州刺史。"[1]和雇一般都是临时性的，因为少府和将作诸司所属工匠，都有固定名额，很少需要雇工，大量需要雇工的是朝廷的额外营造和修缮，所以，和雇大多从事与土木有关的工程。《旧唐书·高宗纪》："[永徽五年（公元654年）]冬十一月癸酉，筑京师罗郭，和雇京兆百姓四万一千人，板筑三十日而罢。"由此来看，和雇匠虽是临时的官工，但数量很大，在当时的官工匠队伍中占有相当的分量。

包括官工匠在内的唐代手工业者的法律地位，《唐六典·尚书户部》有一规定："凡习学文武者为士，肆力耕桑者为农，巧作贸易者为工，屠沽兴贩者为商。工商之家，不得预予士。"这是一项传统的规定。唐代以前，"工商不得预予士"在中国至少已有上千年的历史，唐人只是对这个传统进行了简单继承。同时，这亦是一项很原则性的规定，说明工商之家在法律上不能等同于士农之人，且即使是士农工商以及同一类中的不同人等之间仍有不少差别。就手工业者而言，官工匠与私营工匠即不能完全等同，即使他（她）们从事的行业相同，身份亦不一样。私营手工业者除了不能预予士，即律属市籍，但仍比官工匠拥有更多的自由。官工匠中征调来的与奴婢及和雇来的三者之间又有差异，征调服役的大多是帝国的编户齐民，出自自耕农，因此他们除了在服役期间受管制外，一般都享有国家所给予的良民法律待

---

[1]《旧唐书·令狐楚传》。

遇，可以从军习武，可以为学进官，可以改行工商，可以与贵族和同色人等（良民）之间相互通婚。而官工匠中奴婢的法律地位就很低了，类于牲畜财产，所谓"奴婢贱人，律比畜产"。[1]这是《唐律疏议》规定的天下通规，不可动摇。至于官户、乐户、刑徒等准奴婢官工在法律上的地位要比奴婢略高一些，但亦很有限。[2] 和雇匠中绝大多数是普通百姓，他们的身份在法律上属于良民，所以雇佣他们要付工钱，而且要公平合理。如《全唐文》卷五八《讨王承宗制》载："方当春候，务切农桑，……应缘军务所须，并不得干扰百姓，如要车牛夫役工匠之类，并宜和雇，优给价钱。"不付工钱或克扣工价者，要受到法律的制裁。当然，有一点是可以推想的，不论是和雇匠还是征调来服役的官工匠，一旦他们为官府服务，实际上的待遇绝不会优于法律上的规定。

官工机构的活动以及工官和官工匠的工作要受法律的严格管制，这是唐代手工业法律中最突出的一点。在这方面，我们有最直接原始的律文资料可资利用，下面依次说明。

（1）工程必须依律申报。《唐律疏议·擅兴》"兴造不言上待报"条律文云："诸有所兴造，应言上而不言上，应待报而不待报，各计庸，坐赃论减一等。即料请材物及人功多少违实者，笞五十；若事已损费，各并计所违赃庸重者，坐赃论减一等。[本料不实，料者坐；请者不实，请者坐。]"本条疏议曰："修

---

[1] ［日］仁井田陞：《唐令拾遗》，栗劲等编译，长春出版社1989年版（以下所引此书为同一版本），第132页。
[2] 参见收入本书的《唐代民事主客体与民事法源的构造》一文相关部分。

城郭，筑堤坊，兴起人工，有所营造，依《营缮令》：'计人功多少，申尚书省听报，始合役功。'或不言上及不待报，各计所役人庸，坐赃论减一等。其庸倍论，罪止徒二年。'即料请财物及人功多少违实者'，谓官有营造，应须市买，料请所须财物及料用人功多少，故不以实者，笞五十。'若事已损费'，或已损财物，或已费人功，各并计所费功、庸，准赃重者，坐赃论减一等。重者，谓重于笞五十，即五匹一尺以上，坐赃减一等，合杖六十者为赃重。本料不实，止坐元料之人。若由请人不实，即请者合坐。失者，各减三等。依《名例律》：'以赃致罪，频犯者并累科。'此既因赃获罪，功、庸出众之上，并通官物，即合累而倍论。若直费官财物，不损庸直，止据所费财料，不在倍限。虽费人功，倍并不重于官物，止从官物科断，即是'累并不加重者，止从重论'。"

这条律文和疏议的大意是说，所有的国家工程建设必须事先申报经批准后才能实施，否则，将依据计划可能浪费或实际已经浪费的人功物力，折算价值后按照赃罪论处，最重的徒二年；即使是国家批准的工程事项，若估算或申请费用（人功与财物）者有不实之处，分别按照已费或未费、故意或过失、估算不实或申请不实而据律给予不同的处罚。

（2）非法兴造有罪。《唐律疏议·擅兴》"非法兴造"条律文规定："诸非法兴造及杂徭役，十庸以上，坐赃论。［谓为公事役使而非令所听者。］"本条疏议曰："'非法兴造'，谓法令无文；虽则有文，非时兴造也是，若作池、亭、宾馆之属。'及杂徭役'，谓非时科唤丁夫。驱使十庸以上，坐赃论。既准众人为庸，亦须累而倍折。故注云：'谓为公事役使而非法令所听者'。

因而率敛财物者，亦并计坐赃论，仍亦倍折。以其非法赃敛，不自入己，得罪故轻。"若要很好地理解这条简短的律文，可以举一例说明，即《唐律疏议·杂律》"坐赃致罪"条规定："诸坐赃致罪者，一尺笞二十，一匹加一等，十匹徒一年，十匹加一等，罪止徒三年。"假有工官某非法兴造或非时使唤工匠折合功庸为二十匹（绢），因是为公事而作，所以减半为十匹，按唐律十匹徒一年，即该工官应服一年的徒刑。

（3）采取功力必须任用。《唐律疏议·擅兴》"功力采取不任用"条律文云："诸役功力，有所采取而不任用者，计所欠庸，坐赃论减一等。若有所造作及有所毁坏，备虑不谨，而误杀人者，徒一年半；工匠、主司各以所由为罪。"而本条疏议曰："谓官役功力，若采药，或取材之类，而不任用者。若全不任用，须计全庸；若少不任用，准其欠庸，并倍坐赃论减一等。谓有所缮造营作及有所毁坏崩撤之类，不先备虑谨慎，而误杀人者，徒一年半。'工匠、主司各以所由为罪'，或由工匠指伪，或是主司处分，各以所由为罪，明无连坐之法。律既但称'杀人'，即明伤者无罪。"这条律文共有两层含义：第一层含义是，官方使用功力（人功、物力）如果取而不用，则总计其所费或所欠折算功值，减半按赃罪减一等论处。若有官工役使功力，征调而全不任用致浪费功值十匹（绢）者，减赃罪（徒一年）一等为杖一百；若使用了部分而仍致浪费十匹二尺（绢）者，减半为五匹一尺（绢），依赃罪（笞七十）减一等为笞六十。第二层含义是，国家的工程因考虑不周出现质量问题而致人死亡时，对此应负责任的（工匠或主司）处徒刑一年半。

（4）工作必须符合法定要求。《唐律疏议·擅兴》"工作不如法"条律文曰:"诸工作有不如法者,笞四十;不任用及应更作者,并计所不任赃、庸,坐赃论减一等。其供奉作者,加二等。工匠各以所由为罪。监当官司,各减三等。"本条疏议曰:"'工作',谓在官司造作。辄违样式,有不如法者,笞四十。'不任用',谓造作不任时用,及应更作者,并计所不任赃、庸,累倍坐赃论减一等,十匹杖一百,十匹加一等,罪止徒二年半。其供奉作加二等者,……若不如法,杖六十;不任用及应更作,坐赃论加一等,罪止流二千里。其并倍论,不重费官物者,并直计官物科之,其赃不倍。工匠各以所由为罪。监当官司各减三等者,谓亲监当造作,若有不如法,减工匠三等,笞十;不任用及应更作,减坐赃四等,罪止徒一年;供奉作,罪止徒二年之类。"这是一条有关官工匠工作质量的关键律文,可以分这样几点来理解:①所有在官工机构服役的官工匠,每一造作官方都应提供法定样式,违者笞四十。②若所造的物品不合时用而需重新制作的,则分别计算所费的财物价值和人力价值,然后合并累计减半按赃罪减一等处罚,若实际所费二十匹,减半为十匹,再减赃罪十匹(徒一年)一等为杖一百;此罪最高处罚为徒二年半。③若所制物品是为了奉供皇上使用的(如衣服、饮食之类),要加二等处罚,即工作违法者杖六十(加笞四十的二等),不合时用而更作所费十匹者徒一年半(加徒一年一等,加杖一百二等);此罪最高处罚为流二千里。④若制作违法而又不须重做的,合计所费财物的实际价值论罪。⑤丁匠以他(她)所犯的错误依律论处,具体负责的工官或其他长官减工匠三等处罚。如果工匠违法笞四十,监当官司则笞十。若所作不合时用而要重作的,监当官司减赃罪四等处罚,此罪最高处罚为徒一年;若所作是供奉皇上使用的，监当官司加二等处罚，但最高处罚为徒二年。

如果联系到秦帝国有关手工业的法律规定，我们从唐代的手工业法律尤其是上述几条律文中可以获得这样一个印象，即唐律仍是继承了秦律严格化和数字化的特点。[1]但总体上不及秦律那么苛严，这大概是儒家思想中的人道和宽恕原则在法律中的一种体现。

二、唐代的商业法律

中国商业的发展到唐代出现了一些新的变化，原始的商业性质逐渐消失，近代商业形态初露端倪，以往那种"日中为市"的偶然性交换开始演变为店肆林立、货贿山积的常设市场，这样的市场不只在京城有，地方上亦有，只是规模大小不同而已。中唐以后，随着均田律令的崩溃和可以具有商业性质的租佃经济的确立，特别是由于中央权威（包括法律）的衰落而导致的财政地方化，使商业在地方的发展得到了新的市场、基础和力量。

到公元9世纪，以地区市场体系为基础的各级新的经济定居地开始在各级行政中心附近出现，从而使城市发展的过程呈现出崭新的面貌。随之而来的是，传统的官办市场体系渐趋瓦解，认为商人一定是坏人和他们的职业玷污了他们的道德的传统的敌视态度开始不像以前那样坚定不移了，甚至禁止商人之子担任公职

---

[1] 参见睡虎地秦墓竹简整理小组：《睡虎地秦墓竹简》，文物出版社1978年版，相关部分；张中秋：《法律与经济——传统中国经济的法律分析》（第1卷），南京大学出版社1995年版（以下所引此书为同一版本），第126~136页。

和在京师学堂就读的严格规定亦略有放松。由于摆脱了初唐施加的严厉的制度约束，商界亦开始缓慢地发展。这一过程一直到宋代都没有中止，以至到宋代后期，一个富裕、自觉并对自己的鲜明特征和特殊文化有着强烈意识的市民阶层开始出现。同时，以前富商和士大夫之间不可逾越的社会障碍亦开始崩溃。商人可以做官，官员亦可以投资商业，社会的世俗化渐趋加强，但腐败同时成为官场的一个疴症。政府解决这个问题的唯一对策仍是老调重弹：用传统的礼法来对付新型的经济。其结果是一方面经济受到了阻碍，另一方面礼法本身因脱离社会而变得僵化。当然，这是一个缓慢的历史过程。

在唐代，因商业和贸易的空前发展、商人的日益富裕和经济水平的全面提高，事实上还是逐渐导致了官方对经济的态度的根本转变。虽然在表面上，至少在公开颁布的法令上，强调以农为本和以农民为国家财政收入主要来源的理论这样一种传统态度依然未变，但从这时起，不管历代政府对这一古典正统思想的信念作何表白，以后通过对国家垄断事业的管理，对有利可图的手工业的直接干预，以及对贸易税的日益依赖和对城市居民征税的法律，统统将始终与商业发生密切的联系。从中唐开始的国家专卖制度的强化与扩大就是这种联系的最初表现。这从一个侧面说明公元八九世纪是中国社会的一个巨大的转折时期，标志着中古时代的结束。[1]

---

[1] 关于此点，日本学者内藤湖南在《概括的唐宋时代观》一文中有极为简练的说明。该文收于刘俊文主编：《日本学者研究中国史论著选译》（第1卷），中华书局1992年版。

唐代社会经济生活的变迁，为我们今天认识和研究它有关商业的法律提供了一个很有价值的视角和课题，这不仅是由于它具有新旧社会的变化性，还在于它对历史认识的深刻性。但在事实上我们难以做到这一点，一个很重要的原因是，唐代商业经济的变化并没有在国家基本的法律上得到相应的反映。政治和法律的严重滞后是中国历史的一大特点。颁布于唐初的《唐律疏议》，除其中的均田制和租庸调制在事实上被两税法所取代外（两税法并没有明确宣示废止《唐律疏议》中有关均田和租庸调的法律规定，只是用暗示的语言表示了事实上的不再使用，但作为法典的《唐律疏议》的有效性在表面上并没有受到任何质疑和破坏），它的所有规定包括适用于当时商业的律文在公开和表面场合一直使用到唐亡。尽管中唐以后临时性的特殊法律形式"敕""制""格"经常代替《唐律疏议》处理事务，但正式的规划整齐的像《唐律疏议》规定那样的商业法律制度并未形成，所以，我们很难直接从法律中看到商业的变化，尤其是它的丰富性和复杂性，更难为法律所呈现。这在客观上给研究带来了困难，因此以下的内容主要是唐前期以《唐律疏议》为准的商业法律图景，中唐以后的商业法律情形除了在专卖部分予以一定的说明外，其他丰富复杂的关系和变化只能暂付阙如。

　　唐初对商人的态度和政策法令很是严厉，这是传统的要求，并不能完全责怪初唐政府，而且至少在表面上，这种做法维持到了唐末以至宋元时代。明清时期变本加厉，对商人不只是表面上的苛刻，而是实质上的鄙视和压榨，以致到传统中国社会晚期，商品经济仍停留在战国时即已形成的资本主义萌芽状态。[1]有关唐初商人的身份和地位,《唐六典》卷三《户部郎中员外郎》有一则规定值得引在这里:"辨天下之四人,使各专其业。凡习学文武者为士,肆力耕桑者为农,巧作贸易者为工,屠沽兴贩者为商。〔工商皆谓家专其业,以求利者,其织纴组紃之类非也〕工商之家,不得预于士;食禄之人,不得夺下人之利。"在这则规定中,商人的概念是很明确的,专指以经商求利为其生活家业的人,一般男耕女织家庭中的纺织手工之类不在此列。凡属商人只能行其本行,诸如屠宰、沽酒、贩运、买卖之类,是否可以转为手工或农业,规定中并没有明确,但不得为官却是毫不含糊的。开元七年(公元719年)和开元二十五年(公元737年),朝廷颁布新令,更加具体地重申了这一点:"诸官人,身及同居大功已上亲,自执工商,家专其业,不得仕。其旧经职任,自解黜,必有事用者,三年之后所用。"[2]《唐律疏议·诈伪》"诈假官假与人官"条律文疏议曰:"依《选举令》:'官人身及同居大功以上亲,自执工商,家专其业者,不得仕。其旧经职任,因此解绌,后能修改,必有事业者,三年以后听仕。其三年外仍不修改者,追毁告身,即依庶人例。'……及未满三年,隐状选得官

---

[1] 有关中国资本主义萌芽的一般讨论都集中在明清时期。其实,这并不是很有道理。作为资本主义萌芽的商品和货币经济的最初形式,在中国战国时期即已出现。就像文明一样,资本主义萌芽在古代世界是一个很普遍的现象,但只有西方从资本主义萌芽成长为资本主义参天大树。这不是世界历史的通例而是一个特例,其中的因素很多,但文明的性质是一个关键。参见〔德〕马克斯·维贝尔:《世界经济通史》,上海译文出版社1981年版;傅筑夫:《中国封建社会经济史》(第1卷),人民出版社1981年版,相关部分。

[2] 〔日〕仁井田陞:《唐令拾遗》(栗劲等编译),第206页。

者,……合徒一年。其三年外仍不修改,若方便不输告身,依旧为官者,亦同'不应为官'之坐。……"[1]

　　比照选举令和《唐律疏议》的解释,我们可以发现,后者对前者的内容作了充分完整的引证,同时,还提供了有力的法律保护,规定凡意欲为官者,若自己或共同生活在一起的大功以上亲属[2]有专事商业的,那么,仕途对他来说是此路不通;若曾经任官而因此解职的,必须弃商从事他业期满三年,才可以重返官场,期限不到而隐瞒实情入选得官的,处徒刑一年;若期满三年而不改业者,则要取消为官的资格,并以"不应为官"之罪徒二年。[3]"商人不得入仕"可谓是古来有之,因大功以上亲属有经商者而不得为官,许是此前有而后湮没不闻,许是笔者见识所限,这在法律上现见于唐。但无论是哪一种情形,这条规定对身处官本位社会的商人来说,确是严厉的。我们已无法体会当时的商人和他们的亲属直面这条律文时的心态,复杂、难言以至羞愤可能还是有普遍性的。常常有这样的事情出现,当人们面对一个不能以钱来衡量其价值的东西的时候,钱就变得没有价值了。商人的钱再多,亦抵消不了这条律文带给他们的心灵创伤。

　　唐代还继承了以服色来区别人等的礼法制度。据《资治通

---

[1] (唐)长孙无忌等撰:《唐律疏议》,刘俊文点校,中华书局1983年版(以下所引此书为同一版本),第462页。

[2] 大功:五服中的第三等亲,服期为九个月。属大功的亲属有堂兄弟、未嫁的堂姐妹、已嫁的姑、姐妹、已嫁者同自己的伯叔父及兄弟等的亲属关系,丈夫的祖父母、伯叔父母。

[3] "……其于法不应为官[谓有罪谴,未合仕之类],而诈求得官者,徒二年。……"[(唐)长孙无忌等撰:《唐律疏议》(刘俊文点校),第461页。]

鉴》卷二〇二记载，公元 674 年，即唐高宗上元元年，朝廷颁发了一道《衣服令》，规定普通百姓（庶人）可以穿黄色的衣服，"自非庶人，不听服黄。"胡三省在《资治通鉴》中解释说："自非庶人，谓工商杂户。"这样，商人与手工业者及杂户这类人穿戴传统中国人崇拜的黄色衣服的权利被剥夺了。这就像古代罪人穿赭衣（赤红色的囚衣）一样，服装的颜色既是人等身份的分类标志，亦是对服用者心灵和人格的羞辱。

比较来看，唐代的土地法令更能直接反映出商人在国家经济生活中的真实身份与地位。唐前期的均田律令规定："诸以工商为业者，永业、口分田各减半给之。在狭乡者并不给。"[1]对这条法令至少可以作两方面的理解：一是表明在国家意志中，工商业者与庶人的不等，所以在衣食之本的土地分配上，工商业者于宽乡减半，狭乡不给，优先考虑农人；二是在经济领域，商人与手工业者获得了比在政治和礼仪等级方面稍加宽容的待遇，所以在土地不紧张的情况下，仍可以减半给之，以资其食。前者可谓是传统的"重农抑商"思想在法律上的反映，后者则是政治（礼仪等级亦是政治地位和身份的延伸与表现）重于经济这一中国传统法律精神的体现。由此看来，政治上歧视、经济上相对宽容，大致可用来概括商人在唐前期国家法律上的身份与地位实况。中唐以后，情况发生了相反的变化，商人的政治性待遇（包括社会的观念和国家的事实态度）有了提高，但经济上却受到了更多的压榨。不过，总体上商人的身份和地位出现了好转而不是继续恶化。

---

[1]《通典·田制》。

商人的活动舞台是古代称作"市"的市场,这决定了对商人的管制离不开对市场的管理。唐代市场的内部虽然发生了一些变化,如从定时一聚的交易地演变为略具近代型的常设市场,但由于城坊制度未变,作为其中一部分的"市"的变化亦是比较有限的,对"市"的设置和管理仍保留了许多古代型的经验和残余。除了地处偏僻的乡村草市以外,所有的大小市场,不论是两京的还是各州府县治的,均由官方设立和废止,即所有的正式市场实际上都是官市,由朝廷设官管理:"显庆二年(公元657年)十二月十九日,洛州置北市,隶太府寺"[1],又"长安元年(公元701年)十一月二十八日,废京中市。天宝八载(公元749年)十月五日,西京威远营置南市,华清宫置北市"[2]。

唐受西周以来的礼法影响,市场均设在城内的固定地点,所谓:"前朝后市,左祖右社"。这样的安排有特定的文化和经济意义。从文化上讲,将市置于阴气重的城北或城西北,体现了当时的人们对市及商人的态度和心理意识。在古代中国的哲学观念中,北和西都是阴和辅的方位,东与南则是阳和主的代表。阳主阴辅既是中国传统的自然哲学观,亦是当时的社会政治法律思想,延伸到城坊建置和商业安排的法律规定上,市的地点就只能固定到阴辅的西北部。与文化相联系的经济意义是,将市固定在这样一个地点,便于对市场及商人的控制和使商人在心理上对自我的约束,从而有利于城市经济生活的安排和国家的税收得以

---

[1]《唐会要·市》。
[2]《唐会要·市》。

收缴。

　　为了限制商业的自由发展和商人的自由活动，唐对市场的交易时间作了严格的限定，基本上保持着"日中为市"的古制。这是由于市是城中坊制的一部分，凡坊皆有墙、门，定时开关，所以市亦随之开关。坊市闭门之后和开门之前，有行人谓之"犯夜"。《唐律疏议·杂律》"犯夜"条规定："诸犯夜者，笞二十；有故者，不坐。[闭门鼓后、开门鼓前行者，皆谓犯夜。故，谓公事急速及吉、凶、疾病之类]……"本条疏议曰："《宫卫令》：'五更三筹，顺天门击鼓，听人行。昼漏尽，顺天门击鼓四百捶讫，闭门。后更击六百捶，坊门皆闭。'违者，笞二十。故注云：'闭门鼓后、开门鼓前，有行者，皆为犯夜。'故，谓公事急速。但公家之事须行，及私家吉、凶、疾病之类，皆须得本县或本坊文牒，然始合行，若不得公验，虽复无罪，街铺之人不合许过。既云闭门鼓后、开门鼓前禁行，明禁出坊外者。若坊内行者，不拘此律。"文意甚明，无须多言。

　　市具体的开启交易时间亦由法令统一规定："凡市，以日中击鼓三百声而众以会，日入前七刻，击钲三百声而众以散。"[1]"凡市，日中击鼓三百以会众，日入前七刻，击钲三百而散，有果毅巡逤。"[2]除前引律文中所说的有"公事急速及吉、凶、疾病之类"外，坊市夜间开门，只有在皇帝特许之下才行，但一年中亦只有三日。这起源于神龙午间京师于正月望日举行灯会，于是决定每年的正月十四、十五、十六（后改为十七、十八、十

---

[1]《唐六典·京都诸市令》。
[2]《新唐书·百官志三》。

九）三日，特弛夜禁，许人夜游。[1]

商人在市场上的活动是交易，度量衡器是交易中必不可少的工具，商人出于本性和职业要想牟利总是在度量衡器上做文章，而自认为以百姓利益为代表的官方在这个问题上亦肯定不能轻易放过他们，对情节重的刁商奸徒还要绳之以律，以维持公平和市场秩序。唐律中有这样两条珍贵的律文，下面略作介绍说明。

（1）度量衡器须校对。《唐律疏议·杂律》"校斛斗秤度不平"条律文曰："诸校斛斗秤度不平，杖七十。监校者不觉，减一等；知情，与同罪。"本条疏议曰："'校斛斗秤度'，依《关市令》：'每年八月，诣太府寺平校，不在京者，诣所在州县平校，并印署，然后听用。'其校法，《杂令》：'量，以北方秬黍中者，容一千二百为龠，十龠为合，十合为升，十升为斗，三斗为大斗一斗，十斗为斛。秤权衡，以秬黍中者，百黍之重为铢，二十四铢为两，三两为大两一两，十六两为斤。度，以秬黍中者，一黍之广为分，十分为寸，十寸为尺，一尺二寸为大尺一尺，十尺为丈。'有校勘不平者，杖七十。监校官司不觉，减校者罪一等，合杖六十；知情，与同罪。"依据疏议，可简列为下表。

---

[1] "神龙之际，京城正月望日，盛饰灯影之会，金吾弛禁，特许夜行。贵游亲属及下隶工贾，无不夜游。……"（《大唐新语》卷八）"天宝三载（公元744年）十一月癸丑，每岁依旧取正月十四日、十五日、十六日开坊市门燃灯，永以为常式。"（《旧唐书·玄宗纪》）"……自今已后，每至正月，改取十七、十八、十九日夜，开坊市门，仍永为常式。"（《全唐文》卷三二《令正月夜开坊市门诏》）

表 1　唐律规定度量衡器标准及校正责任简表

名称	标准物	单位换算						校正责任
量	北方秬黍中者	容一千二百黍为一龠	十龠为合	十合为升	十升为斗	三斗为一大斗	十斗为斛	校勘不平者,杖七十;监校官不觉,杖六十;知情,杖七十。
衡	北方秬黍中者	百黍之重为一铢	二十四铢为两	三两为一大两	十六两为斤			
度	北方秬黍中者	一黍之广为一分	十分为寸	十寸为尺	一尺二寸为一大尺	十尺为丈		

（2）禁止使用私制的度量衡器。《唐律疏议·杂律》"私作斛斗秤度不平"条律文载："诸私作斛斗秤度不平,而在市执用者,笞五十;因有增减者,计所增减,准盗论。……其在市用斛斗秤度虽平,而不经官司印者,笞四十。"这条律文与上条律文的内容是相联系的。依上条律文,所有的度量衡器均要符合官方的标准,要经过官方的校正、加印后才能上市使用。如果未经这一程序,怎么办？这便是本条律文的任务。它规定,未经官方准许和确定的程序,私自制作度量衡器致有差错而又上市使用的,不问实际使用与否,仅此行为先笞五十;若已使用而有增减差错的,按窃盗罪论处：一尺杖六十,一匹加一等,五匹徒一年,增减差错至五十匹者,加役流（流二千里加服苦役）。[1] 即使度量衡器符合法定标准而上市使用,但因未经官方的法定程序校勘、

---

[1]（唐）长孙无忌等撰:《唐律疏议》（刘俊文点校）,第358页。

印署,亦要笞四十。考虑到现今中国的市场秩序和法制管理状况,我们不得不承认,唐律的价值并非与时俱去。

把好度量衡器关可以极大地减少纠纷,这是毫无疑问的。但以为藉此就可以确保市场秩序的稳定,未免天真。官方很清楚,奸诈的商人是不好对付的,如果再加上监管者玩忽职守或贪赃枉法,情况就会更糟。因此,要想方设法将商人的奸诈和管理者的违法渎职限制到所能达到的最低限度。这大概亦是下列律文的旨意所在。

(1) 器物制作和贩卖不得有诈。《唐律疏议·杂律》"器用绢布行滥短狭而卖"条律文规定:"诸造器用之物及绢布之属,有行滥、短狭而卖者,各杖六十;〔不牢谓之行,不真谓之滥。即造横刀及箭镞用柔铁者,也为滥〕得利赃重者,计利,准盗论。贩卖者,亦如之。市及州、县官司知情,各与同罪;不觉者,减二等。"本条疏议曰:"凡造器用之物,谓供公私用,及绢、布、绫、绮之属。'行滥',谓器用之物不牢、不真;'短狭',谓绢匹不充四十尺,布端不满五十尺,幅阔不充一尺八寸之属而卖:各杖六十。故礼云:'物勒工名,以考其诚。功有不当,必行其罪。'其行滥之物没官,短狭之物还主。'得利赃重者',谓卖行滥、短狭等物,计本之外,剩得利者,计赃重于杖六十者,'准盗论',谓准盗罪,一尺杖六十,一匹加一等,计得利一匹一尺以上,即从重科,计赃累而倍并。'贩卖者,亦如之',谓不自造作,转买而卖求利,得罪并同自造之者。市及州、县官司知行滥情,各与造、卖者同罪;检察不觉者,减二等。官司知情及不觉,物主既别,各须累而倍论。其州、县官不管市,不坐。"这是一条与手工制作有牵连的律文,引用在这里,是因为它的重心是放在制作销售上。若制作器物纯粹是为了自用,即使有"行滥、短狭"问题,依律文的精神,亦不构成犯罪。相反,若是供公私他用,则行滥和短狭者各杖六十;得利超过成本者,按窃盗罪论处;贩卖求利者与之同罪;监管者(市、州、县)按知情和不觉合并减半论处。依现代眼光来看,对待伪劣产品的检查,唐律的设置,可谓是层层把关、责任到人、以罚代奖。

(2)评估物价要公平。《唐律疏议·杂律》"市司评物价不平"条律文载:"诸市司评物价不平者,计所贵贱,坐赃论,入己者,以盗论。……"这是一条很关键的律文,因为物价是整个市场管理的目标与核心,物价的不合理波动不仅会直接影响消费者的利益,还会引发其他社会问题。为了防止出现这种情况,唐令规定,市令有责任要求商人每十天向市场管理机构呈报一次物价变动情况,把每一种货物按其品质,定出上、中、下三种不同的价格,并将十天内物价涨落的情况登记呈报,最后由市令及主管官吏加以评定。[1]如何对市令及主管官吏的这项工作加以监督,构成了上述律文的任务。所以,疏议曰:"谓公私市易,若官司遣评物价,或贵或贱,令价不平,计所加减之价,坐赃论。'入己者',谓因评物价,令有贵贱,而得财物入己者,以盗论。并依真盗除、免、倍赃之法。……"律文清楚表明,如果市令及主管官吏在物价评定中不公平,就要依律论处。可以推想,出现不平,不外乎有两种可能:一是失职,这是过失造成的,唐律对这种行为,按照因估价贵贱不平而引致的损失值,坐赃论;二是

---

[1] [日]仁井田陞:《唐令拾遗》(栗劲等编译),第644~645页。

枉法,这是故意引起的,目的是通过与商人勾结或坑害商人而得私利,对这种行为,唐律以实际窃盗罪计赃,再按除名、免官、倍赃的法律规定处罚。

(3) 卖买自由、交易合法。《唐律疏议·杂律》"卖买不和而较固"条律文曰:"诸卖买不和,而较固取者;[较,谓专略其利。固,谓障固其市] 及更出开闭,共限一价;[谓卖物以贱为贵,买物以贵为贱] 若参市,[谓人有所卖买,在傍高下其价,以相惑乱] 而规自入者:杖八十。已得赃重者,计利,准盗论。"本条疏议曰:"卖物及买物人,两不和同,'而较固取者',谓强执其市,不许外人买,故注云:'较,谓专略其利。固,谓障固其市','及更出开闭',谓贩鬻之徒,共为奸计,自卖物者以贱为贵,买人物者以贵为贱,更出开闭之言,其物共限一价,望使前人迷谬,以将入己;'参市',谓负贩之徒,共相表里,参合贵贱,惑乱外人,故注云:'谓人有所卖买,在傍高下其价,以相惑乱',而规卖买之利入己者:并杖八十。已得利物,计赃重于杖八十者,'计利,准盗论',谓得三匹一尺以上,合杖九十,是名'赃重',其赃既准盗科,即合征还本主。"透过这条律文,我们可以看到唐代市场交易过程中有关物价的三种有趣现象:一是较固;二是更出开闭、共限一价;三是参市。较固有点类于现今市场上的市霸,他们不遵守或者说蔑视卖买自由的规则,为了私利,利用非法手段(最常见的是以暴力相威胁),强迫卖者将货物出售给他们,而不准别人染指。更出开闭,共限一价,是针对奸商的。这类商人私下串通,以贵为贱或以贱为贵,限定物价,坑害生产者和消费者。参市是商人用钱雇佣他人,趁顾客购物时,故意以购物者的身份在旁边抬高或降低价格,以利奸商和自己。唐律对这三种行为分别各杖八十，赃重（即得赃三匹一尺以上）超过杖八十者，按窃盗罪论处，赃物退还原主。唐律处罚的这三种行为，在现代市场上仍可一一对应。这不免使人感叹，人性并不像历史那样成为过去，利益对人性的诱惑和损伤仍是一如既往，而人类对此似乎亦是求无良策，至少面对较固、共限一价和参市，我们的法律并没有多少进步。

（4）卖买奴婢、牛马须立市券。唐令有一规定："凡卖买奴婢、牛马，用本司本部公验以立券。"[1]不立券又当如何？《唐律疏议·杂律》"卖买奴婢牛马不立市券"曰："诸买奴婢、马牛驼骡驴，已过价，不立市券，过三日笞三十；卖者，减一等。立券之后，有旧病者三日内听悔，无病欺者市如法，违者笞四十。即卖买已讫，而市司不时过券者，一日笞三十，一日加一等，罪止杖一百。"本条疏议曰："买奴婢、马牛驼骡驴等，依令并立市券。两和市卖，已过价讫，若不立券，过三日，买者笞三十，卖者减一等。若立券之后，有旧病，而买时不知，立券后始知者，三日内听悔。三日外无疾病，故相欺罔而欲悔者，市如法；违者笞四十；若有病欺，不受悔者，亦笞四十。令无私契之文，不准私券之限。卖买奴婢及牛马之类，过价已讫，市司当时不即出券者，一日笞三十。所由官司依公坐，节级得罪；其挟私者，以首从论。一日加一等，罪止杖一百。"从律令的规定来判断，奴婢马牛之类的买卖之所以要立市券，大概有这样几方面的考虑：一是当时施行均田制，土地一般不允许自由买卖，因此进入交易领域的奴婢马牛之类自然成为最重要最有价值的买卖物；二

---

[1] [日]仁井田陞：《唐令拾遗》（栗劲等编译），第648页。

是既然是重要物,交易就必须谨慎,立有市券,日后有反复或纠纷,亦好依此为据,免得口说无凭;三是官方令立市券,可以借此收税;四是可能还有预防拐卖良民为奴的意图。《全唐文》卷九二《改元天复赦》一文可以为证:"旧格买卖奴婢,皆须两市署出公券,仍经本县专吏引验正身,谓之过贱,及问父母见在处分,明立文券,并关牒太府寺。兵戈以来,条法废坏,良家血属,流落他门,既远家乡,或遭典卖,州府曾不寻勘,豪猾得恣欺凌。自此准京兆府并依例处分,两市立正印,委所司追纳,毁弃改给朱记行用,其传典卖奴婢,如勘向本非贱人,见有骨肉,证验不虚,其卖主并牙人〔1〕等,节级科决,其被抑压之人,便还于本家。委御史台切加察定,其天下州府如有此色,也仰本道观察防御史各行条制,务绝沉冤。"

(5)严惩扰乱市场。《唐律疏议·杂律》"在市及人群中故相惊动"条律文载:"诸在市及人众中,故相惊动,令扰乱者,杖八十;以故杀伤人者,减故杀伤一等;因失财物者,坐赃论。其误惊杀伤人者,从过失法。"本条疏议曰:"有人在市内及群聚之处,'故相惊动',谓诳言有猛兽之类,令扰乱者,杖八十。若因扰乱之际而失财物,坐赃论;如是众人之物,累并倍论,并倍不加重于一人,失财物者即从重论。因其扰乱而杀伤人者,'减故杀伤一等',惊人致死,减一等流三千里;折一支,减一等徒三年之类。其有误惊,因而杀伤人者,从'过失'法收赎,铜入被伤杀之家。"在有关市场管理的诸项规定中,这条律文的

---

〔1〕 牙人是一种经纪人,为买卖双方进行说合,成交后,由双方给予若干佣钱,以为报酬。唐代牙人很多,有所谓"牙行"的组织。

处罚是最重的，凡故意扰乱市场、惊动众人的，杖八十；因此之故而杀伤人的，减故杀伤人一等处罚，即致死的流三千里，折伤一肢的徒三年；误惊的，从"过失"法，用铜赎罪；无杀伤人而有财物损失的，合计所损财物的价值减半按赃罪论处。这般严厉，自然是有原因的，扰乱市场和惊动众人既破坏了社会治安，又可致人非命，还会造成大量的财物损失。这三者恰是中国传统法律保护的重心，唐律自然亦不例外。

上述各项法律规定都是初唐时期制订的，中唐以后，这些规定名义上仍在施行，但实际的效力已大不如前。原因不仅仅是时过境迁，最根本的还是官方首先破坏了自定的法律，扰乱了市场。有关这方面的记载不少，最突出的莫过于"借商"和"宫市"。"借商"在中国商业法律史上算是很独特有趣的，《新唐书·食货志》载："税法既行，民力未及宽，而朱滔、王武俊、田悦合从而叛，用益不给，而借商之令出。初，太常博士韦都宾、陈京请借富商钱，德宗以问度支杜佑，以为军费裁支数月，幸得商钱五百万缗，可支半岁。乃以户部侍郎赵赞判度支，代佑行借钱令，约罢兵乃偿之。京兆少尹韦桢、长安丞薛萃，搜督甚峻，民有不胜其冤自经者，家若被盗。然总京师豪人田宅、奴婢之估，裁得八十万缗。又取僦柜纳质钱及粟麦粜于市者，四取其一，长安为罢市，市民相率遮邀宰相哭诉，卢杞疾驱而过。韦桢惧，乃请钱不及百缗、粟麦不及五十斛者免，而所获裁二百万缗。"

如果要理解上述引文的含意，有必要对几个关键词进行解释："税法"是指两税法；"裁"即才；"判"乃兼任之意；"自经"谓缢死；"僦柜纳质"指经营抵押放款和典当的高利贷者；

"粜"为出售粮食;"遮邀"即阻拦。现在我们可以在理解的基础上提出几点讨论:一是"借商令"的名实问题。依史料判断,借只是名,刮才是实,"借商之令"可以说是地地道道的"刮商之令"。二是"借商令"的源起。唐德宗是在推行两税法而民力未及增长,又面临藩镇兵变、中央财政尤其是军费开支陷入困境的情况下,采纳大臣建议而颁行"借商令"的。三是"借商"对商人和市场的打击与破坏。因刮商过严,导致很多商人以至百姓家破人亡,市场处于混乱和恐慌之中。四是罢市、遮邀问题。罢工、罢市,这在近代社会并不鲜见,但在中古时期的中国,居然在天子脚下的京城亦发生了商人罢市和阻拦宰相车马行道的事件。对于这件事,初见不免意外,细想亦不尽然。我们可以作这样的设想:商人的法律地位虽然低贱,但依他们的职业和本性来说,财产重于生命,与其没钱受苦,不如抗争求财。所以,罢市、遮邀亦不是不能偶一为之的,毕竟古今人性相通,何况理在商人之手,长安城里又有那么多商人,即使出事,最后还是法不责众。这是中国法律的传统,精明的商人自会利用这点。

比"借商"更长期困扰和破坏市场的是"宫市",这是唐代"宦官之祸"在商业上的延伸。《新唐书·食货志》有一段记录:"是时,宫中取物于市,以中官为宫市使。两市置'白望'[1]数十百人,以盐估敝衣、绢帛,尺寸分裂酬其直。又索进奉门户及脚价钱,有赍物入市而空归者。每中官出,沽浆卖饼之家皆彻肆塞门。谏官御史数上疏谏,不听,人不堪其弊。户部侍郎苏弁

---

[1] "白望者,言使人于市中左右望,白取其物,不还本价也。"(《资治通鉴·唐纪五一》)

言:'京师游手数千万家,无生业者仰宫市以活,奈何罢?'帝悦,以为然。京兆尹韦凑奏:'小人因宫市为奸,真伪难辨,宜下府县供送。'帝许之。中官言百姓赖宫市以养者也,凑反得罪。""宫市"亦是发生在唐德宗建中年间的京师,原因和背景大致与"借商"相同,所不同的是宦官的参与。依记载来看,宦官们(中官、中人、中使,均指宦官)打着宫廷购买和需要的旗号,到市场上白拿白取商人的货物,即使付钱,亦是随便撕裂宫中破旧衣服、绢帛之类作价,并强迫货物的主人自己将货送到宫中,不送者另收运送费,害得商贾们一见宫使便纷纷撤货关门,整个市场为之萧条。结果正确的意见不被采纳,反遭宦官之害得罪。这既是皇帝昏庸无能和宦官专权所致,更多的是传统中国政治体制和法律精神弊端的暴露。到唐德宗贞元年间后期,"宫市"为害更加严重,宦官口称朝命,招摇入市,"苍头女奴,轻车名马,慆慆衢巷,得免捕为幸。……市之经商,皆匿名深居"[1]。造成摆摊设位的,大都是老弱苦贫,最后恶化到官逼民反。《资治通鉴》记有一则事例:"尝有农夫以驴负柴,宦者称宫市取之,才与绢数尺,又就索门户,仍邀驴送柴至内。农夫涕泣,以所得绢与之;不肯受,曰:'须汝驴送柴至内'。农夫曰:'我有父母妻子,待此然后食。今以柴与汝,不取直而归,汝尚不肯,我有死而已。'遂殴宦者。"[2]"宫市"到唐德宗的后继者顺宗接位时(贞元二十一年,同年改为顺宗永贞元年,即公元805年)才被罢去,但市场的情形并未好转,仅征税卖爵、藩镇

---

[1]《唐会要·市》。
[2] 王雷鸣编:《历代食货志注释》(第1册),农业出版社1984年版,第330页注。

割据两事就使得市场再亦不可能在全国范围内得到有序的运行和统一的管理。这些都与帝国政权和法律相关。唐律着意维护的市场秩序最后败在统治者的自乱其法上，这恐怕是初唐立法者始料未及的，对后世亦是一个深刻的教训。

唐代对商人和商业的征税很是分散，租庸调制时代，国家按户等收税，商人一般都被列入高等户，税额自然重，所谓："凡天下户，量其资产，定为九等。"[1]"乡成于县，县成于州，州成于户部。又有计帐，具来岁课役以报度支。国有所须，先奏而敛。凡税敛之数，书于县门、村坊，与众知之。"[2]这既施于士农，亦适用于工商。九等户中各等户的税额是多少，唐大历四年（公元769年）正月十八日有一敕文："定天下百姓及王公以下每年税钱，分为九等：上上户四千文，上中户三千五百文，上下户三千文；中上户二千五百文，中中户二千文，中下户一千五百文；下上户一千文，下中户七百文，下下户五百文。……其百姓有邸店行铺及炉冶，应准式合加本户二等税者，依此税数勘责征纳。"[3]

租庸调制为两税法取代后，原来的户等税取消，"行商者，在郡县税三十之一。"[4]这是唐中后期最基本的商税之一。在前述户等税和此"三十税一"之外，商税的第二大项是职业专税，如茶税、盐税、酒税、矿冶税等；此等专税以外，行商贩徒通关过桥的关津税亦是很重要的一项。有关这两项商税的资料很丰

---

[1]《旧唐书·食货志》。
[2]《新唐书·食货志》。
[3]《旧唐书·食货志》。
[4]《新唐书·食货志》。

富,律令亦有明确的规定,乃由于专业税与专卖关系更密切,关津税与对外贸易特别是与边贸相关,因此,这两项税的情况将在后面阐述。这里与本专题密切相关的是市场税,这可谓是唐代另一项基本的商税,可惜有关这方面的资料十分缺乏。如日本著名学者仁井田陞的《唐令拾遗》,几乎收罗了现存史料中有关唐令的所有内容,其中涉及市场税的亦就这么一条:"其商贾,准《令》,所在收税。"[1]《令》的具体内容,不得而知。为此,笔者仔细检阅了《唐律疏议》,结果仍是未见详细规定。

唐代前期是贵族型的中古社会,中后期开始向世俗社会转变,因此,金钱的魔力在唐代经历了一个由受压制到逐渐自由放纵的过程。一个很有象征意义的现象是:商人的地位得到了自然的提高,抑商的法律虽依然存在(这是政治法律滞后于经济的表现),但权威和效力已不能与初唐相提并论,经商的热情弥漫到乡村田野:"客行野田间,比屋皆闭户。借问屋中人,尽去作商贾。官家不税商,税农服作苦。居人尽东西,道路侵垄亩。采玉上山颠,探珠入水府。"[2]这是姚合的一首诗作,生动形象地反映了人们弃农从商的情形。人们之所以如此,还是金钱在发挥作用。于是乎,不独农夫,官僚亦卷入了商海,甚至有人不怕冒军用之名行商:"唐定州何明远,大富,主官中三驿,每于驿边起店停商,专以袭胡为业,资财巨万,家有绫机五百张。"[3]又

---

[1] [日]仁井田陞:《唐令拾遗》(栗劲等编译),第649页。
[2] 《姚少监诗集·庄居野行》。
[3] 《太平广记·何明远》。

《册府元龟》卷一六〇载,"先是,诸道节度观察使,以广陵当南北大冲,百货所集,多以军储货贩,列置邸肆,名托军用,实私期利。"官商的情形已发展到很严重的地步,所以,国家一再下达禁令,但仍是有禁不止:"[开元二十九年(公元741年)春正月丁丑]禁九品已下清资官置客舍、邸店、车坊。"[1]又"[大历十四年(公元779年)六月己亥]禁百官置邸货鬻"[2]。

由于官僚对钱财有着强烈的贪欲,权力对商业的渗透渐趋纵深。与此同时,商人和商业对权力的腐蚀更是变本加厉,贪赃枉法的经济犯罪远远超出了一个正常社会所能容忍的限度,发展到宋代,酿成了导致中国社会震荡不息以致走向分裂的农民暴动。宋元以后,统治者以亡国为戒,用重刑治贪官,收效亦只是一时而不能长世,其根源其实并不在于法律的轻与重,而是包括法律在内的整个权力体制问题。所以,朱元璋面对贪赃如潮,只能感叹:奈何他朝杀而暮犯![3]这个问题至今仍需我们作出回答。

三、唐代的专卖法律

传统中国的政治道德对做一位理想的或者说合格的帝王提出了很多条件,关心天下百姓的衣食乃是他为民作父的天职,正统的国家财政收入应是统一的农业税,过分地依赖商业和商税是国家危机的一种象征,亦是他的失职。所以,在奉行正统的初唐诸

---

[1]《旧唐书·玄宗纪》。
[2]《新唐书·德宗纪》。
[3]《明史·刑法志》。

帝统治时期，政府不遗余力地从事的最大一项工作是，努力将政权牢固地建立在他们以为最理想的均田制之上，对商业则采取一种相对轻视的放松态度，这决定了商业税在国家税收和商人在国家法律中的地位是微乎其微的。以农为本的租庸调制和农民成为国家的基础，这种情形一直维持到安史之乱爆发前。安史之乱后，政府不能再从帝国的大部分地区直接征税，亦不能像以前那样依靠劳役，于是被迫另谋出路，开始通过国家专卖税，即禁榷[1]来筹措收入。先是对盐、铁实行专卖管制，随后扩及茶叶、酒，甚而利用对粮食价格的控制来既稳定市场又开辟财源。这意味着，从中唐开始，统治者放弃了传统的原则，即认为一个稳定的国家的岁入应该是向农民开征的统一税。中唐的这种转折，在以后的许多世纪中一直是中国行政政策和经济法律的基本特征之一。

（一）盐铁专卖的法律规定

隋文帝开皇三年（公元583年），"通盐池、盐井，与百姓共之。"[2]自此，经唐初至唐玄宗开元年间，在其一百三四十年内，官民都可以采盐，很少有征收盐税的记载。开元十年（公元722年），朝廷大臣集议，认识到"盐铁之利，甚裨国用"。于是："[上]遂令将作大匠姜师度、户部侍郎强循俱摄御史中丞，与诸道按察使检责海内盐铁之课。"[3]

---

[1] 禁榷是传统中国的一项经济法律制度，相当于现在的专卖。意谓官方通过运用国家行政权力和法律对某些物品的生产、销售进行控制或垄断从而获取专利。
[2] 《隋书·食货志》。
[3] 《旧唐书·食货志》。

当时的税收可能不多，所以有关的记载很简略。唐代对盐业实行专卖管制，一般公认为始于唐肃宗乾元元年（公元758年）的第五琦初变盐法。《旧唐书·食货志》的记载是："乾元元年，〔第五琦〕加度支郎中，寻兼中丞，为盐铁使。于是始大盐法，就山海井灶，收榷其盐，立监院官吏。其旧业户浮人欲以盐为业者，免其杂役，隶盐铁使。常户自租庸外无横赋，人不益税而国用以饶。明年，琦以户部侍郎同平章事，诏兵部侍郎吕諲代之。"

从相关史料看，第五琦初变盐法有两个因素起了直接的作用，一是当时的现实条件和颜真卿等在河北地区的榷盐实验；二是对桑弘羊历史经验的借鉴。据《全唐文》卷五一四载，唐人殷亮所撰的《颜鲁公行状》记略，安史叛乱之后，在河北主政的颜真卿找李华商量国事："定以钱收景城郡（现沧州）盐，沿河置场，令诸郡略定一价，节级相输，而军用遂赡。"第五琦当时就任北海录事参军，随青州刺史贺兰进明征讨于河北，"睹其事，遂窃其法，乃奏肃宗于凤翔，至今用之不绝。"可见，安史之乱导致国家军用不足是榷盐的真正原因，第五琦的行为应该说直接来源于颜真卿实验的启发。上述引文中的"遂窃其法"一词包含了这个意思，只是对他的功利性予以了强烈的贬抑。事实上，第五琦并不是简单模仿颜真卿的做法，而是借鉴了桑弘羊的经验，实行民产、官收、官运、官销的完全专卖，设立监院官吏，专职此事，以盐为业者隶属盐铁使管制。结果是"人不益税而国用以饶"。

但完全专卖亦有它的弊端，且不说官吏容易贪赃，盐工的积极性得不到提高，就国家人力物力的投入而言，代价亦颇巨大，最后盐的成本上升而效益下降。于是到上元元年（公元760年），刘晏被任命为盐铁使，但不久又被解职，元载继任盐铁使和租庸使，情况遂愈趋恶化，所以到宝应元年（公元762年），刘晏再度出任盐铁使兼转运使，整顿盐法，成绩斐然。史载："自兵起，流庸未复，税赋不足供费，盐铁使刘晏以为因民所急而税之，则国用足。于是上盐法轻重之宜，以盐吏多则州县扰，出盐乡因旧监置吏，亭户粜商人，纵其所之。江、岭去盐远者，有常平盐，每商人不至，则减价以粜民，官收厚利而人不知贵。晏……遣吏晓导，倍于劝农。吴、越、扬、楚盐廪至数千，积盐二万余石。有涟水、湖州、越州、杭州四场，嘉兴、海陵、盐城、新亭、临平、兰亭、永嘉、大昌、侯官、富都十监，岁得钱百余万缗，以当百余州之赋。自淮北置巡院十三，曰扬州、陈许、汴州、庐寿、白沙、淮西、甬桥、浙西、宋州、泗州、岭南、兖郓、郑滑，捕私盐者，奸盗为之衰息。然诸道加榷盐钱，商人舟所过有税。晏奏罢州县率税，禁堰埭邀以利者。晏之始至也，盐利岁才四十万缗，至大历末，六百余万缗，天下之赋，盐利居半，宫闱服御、军饷、百官禄奉皆仰给焉。"刘晏是唐代最卓越的理财家之一，他在主管盐铁事务的同时，还兼任了户部侍郎、京兆尹、判度支、转运、铸钱等使，财经大权集于一身，而官民皆能得利，这在中国历史上十分罕见。除其本身的优良素质和外部条件外，制度和方法得当并努力使之法律化应是一个很重要的因素。就其上述所记的盐政来看，有几点仍不失有重申之必要。

首先要提到的是，作为一名朝廷大臣，能急国家之所急，这仅是他的本职，关键的是他是否有切实可行的良策。刘晏的良策是打破完全官营的体制，改"民产、官收、官运、官销"为

"民制、官收、商运、商销"的通商法，将国家对盐业的全面控制收缩到生产上，而将私商经济的活力引入到盐的运销中，借此除去官商的腐败和低效。具体的做法即如引文所述，在全国主要产盐区设四场、十监，负责招募制盐的亭户进行生产，并且加以技术上的指导和政策上的鼓励，所产之盐统由国家收购，其余的州县不再设立盐官，裁撤原先主管营销的庞杂机构及人员。仅这一项改革，每年盐税就增至钱一百万缗，相当于百州的赋税总入，而改革之前每年才四十万缗。可想而知，这对陷入财政危机的政府有何等重要的意义！

刘晏的措施不限于此，因为破坏盐政的还有走私、地方官吏的滥设关卡、横征暴敛和盐商的垄断。为此，他动用国家的权力和法律，在走私最为猖獗的淮北设立十三巡院，专事缉私，规定盐商在通过各道的江河关卡交纳通过税后，可以在全国自由通行，严禁地方州县官吏再染指此事。此外，国家在各地设置储存官盐的"常平盐仓"，对交通不便、盐商不至的地区，由官方调运常平仓盐至当地发售，一旦盐商哄抬盐价，即抛出常平仓贮盐，平抑盐价，而当商人竞相降价，官方即乘机收购储于常平仓，以调节盐价。这样既可控制盐价、保证盐税，又可节制商人、缓解社会矛盾。刘晏的盐法收效巨大，到大历末（公元 8 世纪 70 年代后期）国家的盐业收入上升到每年六百万缗，占国家财政总收入的一半，宫廷开支、军事费用、百官俸禄都由盐税承担，成就不可谓不大。不幸的是，官僚政治并不注重个人的能力和功绩，党同伐异与嫉贤妒能，再加上个人恩怨和阴谋诡计，使得中国传统政治表面上有法而实质上无序。刘晏因与杨炎有间，杨炎为相，竭力排斥刘晏。[1]盐法从此紊乱。

盐法紊乱的一个显著标志是盐价暴涨。唐代在榷盐前，盐价是十钱一斗，第五琦实行专卖时猛提高到一百一十钱一斗，到刘晏死后，盐价飞涨到三百七十钱一斗。官方之所以如此，盖因刘晏的后继者急功近利，企图通过提高盐价这种既省事又简单的方法来扩大盐业收入，以超过刘晏来显示自己的能耐，结果是饮鸩止渴。从市场角度来说，官盐的价格已严重背离了其价值，所以一进入流通领域，就变得没有竞争力。因为私盐的价格便宜，致使官盐成了行政权力在经济领域中滥用的牺牲品。对这种结局，官方虽不能容忍，但却没人能从刘晏的盐法中汲取经验，即尽量用经济手段来解决经济问题，哪怕是在行政权力范围内，亦不能过分违背经济的规律，而是不脱传统的思路，用行政权力继续干预，只是变换一下角度，从价格移到缉私。这种头痛治头、脚痛治脚的办法，结果仍是私盐不绝，而民有淡食者。所谓："亭户冒法，私鬻不绝，巡捕之卒，遍于州县。盐估益贵，商人乘时射利，远乡贫民困高估，至有淡食者。巡吏既多，官冗伤财，当时病之，其后军费日增，盐价浸贵，有以谷数斗易盐一升。私粜犯法，未尝少息。"[2]

病根不除，病痛不止。官盐价格居高不下，私盐就不可能得到禁止；私盐不绝，官方刑罚愈重，最后形成恶性循环。史载：

---

[1] 刘晏（公元718—780年）与杨炎（公元727—781年）属同时代人。刘任吏部尚书时，杨为侍郎，两人有矛盾。建中元年，刘以事被诬陷，贬官忠州（现四川达县），史称杨以诬证刘罪属实，致刘于死。杨为宰相，行两税法，次年亦被贬，被迫自杀。

[2] 《新唐书·食货志》。

"贞元中，盗鬻两池盐一石者死，至元和中，减死流天德五城，铸奏论死如初，一斗以上杖背，没其车驴，能捕斗盐者赏千钱；节度观察使以判官、州以司录录事参军察私盐，漏一石以上罚课料，鬻两池盐者，坊市居邸主人、市侩皆论坐；盗刮碱土一斗，比盐一升。州县因保相察，比于贞元加酷矣。"[1]结果是官府到后来无奈，以致有人提议回到第五琦的完全专卖上，但此法早已不行。因此，盐的专卖一如晚唐朝廷本身，一直处于混乱和孱弱之中。

唐帝国在对盐实行专卖的同时，铁矿之类的营业亦受到了干预。但在唐代，盐、铁虽然并称，但两者之间还是有些区别的。铁矿之类的重要性远不及盐，但铁或铁矿之类的范围却要比盐广，它涉及包括铁在内的金、银、铜、铅、锡等金属矿物，只是通常以铁概称。唐初政府对铁之类的矿冶业取放任态度，只有铜、铅、锡三种完全由政府收购，供铸钱之用，其他各种金属则不加限制，听百姓私采私销。所谓："凡州界内有出铜铁处，官未采者，听百姓私采，若铸得铜及白铁，官为市取，如欲折充课役，亦听之。其四边无问公私，不得置铁冶及采铜。自余山川薮泽之利，公私共之。"[2]政府对于矿冶业的放任态度亦曾受到个别大臣的非议，以为山川之利乃国家之利，应由官取。但唐前期诸帝对此持坚定的正统观念，以为此非正道，而是与下争利。唐初权万纪即因建议置宣、饶银冶，被太宗贬斥："[贞观中，为持书御史] 即奏言：宣、饶部中可凿山冶银，岁取数百万。帝让

---

[1]《新唐书·食货志》。
[2]《唐六典·州官》"注"。

曰：'天子所乏，嘉谋善政有益于下者。公不推贤进善，乃以利规我，欲方我汉桓、灵邪？'斥使还第。"[1]这种传统的政策由于有深厚的哲学背景，成为中国传统政治文化中的一个突出方面，具有很强的韧力。开元十五年（公元727年），初税伊阳五重山锡、银，但对其他矿产连税亦免收，即使在安史之乱后，财政支绌、国步维艰之初，统治者在心理上亦难以摆脱与下争利的自责。据《册府元龟》卷一〇六载："德宗以大历十四年（公元779年）五月即位，七月庚午，诏：'邕州所奏金坑，诚为润国，语人以利，非朕素怀。方以不贪为宝，惟德系物，岂尚兹难得之货，生其可欲之心耶。其金坑任人开采，官不得禁'。"

随着财政的日益危机，德宗在韩洄的建议下被迫无奈放弃传统的民营矿冶政策，实行矿冶官营，但推行起来仍然困难重重。此因大乱之后，唐廷权威急速下降，中央的控制力难及许多地区，政令时常有不出都门的现象，而矿山分布在帝国各地，地方政权往往私占，朝廷的一纸敕令难以改变既成的事实。这从《册府元龟》卷四九四所录的奏疏中可以看出："［太和］五年（公元831年）六月，盐铁使王涯奏：'当使应管诸州府坑冶，伏准建中元年九月七日敕，山泽之利，令归于官，坑冶所出，并委盐使勾当者。今兖郓、淄青、曹濮等三道，并齐州界已收管开冶，及访闻本道私自占采坑冶等。臣伏以为山川产物，泉货济时，苟有利宜，不忘经度。兖海等道，铜铁甚多，或开采未成，州府私占，物无自效，须俟变兴，国有常征，宜归董属。前件坑冶，咋使简量，审见滋饶，已令开发，其三道观察使相承收采，将备军

---

[1]《新唐书·权万纪传》。

须,久以为利,法贵均劳。坑冶州府,人难并役,其应采人户,伏请准元敕免杂差遣,冀其便安。伏乞天恩,允臣所请,臣即于当使差清强官与兖海等道勘会,已开者使之交领,未开者别具条疏。'从之。"可见,将矿冶收归国有官营,实际上主要是指铜矿,目的是铸钱,其他各矿名为官有,而采炼仍为民营,政府不过是据以征税或统购统销成品而已。

(二) 茶与酒的税收及专卖

中国人以茶为饮料的历史悠久,最迟起于西汉时期,但到魏晋时,饮茶的习惯仍只流行于江南,这与地理、气候和饮食风俗有很大的关系。饮茶习俗越过江淮向华北地区传播这一重大进展发生在唐代。开元天宝年间,饮茶之风已遍及全国,陆羽著《茶经》对于茶的产销、焙制、煮品、饮具等都进行了详细介绍,成为中国最早、最著名的一部茶叶专书。当时佛教大兴,禅宗参禅,不得入睡,茶起了很重要的作用。从封演的《封氏闻见记》卷六中可以看到,唐人饮茶之浸溺不下于今人之于可口可乐,其记曰:"茶早采者为茶,晚采者为茗。《本草》云:止渴,令人不眠。南人好饮之,北人初不多饮。开元中,泰山灵岩寺有降魔师大兴禅教,学禅务于不寐,又不夕食,皆许其饮茶,人自怀挟,到处煮饮,从此转相仿效,遂成风俗。自邹、齐、沧、棣,渐至京邑,城市多开店铺,煎茶卖之,不问道俗,投钱取饮。其茶自江淮而来,舟车相继,所在山积,色额甚多。楚人陆鸿渐为《茶论》,说茶之功效并煎茶之法,造茶具二十四事,以都统笼贮之,远近倾慕,好事者家藏一副。有常伯熊者,又因鸿渐之论广润色之,于是茶道大行,王公朝士,无不饮者。……按此古人也饮茶耳,但不如今人溺之甚,穷日尽夜,殆成风俗,始自中地，流于塞外，往年回鹘入朝，大驱名马市茶而归，也足以焉。"

由于茶如盐一样已成为大众生活的日常消费品，茶业遂成为营利颇大的新兴行业。茶的生产、制作、运销都迅速发展起来，具有了早期资本主义专业化的生产色彩。[1]这促使官方对茶业的最初放任态度有了改变，安史之乱所引起的国家财政危机最终促成了唐代税茶的开始。据《册府元龟》卷四八三载："［贞元］九年（公元793年），张滂奏立税茶法，郡国有茶山及商贾以茶为利者，委院司分置诸场……茶之有税，自滂始也。"又《全唐文》卷六〇二《请税茶奏》记："伏以去秋水灾，诏令减税，今之国用须有供备。伏请出茶州县及茶山外商人，要略委所由定二等，时估每十税一，价钱充所放两税。其明年已后，所得税外收贮。若诸州遇水旱，赋税不办，以此代之。"按此得知，凡是出茶州县及茶山外商人要路，一律设置税场，分三等作估，征收什一税。自此经顺宗以至宪宗时期，一直据此税茶。从法令规定来看，什一税是一种较适中的税率，但问题是在实际推行中，滥设关卡，反复征收，这对商人是一种灾难，对国家法令亦是一种破坏。商人既无法改变法令又不能对抗地方官吏，于是只能以走私来逃税，虽然国家明令有禁，但效果并不理想。据《册府元龟》卷四九四记载："……伏以兴贩私茶，群党颇众，场铺人吏皆与通连，旧法虽严，终难行使，须别置法，以革奸徒，轻重既有等差，节级易为遵守。今既特许陈首，所在招收，敕令已行，皇恩普洽，宜从变法，使各自新，若又抵违，须重科断。自今后应轻

---

［1］ 傅筑夫：《中国封建社会经济史》（第4卷），人民出版社1986年版，第262~268页。

行贩私茶，无得杖伴侣者，从十斤至一百斤，决脊杖十五，其茶并随身物并没，纳给纠告及捕捉所繇，其囚牒送本州县置历收管，使别营生。再犯不问多少，准法处分，三百斤已上即是恣行凶狡，不惧败亡，诱扇愚人，悉皆屏绝，并准法处分，其所没纳，亦如上例。从之。"

在严禁走私的同时，茶税的税率又有了提高。唐穆宗即位时（公元821年），国库空虚，禁中又建百丈高楼，费用巨大，盐铁使王播图宠以邀幸，乃增天下茶税，改什一税为每百钱增五十，幅度之大为唐代茶税法史上前所未有。面对增税，商人自有其法应付，他们将增税的部分转嫁到消费者身上，到头来国家所增之税的实际承担者还是茶商以外的饮茶者。然则，茶税再重，自由的私营茶业还是可以见缝插针地发展，对茶业的致命打击并不是税收而是来自国家的禁榷制度。唐代对茶实行专卖的禁榷制度始于唐文宗太和九年（公元835年）王涯任盐铁使时期："［太和九年十月乙亥］王涯献榷茶之利，乃以涯为榷茶使，茶之有榷税，自涯始也。"[1]"其后王涯判二使，置榷茶使，徙民茶树于官场，焚其旧积者，天下大怨。"[2] 王涯的榷茶将专卖推至极端，规定天下所有茶的种植、采摘、焙制、运销等，完全由国家垄断，不准私人染指，由官方自设茶园；私人茶树必须移植官园之中，其余皆使焚毁。此举极不合情理，故遭到业茶者的普遍反对，及王涯因事被诛，人皆詈骂，投以瓦砾，可见其专卖招人之

---

[1]《旧唐书·文宗纪》。
[2]《新唐书·食货志》。

恨有何等之深。[1]

王涯的继任者令狐楚上任之初就奏请停行他前任的榷茶之制，改为"纳榷之时，须节级加价"。其理由为，"商人转卖，必较稍贵，即是钱出万国，利归有司，既无害茶商，又不扰茶户。"[2] 比较王涯的专卖，令狐楚的纳榷加价给茶商和茶户松了绑，而国家茶业收入并不减少，这也是将私营经济的活力引入茶业的一个直接效果。但由于缺乏对私营经济破坏力的规范，例如对个别茶商的垄断和无限加价，官方没有有效的制约办法，结果势必危害其他茶商和茶户以及消费者的利益。事实上，令狐楚的新茶法的确引致了这样一种结果，所以到了文宗后期李石为相时，又转而恢复德宗贞元时的税茶旧制。其后至唐亡五代，税茶制度一直推行，专卖再无恢复，但茶税愈趋加重。正如宋人潜说友在《咸淳临安志》卷八中所说："茶税起于唐。利日益滋，法日益详，县官因以佐大农、宽舆赋，遂为经常之制。国朝初，循唐旧。"说明唐代的税茶制度比专卖制度对后世更有直接影响。

禁酒是中国的一个传统，但禁而不止以至税酒榷酒亦是一个传统。唐初曾有酒禁，但至代宗以前，确实没有征收酒税的记录。[3] 据《通典》卷一一记载，广德二年（公元764年）朝廷在军费开支不足的压力下下令开征酒税："天下各量定酤酒户，随月纳税，除此之外，不问官私，一切禁断。"这是唐代征收酒税的最早记载，规定天下酿酒、卖酒人户，每月按户征税，未经

---

[1] 《新唐书·王涯传》。
[2] 《旧唐书·令狐楚传》。
[3] 张泽咸：《唐五代赋役史草》，中华书局1986年版，第207~208页。

登记纳税的其他人户及官方一律不得酿酒出卖。当时的酒税多少,未见记录。到大历六年(公元771年),明令天下酒坊按规模大小分为三等,逐月税钱。施行九年后(公元780年),朝廷下令罢征酒税。这是唐前期的一段税酒法史。

建中三年(公元782年),政府在军费无着的情况下再次打起酒税的算盘。《旧唐书·食货志》记:"建中三年,初榷酒,天下悉令官酿。斛收值三千,米虽贱,不得减二千。委州县综领。醨薄私,酿罪有差,以京师王者都,而特免其榷。"史书清楚表明,唐代对酒实行专卖是在建中三年,也即在安史之乱后的最初艰难时期,意图无非是补财政、助军用。不过,这次榷酒推行的是完全专卖,由官方开设酒坊、酒店,每斛收钱二千至三千不等;具体事宜由地方州县管理,官酒酒味淡薄或私人酿酒均为法令不容,各罪有差;唯一的例外是,京师因是帝王所居之地而免去专卖管制。但四年后(公元786年),京师和附近地区也禁止私酿,只是京师以外的其他地区允许私人开酒店出售官酒,每斗纳榷钱一百五十文,酒坊主人免去徭役。这是唐代后期最初的榷酒情况。

唐在贞元二年(公元786年)榷酒的同时,政令有了一些变化,除了外地可以出售官酒外,淮南、忠武、宣武、河东诸地不再榷酒,而是对制酒的重要原料酒曲或者说酒母进行专卖。到元和六年(公元811年),下令京师地区罢除官营酒坊,将榷酒钱摊入两税一并征收,变榷酒钱为杂税。随后,各地纷相仿效。到晚唐时期,酒或曲的专卖及处罚情况,《旧唐书·食货志》有一记载:"会昌六年(公元846年)九月敕:扬州等八道州府,置榷曲,并置官店沽酒,代百姓纳榷酒钱,并充资助军用,各有榷许限,扬州、陈许、汴州、襄州、河东五处榷曲,浙西、浙东、鄂岳三处置官店酤酒。如闻禁止私酤,过于严酷,一人违犯,连累数家,闾里之间,不免咨怨。宜从今已后,如有人私酤酒及置私曲者,但许罪止一身,并所由容纵,任据罪处分。乡井之内,如不知情,并不得追扰。其所犯之人,任用重典,兼不得没入家产。"

唐代酒税的收入,很少有具体记载。唐德宗贞元十四年(公元798年)正月,"诏诸道州府应贞元八年至十一年两税及榷酒钱在百姓腹内者总五百六十万七千贯,并除放。"[1]其中酒税占多少,不得而知。《新唐书·食货志》记文宗太和时,全国的榷酒钱为一百五十六万缗。在盛行虚、实估算的唐后期,其所记是否完全属实,难以肯定。但可以推知,榷酒钱的总数目不应相差过大。

(三)政府对粮食经济的干预

从严格意义上说,唐代社仓、义仓和常平仓的设立均有各自特别的目的,或为赈灾或为平准或为财源之一途,但它们在精神上都体现了政府对粮食经济干预的企图。虽然这种干预在性质和程度上还不能与专卖相提并论,但确与盐、铁、茶、酒的禁榷制度有相通之处,最为明显的是政府意图通过利用行政权力和法律手段对大众日常生活品的干预以达到政治对经济的有效控制和对经济利益本身的取用。是故将社仓、义仓和常平仓置于此专题中来认识,离题并不太远。

关于社仓,《旧唐书·食货志》有如下一段记载:"武德元

---

[1]《旧唐书·德宗纪》。

年（公元618年）九月四日，置社仓。其月二十二日诏曰：'特建农圃，本督耕耘，思俾齐民，既康且富。钟庾之量，冀同水火。宜置常平监官，以均天下之货。市肆腾踊，则减价而出；田稼丰羡，则增籴而收。庶使公私俱济，家给人足，抑止兼并，宣通壅滞'，至五年十二月，废常平监官。……"依此记载判断，社仓可能是唐朝对粮食经济干预的最初措施，它建于唐开国之初的武德元年（公元618年），这一年是有唐历史的最早纪年。正如诏书中所说，置社仓是为了"均天下之货"，目的乃是平准，即通过平抑粮价而控制物价与市场，具体的做法与管仲的理论相合，所谓国家设立储粮的社仓，荒年粮价上涨时平价抛出，丰年粮价下跌时平价收进。这一出一进关键在平（价）上，做到这一点，既可以打击投机、抑制兼并，又可以公私俱济、稳定社会。表面看，政府于其中似乎无利可获，但若政府不置社仓，听任物价飞涨或下跌而不加控制，则上涨的利益不归政府（归于商人），而下跌的损失虽直接是农人间接仍是国家。因为政府最终不可能无视陷入困境的农民，救助费是必不可少的，所以，诏书所说的"公私俱济"，实含有这一层意思。

　　社仓令施行的时间较短，四年后即被废止，唐太宗继任的第二年（贞观二年，公元628年），政府又颁布了新的义仓令。义仓在性质上与社仓有所区别，是取之于民、贮之于民、用之于民的救灾赈荒机构，官办色彩较淡，但仍由政府法令规范。史称太宗对戴胄上言建义仓回答说："……'［义仓］既为百姓预作储贮，官为举掌，以备凶年，非朕所须，横生赋敛，利人之事，深是可嘉。宜下所司，议立条制。'户部尚书韩仲良奏：'王公已下垦田，亩纳二升。其粟麦粳稻之属，各依土地。贮之州县，以备凶年。'可之。自是天下州县,始置义仓,每有饥馑,则开仓赈给。以至高宗、则天,数十年间,义仓不许杂用。其后公私窘迫,渐贷义仓支用。自中宗神龙之后,天下义仓费用向尽。"[1]义仓贮粮用于赈荒,这一目的在初始的几十年内实现得比较理想,所谓"数十年间,义仓不许杂用"。但则天朝以后,这一目的受到了破坏,不许杂用的历史开始结束。两税法推行后,义仓的粮食成了正式国家赋税收入的一部分,有时被支于常平仓,用于控制物价,转具商业性质。这时的义仓已无"义"可言,成了兼具常平的仓贮,为政府干预粮食经济的又一举措施。

唐代对粮食经济的干预和调节还有一项根本性的措施,即常平仓的设置。唐开元二年(公元714年)敕:"天下诸州,今年稍熟,谷价全贱,或虑伤农。常平之法,行之自古,宜令诸州加时价三两钱籴,不得抑敛。仍交相付领,勿许悬欠。蚕麦时熟,谷米必贵,即令减价出粜。豆谷等堪贮者,熟也准此。以时出入,务在利人。其常平所须钱物,宜令所司支料奏闻。"[2]常平仓的设置由来已久,目的是怕丰年谷贱伤农或荒年谷贵害民。藉此,政府可以运用手中的储粮控制粮食市场,打击投资商人,稳定社会秩序。这是从经济中获取的政治效益。此外,还有一点,敕文并未提及,而实践中往往具有普遍性,即政府通过常平仓平准物价而直接获取的经济利益。这是平籴和轻重理论的创始者计然与管仲最初就虑及到的。[3]春秋战国以来,历朝历代的实践者

---

[1] 《旧唐书·食货志》。
[2] 《旧唐书·食货志》。
[3] 参见张中秋:《法律与经济——传统中国经济的法律分析》(第1卷),第86~90页。

无不怀有此意。唐代常平仓的设置,最初政治目的较重,安史之乱后,经济利益成为主要的动机。例如,常平仓在唐高宗永徽二年(公元651年)最初设立时是与义仓相关联的,所谓:"义仓据地收税,实是劳烦。宜令率户出粟,上上户五石,余各有差。"[1]即使到开元十六年(公元728年),政治方面的考虑依然是第一的,《旧唐书·食货志》载:"敕:自今岁普熟,谷价至贱,必恐伤农。加钱收籴,以实仓廪,纵逢水旱,不虑阻饥,公私之间,或亦为便。宜令所在以常平本钱及当处物,各于时价上量加三钱,百姓有粜易者,为收籴。事须两和,不得限数。配籴讫,具所用钱物及所籴物数,申所司。仍令上佐一人专勾当。"安史之乱后,国用尤其是军用日紧,常平仓于国于军的经济价值遂被官方看重,于是户部侍郎赵赞上书建议扩大常平仓储物范围,权其轻重,以利国家,唐德宗赞同:"[赵]赞于是条奏诸道津要都会之所,皆置吏,阅商人财货。计钱每贯税二十,天下所出竹、木、茶、漆,皆十一税之,以充常平本。时国用稍广,常赋不足,所税也随时而尽,终不能为常平本。"[2]这种状况延及五代亦未有根本改观。

---

[1] 《旧唐书·食货志》。
[2] 《旧唐书·食货志》。

唐代民事法律主客体与民事法源的构造[*]

在法史学界，唐律向来是中国传统法研究的重心，唯不称人意的是唐代民事法一直是研究的薄弱环节。虽然近年来国内出版的几部中国民事法通史的著作[1]和专题著作[2]对此有所填补，但遗憾的是在涉及民事主体、客体与民事法源方面都过于简略，未能从复杂的唐代法律体系和民事生活中概括和揭示出制度与事实上的民事主体、客体与民事法源的基本面貌及其构造，多年前潘维和先生的《中国民事法史》[3]亦存在着这一缺憾。因此，有必要再探讨这个问题。

一、唐代民事法律的主体

民事主体是指参与民事法律活动，享受权利、承担义务的人。构成现代民事主体的一般是自然人、法人和合伙组织。唐代

---

[*] 原载于《法制与社会发展》2005年第4期，有修改。
[1] 值得提出的有北京大学李志敏教授编著的《中国古代民法》（法律出版社1988年版），复旦大学叶孝信教授主编的《中国民法史》（上海人民出版社1993年版），烟台大学孔庆明教授等编著的《中国民法史》（吉林人民出版社1996年版），中国政法大学张晋藩教授主编的《中国民法通史》（福建人民出版社2003年版）。
[2] 参见岳纯之：《唐代民事法律制度论稿》，人民出版社2006年版；冯卓慧：《唐代民事法律制度研究》，商务印书馆2014年版。
[3] 潘维和：《中国民事法史》，汉林出版社1982年版（以下所引此书为同一版本）。

没有现代意义上的法人和合伙组织,但有一些相关的特殊组织,至于民事法上的自然人早已有之。基于唐朝是等级社会这一事实,其民事主体可依类别和社会分层简述如下。

皇帝是传统中国的最高统治者和代表者,作为自然人,他是特殊的民事主体。无论是在身份、物权,还是婚姻、家庭、继承上,皇帝都不同于一般的主体,享有各种特权。《唐律疏议》称皇帝是"奉上天之宝命,……作兆庶之父母"[1]。因此,从法理上看,唐代皇帝亦承继"普天之下,莫非王土,率土之滨,莫非王臣"[2]的传统,名义上是国家土地的所有人。

国家是现代法律概念,但在唐代可与皇帝、社稷、王朝、江山以至天下相通,这是政治专制主义和文化天下主义的反映。[3]若细作民事法上的分辨,国家与皇帝自有不同。国家不是自然人,不可能像皇帝那样参与有关身份、婚姻、家庭、继承诸方面的民事法律活动,但国家可以朝廷和官府的名义占有、使用、收益和处分多类财物,包括土地、水源、森林、矿藏、文物和其他无主财产。例如,唐代的公廨田、垦地、官舍等在法律上都归国家所有。同时,国家实际上亦以主体身份参与国际民事活动,我们在唐代对外贸易的法律调整中所讨论到的"互市"和"市舶"

---

[1] (唐)长孙无忌等撰:《唐律疏议》,刘俊文点校,中华书局1983年版(以下所引此书为同一版本),第6~7页。

[2] 《诗经·小雅·北山》。

[3] 参见张晋藩、王超:《中国政治制度史》,中国政法大学出版社1987年版,第389~416页,有关唐代皇帝制度的详细说明;陶文钊选编:《费正清集》,林海、符致兴等译,天津人民出版社1992年版,第3~26页,有关文化主义的天下秩序观的论述。

即属此类。[1]

贵族与官僚是继皇帝之后的又一类特殊民事主体。依据唐令的规定，贵族与官僚可依爵位和官品上下分等。[2]所有贵族、官僚依律可享有"议""请""减""赎""当""免"的特权，在衣、食、住、行、婚、丧、祭，以及继承等民事行为上，贵族与官僚各按其品级享有不同规格的权利，不得僭越，尤其是不许平民僭越。[3]在最重要的物质资源土地的分配和处分上，贵族与官僚的民事法律特权相对于平民更为显著。[4]

平民在唐律中被称为"良色""凡人""常人"，俗称"白姓""白丁"。为避唐太宗李世民之讳，不用"民"字。唐代民分良、贱。平民即是法律上的良民，其主体为广大的自耕农和中小庶族，独立的手工业者和非职业的商人亦是其组成部分。依唐律，平民有独立的人格，对任何人无人身依附关系，但对国家负有纳税、服役、征防的义务。平民是唐代民事权利的主体，占唐代人口的绝大多数。他们的民事权利在履行法定义务的前提下能得到国家法律的保护，可以自由、独立地参与各种民事活动，法律严禁买卖良人，维护其人格尊严。平民中的工商阶层较之士农

---

[1] 参见张中秋：《法律与经济——传统中国经济的法律分析》（第1卷），南京大学出版社1995年版，第376页及以下。
[2] 参见[日]仁井田陞：《唐令拾遗》，栗劲等编译，长春出版社1989年版（以下所引此书为同一版本），第1页及以下之"官品令""选举令""封爵令""禄令"。
[3] 有关的法律规定，请参见《唐律疏议·名例》"议章""请章""减章""赎章""官当""除名""免官""免所居官"，及《唐令拾遗》之"衣服令""卤薄令""假宁令""丧葬令"等；有关的解说和分析，请参见瞿同祖：《中国法律与中国社会》，中华书局1981年版，第197页及以下相关部分。
[4] 参见[日]仁井田陞：《唐令拾遗》（栗劲等编译），第539页及以下之"田令"。

仍受歧视，法律规定种种限制，在农、食、住、行、婚、丧、祭等方面的权利受到抑制，但在税收和土地分配上却又重于和少于农民，尤其是"工商之家不得预于士"的规定，剥夺了工商者及其子弟的参政权。[1]这种法律上的"贱商"传统，至少在制度上维持到清末变法修律前仍无实质性的改变。

贱民是唐代社会分层中最复杂的一个系统，总体上不能视为独立的民事主体，但又呈现出不同的形态，有的接近良民，有的只是民事权利的客体，还有处于两者之间的过渡状态。依唐代律令和习惯，贱民分为官、私两种。官贱民有官奴婢、官户（番户）、工乐户、杂户、太常音声人；[2]私贱民有私奴婢和部曲（包括部曲妻、客女、随身）。[3]在贱民中，奴婢的地位最低，唐律视同"畜产"[4]，是民事权利的客体。其余官贱民依次由权利客体向权利主体递进，其中杂户、太常音声人地位最高，"受田、进丁、老免与百姓同。其有反、逆及应缘坐，亦与百姓无别。"[5]私贱民中的部曲（妻、客女、随身）虽与奴婢同为家

---

[1] 参见[日]仁井田陞：《唐令拾遗》（栗劲等编译），第206页；《唐律疏议·诈伪》"诈假官假与人官"条及疏议。
[2] 官奴婢是因罪没官的家人及其后代。官户（番户）隶属于中央朝廷的司农寺。工乐户隶属于中央朝廷的少府和太常寺。杂户隶属于州县。太常音声人原属太常寺，唐初改隶州县。杂户和太常音声人地位稍高，接近良人，其余接近奴婢。
[3] 私奴婢来自奴婢的后代或市场买得。部曲在南北朝时原是私人武装，唐时转为家仆。《唐律疏议·名例》疏曰："部曲，谓私家所有"。同时，《唐律疏议·贼盗》疏又云："部曲不同资财"，说明部曲比奴婢地位略高，是一种对主人有人身依附关系的贱民。部曲妻、客女和随身都是私主的家仆。
[4] 《唐律疏议·名例》"官户、部曲、官私奴婢有犯"条："奴婢贱人，律比畜产。"
[5] 《唐律疏议·贼盗》"缘坐非同居"条疏议。

仆，对其主人有人身依附关系[1]，但部曲不同资财，可与良人通婚[2]，这是奴婢所不能的。然而，良人之女若嫁与部曲为部曲妻，亦成贱民。

唐代贱民身份并非固定不变，可通过官方减免、主人放良或自赎免贱实现身份解放。《旧唐书·食货志》载，官奴婢"一免为番户（官户）、再免为杂（户），三免为良人"。并且，随着社会进步，官户、官奴婢有废疾及年逾七十者，都可解除贱民身份。[3]主人放良是私贱民身份解放的重要途径，唐朝有令："诸放部曲客女奴婢为良及部曲客女者，并听之，皆由家长给手书，长子以下连署，仍经本属申牒除附。"[4]放良虽是私人行为，但法律还是予以必要规范，放良后还压者，唐律视为犯罪，规定："若放部曲、客女为良，压为贱者，徒二年。……放部曲、客女为良，还压为部曲、客女，及放奴婢为良，还压为贱，各减一等，各徒一年半。……放奴婢为良，压为部曲、客女，……又各减一等合徒一年。仍并改正，从其本色。"[5]唐代民间有放良习惯，并有"样文"提供，其格式类于其他债券，精神合于唐令要求，较为典型的一件是下列"九世纪敦煌放良文书格式"[6]：

---

[1]《唐律疏议·斗讼》"主殴部曲死"条疏议："部曲、奴婢，是为家仆。"
[2]《唐律疏议·户婚》曰："部曲，谓私家所有，其妻通娶良人、客女、奴婢为之。"
[3]《唐会要·奴婢》："太和三年（公元829年）十月敕：当司应管诸司，所有官户、奴婢等，据《要典》及令文，有'免贱从良'条。近年虽赦敕，诸司皆不为论，致有终身不沾恩泽。今请诸司诸使，各勘官户奴婢，有废疾及年近七十者，请准各令处分。"
[4][日]仁井田陞：《唐令拾遗》（栗劲等编译），第170页。
[5]《唐律疏议·户婚》"放部曲为良还压"条疏议。
[6]转引自张传玺主编：《中国历代契约汇编考释》（上册），北京大学出版社1995年版（以下所引此书为同一版本），第480页。

从良书　奴某甲、婢某甲，男女几人。吾闻从良放人，福山峭峻；压良为贱，地狱深怨（渊）。奴某等身为贱隶，久服勤劳；旦起肃恭，夜无安处。吾亦长兴叹息，克念在心。飨告先灵，放从良族。枯鳞见海，必遂腾波；卧柳逢春，超然再起。任从所适，再不该论。后辈子孙，亦无阑忧。官有正（政）法，人从私断。若违此书，任呈官府。
　　年　月　日　郎父　儿弟　子孙
　　亲保　亲见　村邻　长老　官人　官人

　　主人放良，原因不一。由上述"放良书"可知，主要是被放的奴婢"久服勤劳"感动了主人。虽然这是"样文"，但应是现实生活的提炼。依律令规定，私奴婢自赎亦可以免贱，所谓"自赎免贱，本主不留为部曲者，任其所乐"[1]。贱民与良民是两种身份等级，在刑事、行政、民事权利上都有巨大的差别。刑事上贱犯良重于良犯贱；行政上贱民子弟不入科举仕途；民事上贱民没有独立的户籍，奴婢和接近奴婢的官户、工乐户视同财产，他们的财产权、交易权均不完整、独立，亦不能与良人通婚，只能"当色为婚"[2]。贱民从良后，身份获得解放，各项权利与良民同，并享有免除三年赋税的优待[3]。

　　唐代还有两种身份特别的民事主体，按现代习惯可概称为宗教人士和外国人。唐令："诸道士、女道士、僧、尼之簿籍，

---

[1]　［日］仁井田陞：《唐令拾遗》（栗劲等编译），第170页。
[2]　参见《唐律疏议·户婚》"奴娶良人为妻"条疏，"杂户客户与良人为婚"条疏。
[3]　《文献通考·职役考二·复除》："唐制：……奴婢纵为良人，给复三年。"

亦三年一造（其籍一本送祠部，一本送鸿胪，一本留于州县）"。[1]这条法令透露出这样的信息，唐代合法的宗教人士是男女道士和男僧女尼。这四种人因在国家登记，享有与其身份相应的民事权利。唐令："诸道士受〈老子经〉以上，道士给田三十亩，女官二十亩，僧、尼受具戒准此。"[2]由于身份限制，他们不能过世俗的婚姻家庭生活，有关婚姻家庭方面的权利只有还俗后才能恢复，但一般的物权和债权受到保护，他们或以个人身份或以寺、观名义占有地产，从事商贸和放债活动，敦煌、吐鲁番出土文书中这方面的债契并不少见。[3]

唐代是一个开放的等级社会，声威远扬，入唐经商、求学、传经、进俸、旅游以及官方的贡使等外国人数目惊人。唐在华夷有别的观念支配下，概称外国人为夷或胡，但唐初基于开放的政策和风气，对在唐的外国人仍予较高的待遇。外国人可以娶唐人为妻，但不能携带回国。胡商可以在中国置产业、开宅第、经商、放贷，各项民事活动多受唐律保护。[4]

通过概括唐代的民事主体，可以获得这样简单的认识：其在大的类别上有自然人与非自然人（国家或官府）、中国人与外国人之分；中国人又有僧、俗两界；俗界中的皇帝（皇室）、贵族、官僚是享有特权的民事主体，良民虽是主体，但士农与工商

---

[1] 参见［日］仁井田陞：《唐令拾遗》（栗劲等编译），第795页。
[2] 参见［日］仁井田陞：《唐令拾遗》（栗劲等编译），第568页。
[3] 参见张传玺主编：《中国历代契约汇编考释》（上册），第213、220~221、318页。
[4] 参见［美］谢弗：《唐代的外来文明》，吴玉贵译，中国社会科学出版社1995年版，第13~92页；高树异：《唐宋时期外国人在中国的法律地位》，载《吉林大学学报（社会科学版）》1978年第21期。

又有差别；至于贱民，即如前述，从准权利主体递减到权利客体。这样看来，唐代的民事主体是一个不同类别的多层次结构，这一结构可以说是相对开放的唐代等级社会在民事法律主体上的投影。

民事主体必然享有权利能力。对自然人而言，这种能力一般始于出生，终于死亡。包括唐律在内的中国传统法律对这种能力虽没有明确统一的规定，但应理所当然，只是法律和礼基于等差，如华夷、君臣、士庶、男女、良贱、尊卑、长幼、嫡庶的差别，其权利能力并非平等。如家族之内，子女卑幼法理上虽是民事主体，但其财产权大受限制。《唐律疏议·户婚》"同居卑幼私辄用财"条规定："诸同居卑幼，私辄用财者，十匹笞十，十匹加一等，罪止杖一百。"本条疏议曰："凡是同居之内，必有尊长。尊长既在，子孙无所自专。若卑幼不由尊长，私辄用当家财物者，十匹笞十，十匹加一等。罪止杖一百。"民法上的权利能力实际含有义务方面，称为义务能力。但同样有趣的是，依中国传统法律，不独权利能力受限，义务能力亦欠完整。如《唐律疏议·户婚》"嫁娶违律"条规定："诸嫁娶违律，祖父母、父母主婚者，独坐主婚。"之所以"独坐主婚"，乃是因为男女婚姻，本非自由，既无权利，亦无义务，所以非法结婚者，男女当事人不负法律上的责任。按法理，婚姻当事人应负有责任，但家族主义已限制了当事人的这项义务能力。

有效的民事行为要求当事人在拥有权利能力之外，还需有行为能力。权利能力是指民事主体享有权利的资格，行为能力是指民事主体能以自己的行为行使权利并履行义务的能力。所以，权利能力重在享有，行为能力重在行使。要正确地行使这种能力，权利主体必须具备成熟的理智，能认识到自己行为的意义。现代民法一般以年龄作为确定行为能力的依据，通常所说的"成年"即是理智成熟的标志。中国传统法律上的成年谓之"成丁"，成丁之制历代皆有。唐初武德七年（公元624年）定令："男女始生为黄，四岁为小，十六为中，二十一为丁，六十为老"。[1]天宝三载（公元744年）制："百姓宜以十八以上为中男，二十三岁以上成丁。"[2]广德元年（公元763年）又制："百姓二十五岁成丁，五十五为老。"[3]由此观之，唐代的成丁年龄大凡三变，高祖时以21岁为成丁，玄宗时改为23岁，代宗时又增至25岁。这是法律上的一般规定，实际丁年有所不同。唐前期推行均田制，丁岁受田亦即法律认定21岁具有独立从事农桑、承担国家赋税的能力，但大唐律令同时又规定："诸给田之制有差，丁男、中男以一顷（中男年十八已上者，亦依丁男给）。"[4]又《唐律疏议·户婚》"嫁娶违律"条略云："其男女被逼，若男年十八以下及在室之女，亦主婚独坐。"这表明大唐律令实际视男子18岁为成丁之年，所以18岁中男与丁男同样受田，18岁以下被逼成婚可不承担责任。我国现行民法亦以18周岁作为自然人取得完全行为能力的年龄标准。[5]由此可见，基于经验而确立的唐代实际丁年之制所具有的科学性。

---

[1] 《旧唐书·食货记》。
[2] 《通典·食货·丁中》。
[3] 《通典·食货·丁中》。
[4] ［日］仁井田陞：《唐令拾遗》（栗劲等编译），第542页。
[5] 参见《中华人民共和国民法典》第17条之规定。

二、唐代民事法律的客体

在阐释了唐代民事主体的分类及其权利能力和行为能力后，现在有必要对与此相关的权利客体给予说明。在民事法律关系中，权利客体是民事权利和民事义务共同指向的对象。从实际生活出发，唐代民事权利客体，可以粗分为物、人（奴婢）和行为三类。虽然在中国传统法律中，没有现代民法上"物"的概念，亦没有"动产"与"不动产"的明显差别，但都称有其意。中国传统法和习惯通常称动产为物、财或财物，不动产为产、业或产业。动产属于私人时，称为私财或私物；属于国家时，称为官财或官物。总称动产与不动产时，通用财产，有时亦用"物"之字样。唐律上的动产种类繁多，包括钱财、杂物、衣饰、畜产和奴婢之类（奴婢特殊，下文再议）。唐律上的不动产有土地及其附着物。土地依其主体不同，分别有王田、官田、寺田、庙田、祭田、私田等；又因其用途、种类不同，而有各种名称，如园地、基地、墓地、山场、盐滩、牧地、陂塘、猎场等。土地上的附着物有两种情况，一是附着于土地而为从物，如草木果实、工作物及矿物等；二是独立为不动产物权的标的物，如房屋（宅）、邸店、碾硙等。[1]

唐律对物一般都加以保护，但山野无主之物需经人工处理才视为财产。一旦视为财产，即受法律保护。如《唐律疏议·贼盗》"山野之物已加功力辄取"条规定："诸山野之物，已加功力刈伐积聚而辄取者，各以盗论。"本条疏议曰："'山野之物'，

---

[1] 参见潘维和：《中国民事法史》，第216页及以下。

谓草、木、药、石之类，有人已加功力，或刈伐，或积聚，而辄取者，'各以盗论'，谓各准积聚之处时价，计赃，依盗法科罪。"

唐代对物的占有和流通有特别的规定。《唐律疏议·名例》"犯禁之物"条疏议曰："甲弩、矛矟、旌旗、幡帜及禁书、宝印之类，私家不应有者。"这些物品禁止私人拥有。同时，唐前期一般禁止买卖永业田与口分田，除非特殊情况，[1]这部分土地一般不能成为债权的标的物。唐后期均田制瓦解，土地移转事实上不受限制，土地的租佃、买卖成为普遍现象。

奴婢是唐代特殊的民事权利客体，任由主人支配，其法律根据即是唐律视他们为畜产之类的物。依律，主人对其奴婢可以占有、使用、买卖、抵押、赠送、放良等。唐律严禁买卖奴婢以外的人口，特别是严禁买卖良民或以他们质债[2]，但实际上是禁而不止，酿成民间的一种非法习惯。

与物和奴婢不同，行为是民事权利的普通客体。作为权利客体的行为是指权利人行使权利和义务人履行义务的活动。行为主要是债权关系的客体，有"给""做""提供"三种形式，涉及的契约类型分别有买卖、承揽、运送和保管等。这些类型的债契广泛存在于有唐一代，张传玺教授主编的《中国历代契约汇编考释》（上册）一书中收有多件此类契约文书，阅者可以参见。[3]

---

[1] 即，"诸庶人有身死家贫无以供葬者，听卖永业田，即流移者亦如之。乐迁就宽乡者，并听卖口分（卖充住宅、邸店、碾硙者，虽非乐迁，亦听私卖）。"[日] 仁井田陞：《唐令拾遗》（栗劲等编译），第560页。
[2] 参见《唐律疏议·杂律》"以良人为奴婢质债"条。
[3] 参见张传玺主编：《中国历代契约汇编考释》（上册），有关"唐代契约"部分。

三、唐代民事法源及其构造

民事法源是民事法律渊源的简称，亦即人们通常所说的民事法律表现形式。民事法源是指导、规范民事活动，处理民事纠纷的法律依据。现代民事法律渊源有成文法、不成文法[1]或两者的混合这三种模式，一般都比较明确。传统中国由于没有独立的民法典，在法律体系和结构上又不同于西方，所以，没有现代意义上那种统一、规范、系统的民事法律渊源，唐代亦不例外，但在事实上存在着不同的民事法源并形成一定的结构。

整体来看，唐代民事法源应是成文法与不成文法相混合的模式。在成文法方面有完整的律、令、格、式和相类似的制、诏、敕等各种命令，这些命令统称为"敕令"。据《唐六典》卷六的记载，唐代"律以正刑定罪，令以设范立制，格以禁违止邪，式以轨物程事"。凡治国理政尤其是司法，必遵循令、格、式所确定的制度和规范，违者，一断以律。[2]唐"律"在不同时期有所增损，但可以《唐律疏议》为代表。《唐律疏议》十二篇，其中与民事行为联系较为紧密的有《名例》《户婚》《厩库》《斗讼》《杂律》《断狱》诸篇。唐令是成文法中正面规定民事活动规则的主要法律形式，内容广泛、数量庞大。从仁井田陞教授整理的

---

[1] 成文法与不成文法并不能简单以有无文字表现为区别。学理上视成文法为由国家机关制定和公布并以法律条文形式出现的法，又称为"制定法"。不成文法是指国家机关认可其具有法律效力而不具有条文形式的法律，可以有文字表现如判例法，亦可以无文字表现如习惯。因不成文法渊源于习惯，所以又称为"习惯法"。

[2] 《新唐书·刑法志》；另，《唐律疏议·断狱》"断罪具引律令格式"条有同样规定。

《唐令拾遗》内容看,涉及民事法律较多的有《户令》《封爵令》《衣服令》《仪制令》《田令》《赋役令》《关市令》《丧葬令》《杂令》等。格、式由于散失,难以判别其与民事法律的相关内容,只能从《宋刑统》所引的唐代法令中窥见格、式亦有关于民事的规定。[1]律、令、格、式均制定并完备于唐前期[2],随着社会变化,特别是到唐后期,很多规定渐成具文,被源于皇权的敕令取而代之。这些敕令经整理汇编后称为"格后敕",成为民事领域重要的成文法渊源。

成文法是唐代民事法律的重要法源,但不是全部,在民事实践中长期并存着多种同样重要的法源。这些法源与成文法相对应并起着补充作用,可统称为不成文法。依目前的梳理,唐代民事法源中的不成文法主要有习惯、礼和法理。习惯包括一般的惯例、习俗(乡法)和样文。惯例是民间约定俗成的一种民事规范,国家成文法对之并不加以限制。唐令规定某些民事行为"任依私契,官不为理"[3]。在唐代多种契约文书中,常见有"官有政法,人从私契"的惯语。当时契约的种类、形式、内容等亦主要依据民间惯例,表明惯例在唐代民事债权领域中有广泛的适用。[4]习俗是一种乡村风俗,唐律又称"乡法"。《唐律疏议·杂律》"非时烧田野"条律文规定:"诸失火及非时烧田野者,笞五十。[非时,谓二月一日以后,十月二十三日以前。若乡土

---

[1] 参见《宋刑统·户婚》引唐敕令等。
[2] 参见张晋藩总主编:《中国法制通史·隋唐》(第4卷),法律出版社1999年版,第142~146页。
[3] [日]仁井田陞:《唐令拾遗》(栗劲等编译),第789页。
[4] 参见张传玺主编:《中国历代契约汇编考释》(上册),有关"唐代契约"部分。

异宜者，依乡法。]"本条疏议曰："谓北地早寒，南土晚寒，风土亦既异宜，各须收获终了，放火时节不可一准令文，故云'各依乡法'。"此处"乡法"非特指民事，但它是国家司法的依据，对民事行为和民事纠纷的处理自然有指导作用。《唐律疏议》中明确提及乡法、乡俗的尚有若干处。[1]还有一种与惯例和乡法相联系的"样文"在唐代出现。样文实质是对惯例和乡法的总结、提炼，是民事关系复杂后惯例和乡法的格式化，对民间多种民事行为具有直接、高效的指导和规范作用。从敦煌、吐鲁番出土文书中发现有分家、放良、放妻、遗嘱多件样文格式。[2]实际上，唐代其他种类的契约文书格式化同样显著，譬如成立契约的"和同"要件、担保条款、附署人名、画指为信等如出一辙。[3]

礼是传统中国最重要的法律渊源，在民事领域有广泛深远的影响，以致有论者提出礼即是传统中国的民法。[4]礼源于华夏先民的日常生活和原始宗教经验，最初内容无所不包，但其内在精神是依据血缘和等级，区分人们的上下、贵贱、尊卑、长幼、亲疏，并以此决定各自权利义务的差别。[5]礼随着社会的发展而变迁，到唐朝，礼在法律及其民事法方面的突出表现，首先是礼的法律化。唐代立法贯彻"礼法合一"的原则，把礼的规范法律化，赋予礼的"尊尊""亲亲"以法律关系的性质，从而使法律

---

[1] 参见（唐）长孙无忌等撰：《唐律疏议》（刘俊文点校），第249、356页。
[2] 参见张传玺主编《中国历代契约汇编考释》（上册），第454~506页。
[3] 参见叶孝信主编：《中国民法史》，上海人民出版社1993年版，第260~263页。
[4] 参见[日]仁井田陞：《唐令拾遗》（栗劲等编译），第52~54页。
[5]《管子·五辅》曰："上下有义、贵贱有别、长幼有等、贫富有度，凡此八者，礼之经也。"

规范和道德规范统一起来,[1]所谓"失礼之禁,著在刑书"[2]。唐代有关身份、物权、债权、婚姻、家庭、继承较稳定的民事法律原则都是这种"礼法合一"的产物。从法律渊源角度说,这部分内容正是成文法的范畴,这里提出来,是想指出它们在渊源和性质上不脱礼的樊笼。

礼作为在唐代民事法源上的不成文法,形式主要有礼教和礼俗。礼教是对礼之精神的抽象、阐释和改造,属于道德范畴,是传统中国占统治地位的意识形态,亦是社会大众的主流文化价值观。它的"纲常名教"深入人心,在影响国家民事立法、司法的同时,还十分有力地指导、规范、调整民间的民事行为和民事关系。如《唐律疏议·职制》"匿父母及夫丧"条疏议:"问曰:'居期丧作乐及遣人作乐,律条无文,合得何罪?'答曰:《礼》云:'大功将至,辟琴瑟。'……况乎身服期功,心忘宁戚,或遣人作乐,或自奏管弦,须加惩戒。律虽无文,不合无罪。从'不应为'之坐:期丧从重,杖八十。"这条涉及特殊时期(丧期)家庭身份伦理的规范,在"律条无文"的情况下,援礼为据,杖八十,典型反映了不成文法的礼教对成文法渊源的补充。这种情形在唐"律"的"疏"和"议"中相当常见。礼教作为习惯法渊源的一种形式是官方对礼教经典的整理汇编,如《十三经注疏》《大唐开元礼》等。这些经典借助官方的作用,强化了人们的礼教观,成为重要的民事法源,在婚姻、家庭和民事诉讼中有直接影响。

---

[1] 参见张中秋:《中西法律文化比较研究》(第5版),法律出版社2019年版,第126~146页;刘俊文:《唐律与礼的密切关系例述》,载《北京大学学报(哲学社会科学版)》1984年第5期。
[2] 参见《全唐文·薄葬诏》。

礼在发展过程中还有一部分逐渐与法律分离，演变成习俗性的礼俗，如民间婚姻礼俗千姿百态，其与"六礼"相悖者，皆不受制裁。礼俗的范围十分广泛，是民间民事生活中事实上的法源。[1]

唐代民事法源中还有很重要的一项是"法理"。法理是在没有直接现成的成文法（律、令、格、式正条与敕令）和习惯、礼教、礼俗的情况下，司法机关或当事人依据相近的法律、判例、事理或礼，就某项民事行为或争议所做出的合乎法律精神和原理的推理、解释。此推理、解释填补了法律依据上的空白，构成新的法源。唐律虽不见有"法理"解释之名词，但有相同相通的"事理""情理""理法"和"比附"之规定。[2]就比附来说，它是一种类推性的法律解释，通常有两种：一是以律相比；一是以例相比。以律相比，《唐律疏议·名例》"断罪无正条"条规定："诸断罪而无正条，其应出罪者，则举重以明轻；其应入罪者，则举轻以明重。"所谓出罪，就是要减轻或免除处罚时，可以举重罪比照轻罪，以明确对轻罪的处理。《唐律疏议》举例说，夜间无故闯入人家者，主人顿时杀之，律不为罪。如果主人有折伤行为，对此类行为律虽无规定，但比杀死为轻，自然亦就不负责任。所谓入罪，就是决定处罚和加重处罚时，可以举轻罪比照重罪，明确对重罪的处理。如《唐律疏议》规定，凡预谋杀死期亲尊长者，皆斩。如果已杀伤，比预谋重，因此，杀伤虽

---

[1] 参见《文史知识》编辑部编：《古代礼制风俗漫谈》（一集、二集），中华书局1983年版/1986年版。
[2] 参见高明士：《律令法与天下法》，上海古籍社2013年版，第152~186页"唐律中的'理'"；刘晓林：《〈唐律疏议〉中的'理'考辨》，载《法律科学（西北政法大学学报）》2015年第4期。

无正条，但比照预谋，应处死刑。这种轻、重相举的比附实质是一种司法推理的过程。以例相比，就是法无明文规定时，可以参照成例如《法例》，解释例如《唐律疏议》中的"疏""议""注"等[1]，通过比照解释，构成新的法律依据。

关于典型的法理解释，《唐律疏议·杂律》"不应得为"条规定："诸不应得为而为之者，笞四十（谓律令无条，理不可为者）；事理重者，杖八十。"律文中的"不应得为""理""事理"，在唐代都是与"礼"相通的一种法理[2]，推究起来就是法理解释。如《唐律疏议·户婚》"有妻更娶"条："问曰：有妇而更娶妻，后娶者虽合离异，未离之间，其夫内外亲戚相犯，得同妻法以否？答曰：一夫一妇，不刊之制，有妻更娶，本不成妻。详求理法，止同凡人之坐。"回答表明唐律虽无一夫一妻的明文规定，但这是不刊之制，因此，有妇之夫娶的第二妇人不能视为妻子，离异前其夫内外亲戚相犯，不依"亲戚相犯"条而依"凡人"相犯条处理。理由是依据不刊之制的"理法"，第二妇人不具有妻子的身份，相犯者自然亦就不能享有因夫妻身份而产生的权利。这是通过身份的认定，经由民事主体而决定刑事责任的法理解释。在传统中国的司法文书和契约文书中时见有"理""情理""天理"之类的词语，[3]表明现代所谓的"法理

---

[1] 依新旧唐书《刑法志》记载，唐前期曾将判例整理汇编成《法例》，供司法实践参照。又，潘维和先生认为，《唐律疏议》之"疏""议""注"即是一种解释例。（潘维和：《中国民事法史》，第16页。）

[2] 《礼记·仲尼燕居》曰："礼也者，理也。"

[3] 参见中国社会科学院历史研究所宋辽金元史研究室点校：《名公书判清明集》，中华书局1987年版，卷四至卷十有关案例。

（解释）"自是中国民事法上固有的法源。

从法源构造的角度来概括上述认识，我们可以发现，唐代民事法律渊源已形成一定的结构。律、令、格、式是"天下通规"[1]，所以，《唐律疏议·断狱》"断罪具引律令格式"条规定："诸断罪，皆须具引律、令、格、式正文，违者笞三十。"与律、令、格、式相类似的敕令以及经整理汇编而成的"格后敕"形式上是补"正文"之不足的特别法，实际效力却与"天下通规"无异，唐后期更是优于律、令、格、式。[2]由此，我以为，由律、令、格、式和敕令构成的成文法应是唐代基本的民事法源；相对而言，由习惯、礼、法理构成的不成文法则是基本法源的补充。这"补充"有三层含义：一是在法律效力的位阶上，基本法源优于补充性法源；二是在基本法源与补充性法源冲突的情况下，补充性法源让位于基本法源；三是在基本法源空缺的前提下，补充性法源成为替补。唐代民事法源的构造大致不脱此框架，但有几点需要指出：首先，由于官方对民事总体上持相对消极的放任态度，造成制定法的有关规定过于原则这一适用困境，尤其是民事中的物权、债权领域缺乏系统的明晰规定，形成很多法律缺漏和空白。其次，唐代民事成文法上的原则性规定不能涵盖新出现的、特殊的民事法律关系，这些因素必然给不成文法的调整留下相当宽裕的空间。这样，不仅成文法为不成文法所弥补成为必然，而且不成文法在数量和适用空间上亦有可能超出成文

---

[1]　《旧唐书·刑法志》。
[2]　参见刘俊文：《论唐后期法制的变化》，载《北京大学学报（哲学社会科学版）》1986年第2期。

法。最后，在成文法和不成文法的内部亦有一定的结构。简单说，成文法方面，唐前期凡涉及民事且法律又有规定的，官方、民间都依"令、格、式"处理，若有纠纷一断以"律"。唐后期"敕令"和"格后敕"，在物权、债权、继承等领域优先适用；身份、婚姻、家庭领域，律、令、格、式则继续有效。不成文法方面，有关物权尤其是债权的一般民事行为适用习惯的空间很大；而涉及身份、婚姻、家庭的民事方面礼有优势；民事行为转为民事诉讼后，法无明文规定者，法理显得特别重要，习惯和礼是否能够替代或破法理还是个问题。当然，在当时法理本身与习惯和礼能够沟通，因为它们本质上都不脱一个"礼（理）"字。这是唐代民事法源构造的精神纽带，亦即在"礼法合一"的前提下，成文法与不成文法皆以"礼（理）"为指导，各种法源具有相通一致之处。

唐代的物权与债权[*]

一、物权概述

现代民法认为，物权是对物的直接管理和支配并排除他人干涉的一项民事权利。物权一般包括所有权、经营权、使用权、地上权、地役权、抵押权、质权、留置权、典权、永佃权等。物权的权利主体是特定的人，义务主体则是不特定的，包括除权利主体以外的一切人。物权的标的是物。物权行使受到妨害时，权利人可行使法律所保护的请求权。

就传统中国整体而言，民事法律不发达，不能和现代民法相类比，更不具备现代民事法律上物权的分类。但这并不意味着中国传统法律对物权未作出相应的规定，具有物权法性质的制定法和习惯法实际存在着，只是在法制上没有与现今民法相类似的技术表现。道理很简单，社会发展到一定阶段，以法律调整对他人之物的利用实为必然，国家和家庭因物质财富的占有、使用、收益和处分而发生的关系，必然在法律上反映出来。

在中国传统法的物权中，田产是基本的标的物，亦是私人的

---

[*] 本文原以"唐代关于物权的法律"和"唐代关于债权的法律"为题载于拙作《唐代经济民事法律述论》（法律出版社2002年版）第135～177页，现合为一文，有修改。

重要财产和国家课税的主要对象，受到所有权人和国家的重视。从土地占有的法律关系看，唐代永业田在家贫无以供葬时可得出卖，成为接近享有完全所有权的私有财产，口分田一般不得出卖，[1] 正常只有使用权即用益权而无处分权，即使合律出卖，必须到官府"投状申牒"，若无文牒而买卖，"地还本主，财没不追"，[2] 法律严格保护口分田的享用权和处分权。唐律注意保护施加功力而应得的利益，规定"诸竞田，判得已耕种者，后虽改判，苗入种人；耕而未种者，酬其功力。未经断决，强耕种者，苗从地判"[3]。除了盗种和强种以外，对用于土地上的功力和养钱，都应予以补偿，即在土地所有权不明确的情况下，经营土地者的用益权得到承认。上述法律规定使占有权逐步有了相对独立的意义。[4]

唐代有"占有质"与"无占有质"的区分。"占有质"即出货人占有典物权、质物权和当物权。对于庄宅、碾硙、店铺、车坊、园林等不动产，唐敕令规定可"一任贴典货卖"，这种附有赎回条件的典卖、质押，必然形成债权人占有的典物权和质物权。五代时为保护这种典权和质权，专门制定法令，规定典、质物业必须用官制契本，并有税务司的验印。据《五代会要》卷二六《市》记录："其有典质倚当物业，仰官牙人、业主及四邻

---

[1] （唐）长孙无忌等撰：《唐律疏议》，刘俊文点校，中华书局1983年版（以下所引此书为同一版本），第242页。
[2] （唐）长孙无忌等撰：《唐律疏议》（刘俊文点校），第242页。
[3] ［日］仁井田陞：《唐令拾遗》，栗劲等编译，长春出版社1989年版（以下所引此书为同一版本），第571页。
[4] 参见（唐）长孙无忌等撰：《唐律疏议》（刘俊文点校），第244~246页。

同署文契,委不是曾将物业印税之时,于税务内纳契白一本,务司点检,须有官牙人、邻人押署处,及委不是重叠倚当,方得与印。如有故违,关连人押,行科断,仍征还钱物。如业主别无抵当,仰同署契行保邻人物分代纳。如是卑幼不问家长,便将物业典卖倚当,或虽是骨肉物业,自己不合有分,辄敢典卖倚当者,所犯人重行科断,其牙人、钱主并当深罪。所有物业,请准格律指挥。"五代是晚唐的延续,上述《五代会要》所记亦可视为唐制的延续。

依现代民法理论,相邻关系是指在对各自所有或使用的不动产行使所有权或使用权时,因相互间应当给予方便或接受限制而发生的权利义务关系。地役权是指以他人的土地供自己土地便宜之用的权利。唐律并无此划分,相邻关系和地役权一并承袭中国古代习俗,顶地头留磨牛地,互留二、三尺,低田无上堰,其堰为高田所有;两田相平,堰共有,备留通道,不准损伤其堰;宅基处胡同以内,胡同属别人所有,得准出入,等等。[1]这些处理相邻关系的传统习惯,体现了权利义务的统一,但亦有的相邻关系单以义务的形式表现出来,如"开门限制",大门向南,不得再于其他方向开门出入。举吐鲁番出土文书中的阿斯塔那326号墓出土文书例,[2]高昌延昌二十三年(公元583年)一份借四围矮墙用碓的券书:四围矮墙与寺院墙壁相邻,借墙院用碓人先为寺院垒墙,并使两方墙根留出三尺五的间距。可能是用碓发生震

---

[1] 参见潘维和:《中国民事法史》,汉林出版社1982年版(以下所引此书为同一版本),第377~378页。
[2] 这里所引阿斯塔那326号墓出土文书。转引自孔庆明等编著:《中国民法史》,吉林人民出版社1996年版(以下所引此书为同一版本),第252页。

动,妨害相邻的墙壁,于是为之垒墙修大门,并留出间距。此例是描述处理相邻关系的状况。相邻关系(或地役权)的处理有各种方式,或以租赁方式取得地役权,或为公益无偿取得,这亦是古代中国的传统。[1]

二、所有权

现代民法关于所有权的概念是指财产所有人即所有权主体依法享有的对所有物的占有、使用、收益和处分的权利。依据相关资料,唐代所有权在性质上可分为官有、私有、共有和伙有几种。

关于官有,《唐律疏议·厩库》"官物之例"条疏议曰:"谓官物应将给赐,及借贷官人及百姓,已出库藏,仍贮在官,而未给付之间;若私物借充官用及应征课税之类,已送在官贮掌;或公廨物及官人月俸,应供官人之物;虽不供官用,而守掌在官;并检验赃贿,或两竞财物;如此之类,但守掌在官者,皆为官物之例。"依此规定,官物有①给赐、出质的官有财物,未给付之前尚贮在官的;②官府借用的私物和征收的课税,已在官府贮掌的;③官府公廨的财物,即官府办公和官营工商之财物;④国家供给的官人月俸和用物;⑤检验没收的赃贿财物;⑥国家监管的产权不明互相争夺的财物;⑦其他掌管在官府的财物。官有财产实质上是封建国家所有,但这种对公有物范围的规定在财产权利关系上颇有意义,它对民事权利上容易引起争议的所有权界限作出明确界定,其中包括给付责任原则,有利于稳定财产权利关

---

[1] 参见潘维和:《中国民事法史》,第378~379页。

系。关于私有，可谓层次复杂、等级各异，包括皇帝、贵戚、官宦、地主、商人、农民、手工业者等私自拥有的动产和不动产。[1]关于共有，《唐律疏议·杂律》"占山野陂湖利"条规定："诸占固山野陂湖之利者，杖六十。"本条疏议曰："山泽陂湖，物产所植，所有利润，与众共之。其有占固者，杖六十。已施功取者，不追。"山泽陂湖是属于自然之物，应属共有，其自然物产亦由公共享有。谓"已施功取者"，即开垦、营造、养（种）植者，收益归其所有。然而，律令并未明确山泽陂湖的所有权归属，官贵之家常藉施功口实，将山泽陂湖据为己有。关于伙有，唐代商品经济发展，导致出现合伙的商业资财、合伙的运输、碾硙等作坊财产，还出现合伙耕种契约。日本学者野开三郎著《东洋史学论集》第五卷有"关于唐宋时代的合本"的记载。唐代张建著《算经》，其中有一计算合伙资本如何分配利润的例题："今有甲持钱二十、乙持钱五十、丙持钱四十、丁持钱三十、戊持钱六十，凡五人，合本治生，得利二万五千六百三十五，欲以本钱多少分之。问：各人得几何？"这个例题充分说明了唐代合伙资财的广泛存在，这种伙有是按（股）份合有。此外，宗族共有的坟茔宗祠等属于共同合有。[2]

传统中国以农立国，土地所有权是主要的财产权利。因此，土地所有权是唐代民事法律中有关所有权的核心。唐初实行均田制，"（其）授田之制，丁及男年十八以上者，人一顷，其八十亩为口分，二十亩为永业；老及笃疾、废疾者，人四十亩，寡妻

---

[1] 参见孔庆明等编著：《中国民法史》，第247页。
[2] 转引自孔庆明等编著：《中国民法史》，第284页。

妾三十亩，当户者增二十亩，皆以二十亩为永业，其余为口分。永业之田，树以榆、枣、桑及所宜之木，皆有数。田多可以足其人者为宽乡，少者为狭乡。狭乡授田，减宽乡之半。其地有薄厚，岁一易者，倍授之。宽乡三易者，不倍授。工商者，宽乡减半，狭乡不给。凡庶人徙乡及贫无以葬者，得卖世业田。自狭乡而徙宽乡者，得并卖口分田。已卖者，不复授。死者收入，以授无田者。凡收授皆以岁十月。"〔1〕

唐官吏有按品级占有的"职分田"，以其收益充当俸禄。"诸京官文武职事职分田，一品一十二顷，二品十顷，三品九顷，四品七顷，五品六顷，六品四顷，七品三顷五十亩，八品二顷五十亩，九品二顷。并去京城百里内给。……诸州及都护府、亲王府官人职分田：二品一十二顷，三品一十顷，四品八顷，五品七顷，六品五顷（京畿县亦准此），七品四顷，八品三顷，九品二顷五十亩。"〔2〕隋代官僚贵族的永业田，只限于有封爵、功勋者，一般官吏则没有。唐代对此进一步加以发展，有封爵及勋官、散官、职事官等各类官僚贵族皆可依其品级获得永业田："其永业田：亲王百顷，职事官正一品六十顷，郡王及职事官从一品各五十顷，国公若职事官正二品各四十顷，郡公若职事官从二品各三十五顷，县公若职事官正三品各二十五顷，职事官从三品二十顷，侯若职事官正四品各十四顷，伯若职事官从四品各十顷，子若职事官正五品各八顷，男若职事官从五品各五顷。上柱国三十

---

〔1〕《新唐书·食货》；[日] 仁井田陞：《唐令拾遗》（栗劲等编译），第540页及以下之《田令》。

〔2〕《通典·田制》；[日] 仁井田陞：《唐令拾遗》（栗劲等编译），第575页及以下之《田令》。

顷，柱国二十五顷，上护军二十顷，护军十五顷，上轻车都尉十顷，轻车都尉七顷，上骑都尉六顷，骑都尉四顷，骁骑尉、飞骑尉各八十亩，云骑尉、武骑尉各六十亩。其散官五品以上，同职事给。兼有官、爵及勋，俱应给者，唯从多，不并给。……诸永业田，皆传子孙，不在收授之限。即子孙犯除名者，所承之地亦不追。所给五品以上永业田，皆不得狭乡受，任于宽乡隔越射无主荒地充（原注：即买、荫、赐田充者，虽狭乡亦听）。其六品以下永业，即听本乡取还公田充。愿于宽乡取者，亦听。"[1]

依令，唐代官僚所获永业田，"皆传子孙，不在收授之限。即子孙犯除名者，所承之地亦不追。"[2]这应是唐初土地私有权的最大限度。不过，官僚永业田各有其限额，不得超过。《唐律疏议·户婚》"占田过限"条规定："诸占田过限者，一亩笞十，十亩加一等；过杖六十，二十亩加一等，罪止徒一年。若于宽闲之处者，不坐。"本条疏议曰："王者制法，农田百亩，其官人永业准品，及老、小、寡妻妾田各有等级，非宽闲之乡不得限外更占。"根据唐《田令》，"受田悉足者为宽乡，不足者为狭乡。"[3]所谓宽闲之处，是指均田制受田皆足。"计口受足以外，仍有剩田，务从垦辟，庶尽地利，故所占虽多，律不与罪。"[4]但宽闲之处的荒地为国有荒地，所以，按《唐律疏议·职制》"事应奏不奏"条规定，限外垦荒亦要申牒立案，不申请而占

---

[1]《通典·田制》；[日] 仁井田陞：《唐令拾遗》（栗劲等编译），第 548～550 页之《田令》。
[2][日] 仁井田陞：《唐令拾遗》（栗劲等编译），第 550 页。
[3][日] 仁井田陞：《唐令拾遗》（栗劲等编译），第 556 页。
[4][日] 仁井田陞：《唐令拾遗》（栗劲等编译），第 556 页及以下。

者，从"应言上不言上"之罪。杖六十。这是均田授田的基本法律依据。由此可见，唐律对土地私有权的限制极为严格明确。但同时要注意到，较北朝各代，唐代对于官员永业田的限制，貌似等级分明，制度严密，实际上却赋予官僚贵族对所占永业田更多的处分权。唐代规定赐田或用皇帝赏赐的钱财买得的土地不占永业田额，如《全唐文》卷九八记载，唐人判词中有《对多田制》，假设"丁多买田至四百顷，极膏腴，上贾他财物称是。御史纠之"。四百顷田地远超限额，但是称买田财物是"天恩数加，赏赐不是赃贿"，于是判词有言："况称恩命，岂等平人？御史绳之，终维纠诘"，最终不追"占田过限"之罪。

与北朝相比，唐代受田者对于所受土地的处分权大大加强。永业田允许继承、转让。唐令和唐律都有规定，庶人在身死家贫无以供葬或徙移的情况下可以出卖永业田；[1]官员所受永业田则可自由买卖；[2]北朝法令曾严禁买卖的口分田，至此亦允许有条件的买卖处分；[3]口分田的"还田"条件亦放宽，某些情况下可以永久占有。唐令还规定："诸因王事没落外藩不还，有亲属同居，其身分之地（按：当包括永业、口分田）六年乃追。身还

---

[1] ［日］仁井田陞：《唐令拾遗》（栗劲等编译），第560页；(唐) 长孙无忌等撰：《唐律疏议》（刘俊文点校），第242页。
[2] ［日］仁井田陞：《唐令拾遗》（栗劲等编译），第564页。
[3] 《唐律疏议·户婚》"诸卖口分田者，一亩笞十，二十亩加一等，罪止杖一百；地还本主，财没不追。即应合卖者，不用此律。"疏议曰："'口分田'，谓计口受之，非永业及居住园宅。辄卖者，《礼》云'田里不鬻'，谓受之于公，不得私自鬻卖，……'即应合卖者'，谓永业田家贫卖供葬，及口分田卖充宅及碾硙、邸店之类，狭乡乐迁就宽者，准令并许卖之。其赐田欲卖者，亦不在禁限。其五品以上若勋官，永业地亦听卖。故云'不用此律'。"

之日,随便先给。即身死王事者,其子孙虽未成丁,身分地勿追。其因战功及笃疾、废疾者,亦不追减,听终其身也。"[1]除"因王事"外,因公失踪者的土地可由其亲属耕种收益六年,失踪者六年后回乡,有优先受田权,因公残疾者,可终身占有口分田,无须在年满六十为"老男"时退回一半(四十亩)口分田。在以上买卖、继承等处分权利外,唐代还允许受田者将土地出租。唐律禁卖口分田,而不言及出租,如在《唐律疏议·杂律》疏议中自设问答:"官田宅,私家借得,令人佃食;或私田宅,有人借得,亦令人佃作。……"[2]说明出租佃作不受法律禁止,律令无相关规定涉及,可见出租权利亦应为受田者之处分权。在商品经济的冲击下,土地所有权经常移转,上述处分权之规定,反映了商品经济发展的要求。中唐后,均田制加速破坏,人口流离,土地逐步变为私有财产,自由买卖,任意兼并,流转加快,国家已无公田授予农民。[3]唐建中元年(公元780年),宣布实行"两税法",规定"其田亩之税,率以大历十四年(公元779年)垦田之数为准",[4]即至大历十四年私人以各种途径所占有的土地一律按实际面积征收地税。依中国传统民事法律一贯以确定义务的方式来默认所有权的传统,上述规定实质为变相承认一切现有土地占有关系的合法化,承认原先分配授予的公田为私人私产。[5]

---

[1] 《通典·田制》;[日]仁井田陞:《唐令拾遗》(栗劲等编译),第563页。
[2] (唐)长孙无忌等撰:《唐律疏议》(刘俊文点校),第521页。
[3] 参见收入本书的《大唐律令与唐代经济社会的盛衰》一文相关部分。
[4] 《唐会要·租税》。
[5] 参见叶孝信主编:《中国民法史》,上海人民出版社1993年版,第254~255页。

无主物的权属亦是所有权的一项内容，唐律对无主物权属的认定体现在对宿藏物、阑遗物、漂流物的规定上。

（1）关于宿藏物，唐代法律规定，在他人地内发现宿藏物，"依令合与地主中分"，即发现人与地主各得一半；如土地所有人在其土地中发现宿藏物，自然获得该宿藏物所有权；[1]《唐律疏议·杂律》"得宿藏物隐而不送条"规定："诸于他人地内得宿藏物，隐而不送者，计合还主之分，坐赃论减三等。"表明在他人土地内得宿藏物不送归地主则构成犯罪。本条疏议曰："坐赃论减三等，罪止徒一年半。"本条律注又曰"若得古器形制异，而不送官者，罪亦如之"，即发现"形制异于常者"的古器、钟鼎之类，应送官府，并由官酬直，即由官府收购，个人不得私有；否则构成犯罪，依照古器价值，坐赃论减三等处刑。显见各种权利义务关系规定得十分明确。对特殊情况下的宿藏物，唐律亦有明确规定，《唐律疏议·杂律》"得宿藏物隐而不送"条律疏"问曰：'官田宅，私家借得，令人佃食；或私田宅，有人借得，亦令人佃作，人于中得宿藏，各合若为分财？'答曰：'藏在地中，非可预见，其借得官田宅者，以见住、见佃人为主，若作人得者，合与本主中分。其私田宅，各有本主，借者不施功力，而作人得者，合与本主中分。借得之人，既非本主，有不施功，不合得分'。"可见，在出租的官田、官宅中发现宿藏物的，承租人、发现人各得一半，而于出租的私田、私宅中发现宿藏物的，由出租人（原业主）与发现人各得一半，承租人、承借人无权分得。

---

[1] [日]仁井田陞：《唐令拾遗》（栗劲等编译），第791页。

（2）关于阑遗物，法律规定必须送官还主。自秦汉以后，历朝历代国法律皆限制遗失物按先占原则占为己有，唐律承袭这一传统，立法上强调阑遗物必须交还原主，拾得人负有送官义务，并无获得其一部分为己有的权利。唐《捕亡令》规定："诸得阑遗物，皆送随近县。在市得者，送市司。其金吾各在两京巡察，得者，送金吾卫。所得之物，皆悬于门外，有主识认者，检验记，责保还之。虽未有案记，但证据灼然可验者，亦准此。其经三十日无主识认者，收掌，仍录物色目，榜村坊门。经一周年无人认者，没官，录帐申省听处分。没入之后，物犹见在，主来识认，证据分明者，还之。"[1]对于阑遗的牲畜，唐《厩牧令》规定："诸官私阑遗马、驼、骡、牛、驴、羊等，直有官印、更无私记者，送官牧。若无官印及虽有官印、复有私记者，经一年无主识认，即印入官，勿破本印，并送随近牧，别群牧放。若有失杂畜者，令赴牧识认，检实印作还'字'付主。其诸州镇等所得阑遗畜，亦仰当界内访主。若经二季无主认，并当处出卖。先卖充传驿，得价入官。后有主识认，勘当知实，还其价。"[2]与秦汉时"大者归官，小者私之"的规定所不同的是，唐律规定拾得阑遗物人没有任何权利，相反拾得人有送官义务，否则构成犯罪。《唐律疏议·杂律》"得阑遗物不送官"条规定："诸得阑遗物，满五日不送官者，各以亡失罪论；赃重者，坐赃论。私物，坐赃论减二等。"唐律这一规定，立法宗旨与对宿藏物的处理一样，突出了功力原则，即拾得阑遗物无"施功"，不应无故

---

[1]〔日〕仁井田陞：《唐令拾遗》（栗劲等编译），第659页。
[2]〔日〕仁井田陞：《唐令拾遗》（栗劲等编译），第638页。

得利,如"已加功力"应得一份报酬。这与现代民法有所区别,在严格合理的法律程序中体现了道德式的实质正义原则。

(3) 关于漂流物权属的处置,唐《杂令》规定:"诸公私竹木为暴水漂失,有能接得者,并积于岸上,明立标榜,于随近官司申牒,有主识认者,江河五分赏二分,余水五分赏一分。限三十日,无主认者,入所得人。"[1]这与拾得阑遗物的规定又有所不同,"接得人"可获得报酬及至全部财物所有权,充分照顾到了"接得人"的功力。这是因为如果漂流物无接得人,则随水而去,其财产权利亦将归于灭失。

三、典权

典权是传统中国特有的一项民事制度。论者认为,此与农业社会家族主义思想相关。现代民法上的典权是一项不动产物权,即是支付典价、占有他人不动产而为使用收益的权利。这是一种严格的或者说狭义的典权。在典权关系中,支付典价、占有他人不动产而为使用收益的一方,称为承典人或典权人,传统中国称之为现业主、典主或典人。收受典价,将自己所有的不动产供对方使用收益的一方,称为出典人,传统上称之为业主、原主。出典人出典的不动产称为典物。典有期限,典期届满后,出典人有权退还典价,取回典物。出典人如逾期不赎,典物即归典权人所有。

中国的典权制度滥觞于民得自由买卖土地的秦汉时期,后因典卖、典当、质典等观念而发展于唐,但清晰完整的典制则确立

---

[1] [日]仁井田陞:《唐令拾遗》(栗劲等编译),第785页。

于明、清时期。[1]依现代民法，典权的标的物仅以不动产为限，但从文献和法律规定上看，[2]唐代以及明、清时期，典权的标的物兼指动产、不动产、畜产、奴婢、园林、碾硙、人身（虽律令禁止）等。这表明对传统中国（包括唐代）的典权应作广义的理解，但此处还是以不动产为标的的典权讨论为主，以动产为标的的将在后面的质权部分讨论。

唐代典权的设立受一定条件的限制。在均田制推行的唐前期，口分田是国家收授的对象，所有权在国家，所以一般禁止以口分田出典，但从远役、赴外任，以及官人永业田、赐田等不在禁限，这即是开元二十五年（737年）田令的内容："诸田不得贴赁及质，违者财没不追，地还本主。若从远役、外任，无人守业者，听贴赁及质，其官人永业田及赐田，欲卖及贴赁者，皆不在禁限。"[3]在唐律上，贴赁就是典当的意思。均田制废止后，土地流转已成事实，以地出典不可阻挡。据《文苑英华》卷四二六记载，唐穆宗长庆元年（821年）敕文强调："应天下典人庄田园店，便合祗承户税。本主赎日，不得更引令式，云依私契征理以组织贫人。"这是一条重申以往敕令的敕文，意思是典人庄田者应承担原主的户税。由此透露的消息是，庄田出典是合法的，而且早已允许。

与对土地出典的限制有所不同，庄宅、园林、店铺、碾硙等

---

[1] 参见潘维和：《中国民事法史》，第400~404页。
[2] 参见张传玺主编：《中国历代契约汇编考释》（上册），北京大学出版社1995年版（以下所引此书为同一版本），第266~272页；《大清律例·户律》"典卖田宅"条。
[3] [日] 仁井田陞：《唐令拾遗》（栗劲等编译），第564页。

不动产出典终唐都不受限制。据敦煌吐鲁番发掘的一份文书表明，制度最严格的初唐时期，房屋出典受到官府保护。"唐贞观二十二年（公元648年）河南县桓德琮限期还典宅钱契"[1]文如下：

> 贞观廿二年［八］月十［六］日，河南县张［元隆］、［索］法惠等二人，向县诉：桓德琮［典］宅价钱，三月未得。今奉明府付坊正［追］向县。坊正、坊民令遣两人和同，别立私契。其利钱限至八月卅日付了。其赎宅价钱限至九月卅日还了。如其违限不还，任元隆宅与卖宅取还足，余乘（剩）任还桓琮。两共和可，［画］指为验。（押）
>
> 　　　　　　　　　　　负钱人　桓德琮
> 　　　　　　　　　　　男大×　//义/
> 　　　　　　　　　　　同坊人　成嗣敬
> 　　　　　　　　　　　　　　　//嗣/
> 　　　　　　　　　　　坊正李　美　经

唐宪宗元和八年（公元813年）曾再次下敕，对庄宅等"一任贴典货卖"，不加限制。[2]基于典权的设立是一项重要的法律行为，所以，据《五代会要》卷二六记载，规定设立典权要有书面形式，并要求有官、牙人、业主、四邻同署文契，否则无效。同时，据《唐会要》卷八五记载，典权的期限一般亦有约

---

[1] 张传玺主编：《中国历代契约汇编考释》（上册），第266~267页。
[2] 《旧唐书·宪宗本纪》。

定，最长为 30 年，过 30 年不予保护。

四、质权与抵押权

一般说，债务人将动产的占有交付债权人作为担保谓之"质"。质权是指债权人因担保债权的实现，从而占有债务人或第三人移交的财产，享有卖得价金的优先请求权。质权属于担保物权，一般设定于动产，凡是得予留置者，如珠宝、衣物、奴婢、牛马等，均可成为质权的标的物。

中国很早就有关于质权的记载。[1] 唐以来寺院多置质（典）库，质钱取利。唐代收质类于南北朝时期，主要是质库收质放债，各地质库业异常发达。据记载，唐德宗贞元三年（公元787年）为平定李希烈叛乱，下令强迫长安城中的商人出钱，京兆少尹韦祯带兵搜括长安城西市质库、僦柜（财物寄存铺），得钱二百万贯。[2] 提供质押物品的借贷行为为"收质"，民间亦称质当、倚质、典质、质举等。债务人提供的质押品为动产，在契约成立时立即转移质押品的占有。据《宋刑统》"受寄财物辄费用"门引唐《杂令》规定："收质者，非对物主不得辄卖，若计利过本不赎者，听告市司对卖，有剩还之。"质押的财产包括奴婢、畜产，但禁止以良民为质押。《唐律疏议·杂律》"以良人为奴婢质债"条规定："诸妄以良人为奴婢，用质债者，各减自相卖罪三等；知情而取者，又减一等。仍计佣以当债直。"从本条看出当时可用奴婢质押借债，据载当时民间亦有以子女质债的

---

[1] 参见潘维和：《中国民事法史》，第 391~392 页。
[2] 《旧唐书·德宗记》。

惯例。[1]

质库收质计利。唐代"质举"抵押方式强调在抵押财产时的债务计息，计息有一定限度，违者，双方都受处罚。在抵押财产范围上主要是动产，有时亦有不动产。同时，成立质举契约要遵循严格的程序规定："诸家长在（原注：在谓三百里内，非隔关者），而子孙弟侄等，不得辄以奴婢、六畜、田宅及余财物私自质举及卖田宅（原注：无质而举者，亦准此）。其有质举、卖者，皆得本司文牒，然后听之。若不相本问，违而辄与及买者，物即还主，钱没不追。"[2] 可见，质举与田宅的买卖一样，需先经官府批准。然而，在实践中很难完全做到这一点。

抵押权亦是担保物权之一，是债务人或第三人向债权人提供不动产作为清偿债务的担保而不转移占有的担保物权。不同于质

---

[1] "乙未年（公元935年？）敦煌赵僧子典儿契"[转引自张传玺主编：《中国历代契约会编考释》（上册），第269~270页] 即是一例：乙未年十一月三日立契。塑匠都料赵僧子，伏缘家中户内有地水出来，阙少手上工物，无地方觅。今有腹生男苟子，只（质）典与亲家翁贤者李千定，断作典直价麦贰拾硕，粟贰拾硕。自典已后，人无雇价，物无利润，如或典人苟子身上病疾疮出病死者，一仰兄佛奴面上取于本物。若有畔（叛）上及城内偷劫高下之时，仰在苟子祇（支）当。忽若恐怕人无凭信，车无明月，二此（主）之间，两情不和，限至陆年。其限满足，容许修赎。若不满之时，不喜（许）修赎。伏恐后时交加，故立此契，用为后凭。

　　　　　　　　　　　　　　只（质）典身男苟子（押）
　　　　　　　　　　　　　　只（质）典口承兄佛奴（押）
　　　　　　　　　　　　商量取物父塑匠都料赵僧子（押）
　　　　　　　　　　　　　　知见亲情米愿昌（押）
　　　　　　　　　　　　　　知见亲情米愿□（押）
　　　　　　　　　　　　知见并畔村人杨清怱（押）
　　　　　　　　　　　　知见亲情开元寺僧愿通（押）

[2] [日] 仁井田陞：《唐令拾遗》（栗劲等编译），第788~789页。

权的是，其一抵押权只限定于不动产；其二是不转移占有。关于抵押，唐有专门的法律和习俗。就债务人的某项财产设定抵押权，契约成立时不立即转移占有，当债务人无法清偿债务时，债权人便取得该项财产的所有权。这种借贷抵押方式，在唐时称之为"指质""指当""倚当"等，这种抵押的财物一般以不动产为主，如吐鲁番出土的唐乾封三年（668 年）张善熹抵押举钱契中有："若延引不还左（按：指债权人左憧熹）钱者，将中渠菜园半亩与作钱质（值），要须得好菜处。"[1] 此契指定菜园为抵押。唐代民间指质，尤其是不动产指质，一般要求债务人将不动产的权属证书，如地契、析书（家产分割文书）等交给债权人，到期未能清偿则转移占有。另据唐代法律和习俗，抵押物因不可抗力而消灭时，适用"房倒价烂"原则，不得强迫要求债务人清偿。

五、债的一般规定

如前所论，汉以后中国社会的私有经济和商品生产，经长期动乱后，在唐代得到恢复和发展，其在规模和性质上都达到了新的高度。尽管唐初实行均田制，但并未制止住土地买卖和土地兼并这一浪潮。城市中商业异常活跃。此时民事上债的关系迅速发展，通过买卖、租赁、借贷、雇佣、质押等各种形式表现出来。这种事实要求法律进行确认、调整和干预，相关的法律规范逐步建立起来。唐律中规定了若干调整这种债的关系的条文，较前朝

---

[1] 国家文物局古文献研究室等：《吐鲁番出土文书》（第 6 册），文物出版社 1985 年版（以下所引此书为同一版本），第 422 页。

明晰，债的概念亦接近于法律规范要求，但尚未形成完整的债权制度。

债的发生一般基于法律事实和法律事件。在唐代，民间因契约这一法律事实而发生的债权债务关系日益增多，因之产生的民事纠纷、民事诉讼日趋复杂。唐律对此的反应首先是保护债权人利益。《唐律疏议·杂律》"负债违契不偿"条规定："诸负债违契不偿，一匹以上违二十日，笞二十，二十日加一等，罪止杖六十。三十匹加二等，百匹，又加三等。各令备偿。"本条疏议曰："负债者，谓非出举之物，依令合理者；或欠负公私财物，乃违约乖期不偿者。……三十匹加二等，谓负三十匹物，违二十日笞四十，百日不偿，合杖八十。百匹又加三等，谓负百匹之物，违契满二十日，杖七十，百日不偿，合徒一年。"在债务人违契不偿时，债权人可向官府申诉，官府可对债务人处以刑罚，并强制债务人履行债务。借一匹绢过契约期限20日不还，即受刑罚惩罚，不可谓不严厉。再如，唐《杂令》规定："若官物及公廨，本利停讫，每计过五十日不送尽者，余本生利如初，不得更过一倍。"[1]即官营高利贷债务人在累计利息与本相抵后，如50日内不清偿，余本仍可计息；计算可过一倍。官府重视保护债权人利益，其实质是维护官僚阶层、富商大贾和贵族地主的利益。

为保护债权人利益，唐律对契约之债的发生要求立契。史载中国古代契约有书面、口头两类，重要契约须成文。大唐律令对立契及其管理作出了具体规定，凡买卖田地、房产、奴婢、马牛等必须立契。唐以前称"立契"，东晋称"文券"，是税讫后盖

---

[1] [日]仁井田陞：《唐令拾遗》（栗劲等编译），第789页。

有官印的契约,唐改称"文券"为"市券"。市券经掌管市司的官吏加盖官印,另还要官府批示,才有法律效力,无官印者无法律效力。官府统一规定了市券的格式和文字。《唐六典·京都诸市令》规定:"凡卖买奴婢、牛马,用本司本部公验以立券。"又《唐律疏议》规定:"诸买奴婢、马牛、驼骡驴,已过价,不立市券,过三日笞三十;卖者,减一等。立券之后,有旧病者三日内听悔,无病欺者市如法,违者笞四十。即买卖已讫,而市司不时过券者,一日笞三十,一日加一等,罪止杖一百。"本条疏议曰:"买奴婢、马牛驼骡驴等,依令并立市券。……若有病欺,不受悔者,亦笞四十。令无私契之文,不准私券之限。"[1]律文明文规定买卖奴婢等须三日内立契,不准订立私契,立契须经官府"过券"。主管官吏不验证契券,要负法律责任。又如《唐律疏议·户婚律》"诸妄认公私田"条疏议规定:"依令,田无文牒,辄卖买者,财没不追,苗子及买地之财并入地主。"从该条疏议亦可看出田地买卖必须立市券。大唐律令有关订约立契的原则性规定,说明契约关系的发展使立契成为一种普遍性的民事活动,因而大唐律令对契约作格式化规定,同时唐官府亦考虑到国家对契约管理的必要性。

  契约虽是私人行为,但必然涉及当事人双方之间、当事人与社会之间的利害关系,所以,国家对债进行干预在唐亦不例外。《唐律疏议·杂律》"负债强牵财物"条规定:"诸负债不告官司,而强牵财物过本契者,坐赃论。"疏议解释曰:"谓公私债负,违契不偿,应牵掣者,皆告官司听断。若不告官司而强牵掣

---

[1] (唐)长孙无忌等撰:《唐律疏议》(刘俊文点校),第500~501页。

财物,若奴婢、畜产,过本契者,坐赃论。"依据这一规定,债务人不履行债务时,债权人不能擅自处理债务人的财物,必须经官府处理,否则法律予以制裁。官府对市场交易进行干预,在市场买卖中,强调应遵循等价、有偿、平等的原则。严禁垄断投机。《唐律疏议·杂律》"买卖不和较固"条规定:"诸买卖不和,而较固取者,及更出开闭,共限一价,若参市而规自入者,杖八十。已得赃重者,计利,准盗论。"疏议解释,若买卖双方没能达成协定,即一方发出要约,并未获得承诺时,如果一方强迫另一方买或卖,便要受上述规定的惩罚。而如果商贩们串通一气,哄抬物价或压价以获非法利益,也要按此规定惩处。唐官府亦重视监督市场商品的质量,唐律明文要求市场上的商品必须符合质量规格。如《唐律疏议·杂律》"造器用之物及绢布"条规定:"诸造器用之物及绢布之属,有行滥、短狭而卖者,各杖六十。"同时规定因商品质量低劣而"得利赃重者,计利,准盗论。贩卖者,亦如之。市及州、县官司知情,各与同罪;不觉者,减二等"。官府对市场的计量器在《唐律疏议·杂律》中规定:"诸私作斛斗秤度不平,而在市执用者,笞五十;因有增减者,计所增减,准盗论。"[1]通过这些国家干预手段,对各种经济民事关系进行规范、调整,以维持官府的管理,充实财政,这也是中国历代王朝共有的特点。

诚实信用是债权法的共通原则。《唐律疏议·杂律》"造器用之物及绢布"条规定:"诸造器用之物及绢布之属,有行滥短狭而卖者,各杖六十。"本条注曰:"不牢谓之行,不真谓之滥,

---

[1](唐)长孙无忌等撰:《唐律疏议》(刘俊文点校),第499页。

即造横刀及箭镞用柔铁者，亦为滥。"疏议进一步解释说："行滥，谓器用之物不审不真；短狭，谓绢匹不充四十尺，布端不满五十尺。幅阔不充一尺八寸之属而卖，各杖六十。故礼云'物勒工名，以考其诚，功有不当，必行其罪。'其行滥之物没官，短狭之物还主。"为维护商业秩序，唐律对提供瑕疵商品者予以严惩，这完全符合诚实信用原则和商业道德。

唐宋时期债的担保较为盛行。唐开元二十五年（公元737年）令："诸公私以财物出举者，任依私契，官不为理。每月取利，不得过六分。积日虽多，不得过一倍。……家资尽者，役身折酬，役通取户内男口。……非出息之债者，官为理，收质者，非对物主不得辄卖，若计利过本不赎，呼告市司对卖，有剩还之；如负债者逃，保人代偿。"[1]又"诸家长在，而子孙弟侄等，不得辄以奴婢、六畜、田宅及余财物，私自质举，及卖田宅，其有质举卖者，皆得本司文牒，然后听之。若不相本问，违而辄与及买者，物即还主，钱没不追"[2]。从这一规定不难看出唐代的担保包括物、人身担保及典质等，且须经官府批准。

唐代依契约所生之债的变更、消灭近同于现代民法的相关规定，有因当事人意志的变更，有因债的清偿、抵消或免除而消灭。这些在下面的契约制度中有所涉及。

六、契约制度

唐代契约关系渐趋复杂，契约制度成为重要的社会现象。[3]

---

[1]　[日] 仁井田陞：《唐令拾遗》（栗劲等编译），第789页。
[2]　[日] 仁井田陞：《唐令拾遗》（栗劲等编译），第788~789页。
[3]　概要的介绍参见张传玺主编：《中国历代契约会编考释》（上册），第12~16页。

这一时期出现了契约的"样文",大大方便了立契,亦使纷杂的契约习惯有了统一的可能,契约的形式和内容因之相对固定化、规范化。这一时期契约形式上的另一个变化是,一般契约不再采用复本形式,而仅由权利人收藏单本契约,但有关人身、借贷、典押等契约方采用复本形式。在对待契约的形式和内容上,唐代法律未有明确规定。唐《杂令》提出,民间借贷出举,"任依私契,官不为理"[1],确立官府不主动干涉的放任原则。唐代各种契约中,亦往往有"官有政法,人从私契"的惯语。契约的种类、形式、内容等主要依靠民间惯例。此一期间的法律和民间惯例明确强调成立契约要"和同",唐《杂律》与《杂令》对于借贷买卖都规定要"两情和同"[2],在唐代民间契约中亦有"二主和同立券"或"两和立契"的惯语。[3]

唐代法律确立官府不主动干涉的原则并不是完全放任,凡买卖田地、房产、奴婢、马、牛、驼、骡、驴等物必须立契,官府设有专门的管理机构。唐称税讫后盖有官印的契约为"市券",明文规定了买卖应立契的对象、时间、补救方式以及违者的责任。据《唐六典·太府寺·京都诸市令》记载:"凡卖买奴婢、牛马,用本司本部公验以立券。"同时,《唐律疏议·杂律》"买奴婢牛马不立券"条规定:"诸买奴婢、马牛、驼、骡、驴,已过价,不立市券,过三日笞三十;卖者,减一等。立券之后,有旧病者三日内听悔,无病欺者市如法,违者笞四十。即卖买已

---

[1] [日] 仁井田陞:《唐令拾遗》(栗劲等编译),第789页。
[2] [日] 仁井田陞:《唐令拾遗》(栗劲等编译),第791页。
[3] 参见张传玺主编:《中国历代契约会编考释》(上册),第193、201页等。

讫,而市司不时过券者,一日笞三十,一日加一等,罪止杖一百。"本条疏议曰:"买奴婢、马牛、驼、骡、驴等,依令并立市券。……若有病欺,不受悔者,亦笞四十。令无私契之文,不准私券之限。"而且依律,如果司市不及时出券者,就要受"一日笞三十,一日加一等,罪止杖一百"的处罚。

唐代契约制度的另一个突出方面是,为担保契约的履行,契约内容除具备标的、价金等基本项目外,还附带有担保条款。当时最为普遍的担保条款是悔约罚,沿袭北朝习惯,各种契约都有"券成之后,各不得反悔,悔者一罚二,入不悔者"之类的惯语。如"唐贞观十八年(公元644年)高昌张阿赵买舍券"[1]内容如下:

> ……年甲辰岁十一月九,张阿赵从道人愿惠[边]□舍两间,交与银钱伍文。舍东诣张阿成,南[诣]道,西诣张赵养,北诣张阿成。四在之内,长不还,短不与。……佲(名)者,仰本[主了]。[二主和可,后]为卷(券)要。卷(券)成[之][后],各各不[得返悔。悔者一]罚二,入不悔者。民有私[要,要]行二主,各得[署]名为信。
>
> 　　　　　　　　　　　　倩书　道人法贤
> 　　　　　　　　　　　　时见　□众养

在契约关系中,随契约种类的不同相关的契约附署人(第三

---

[1] 转引自张传玺主编:《中国历代契约会编考释》(上册),第192页。

人）亦有所不同，最主要的附署人为请书人、知见人（或时见、临出），有关买卖、借贷契约一般有保人附署，唐初法律规定负连带责任的契约附署人为保人。随着唐中后期交易范围、内容的扩大，交易中起说合引荐作用的中间人大量出现，法律遂逐渐强调买卖、质典契约中间人即牙人的连带责任，唐长庆二年（公元822年）敕，禁止以他人产业设立抵押"质举官钱"，如有违犯，"即请散征牙保代纳官钱。"[1]此后，牙保连称，成为契约关系中负有连带责任的最重要的附署人。

唐时有关契约签署方式变化颇多，各不相同。一种是契约中写明"各自署名为信"，还有一种是在契约末盖私印，最为常见的（现今发现的契约原件）是"画指"，即按指节长度各人在自己名字下方画杠，这类契约正文的结尾处一般都有"画指为信""获指为信"的惯语，可见画指是当时最流行的文书签署方式。[2]

七、契约种类

在唐代契约种类中，买卖契约是最主要的。这是因为买卖是大众生活中最普遍，同时亦是最重要的民事行为。因此，唐代律

---

[1]《宋刑统·杂律》"受寄财物辄费用"门引"唐长庆二年（公元822年）八月十五日敕节文：或有祖父分析多时，田园产业各别，疏远子弟行义无良，妄举官钱，指为旧业。及征纳之际，无物可还，即通状请收，称未曾分析。诸司、诸使、诸军等不详事由，领人管领，或依投无处，转徙至多，事涉甚宽，恐须釐革。伏请应有此色，并牒府县推寻，若房分多时，妄有指注，即请散征牙保代纳官钱，其所举官钱，妄指庄园等人，及保人，各决重杖二十。……"

[2] 参见敦煌、吐鲁番唐代契约文书原件或整理成果，如国家文物局古文献研究室等编纂的《吐鲁番出土文书》（文物出版社）等。

令对买卖关系特作了以下几条原则性的规定：

（1）和同原则。《唐律疏议·杂律》"卖买不和较固"条规定："诸买卖不和，而较固取者；及更出开闭，共限一价。"本条疏议曰："卖物及买物人，两不和同，'而较固取者'，谓强执其市，不许外人买，故注云'较，谓专略其利。固，谓障固其市'；'及更出开闭'，谓贩鬻之徒，共为奸计，自卖物者以贱为贵，买人物者以贵为贱，更出开闭之言，其物共限一价，望使前人迷谬，以将入己。"又规定："若参市，而规自入者，杖八十。已得赃重者，计利，准盗论。"疏议又曰："'参市'，谓负贩之徒，共相表里，参合贵贱，惑乱外人……其赃既准盗科，即合征还本主。"从民事法律角度看，唐律上述规定[1]涉及以下内容：买卖双方不许欺行霸市，哄抬物价；凡以不正当手段所获之利，应退还原主。这对规范市场交易、保证交易公平有保护作用，亦是民事行为所应遵循的自愿、和同及不当得利须偿还原则的具体表现。为保障上述规定的施行，唐律还就特权官吏的买卖活动订有针对性的规定，《唐律疏议·职制》"诸贷所监临财物"条疏议曰："官人于所部卖物及买物，计时估有剩利者，计利，以乞取监临财物论。'强市者笞五十'，谓以威若力强买物，虽当价，犹笞五十；有剩利者，计利，准枉法论"。这亦是为贯彻和同公平的商业道德而作出的特别规定。

（2）瑕疵责任。依《唐律疏议·杂律》"诸造器用之物及绢布之属"条规定，出卖商品不合规格或质量不审不真，不仅要受

---

[1] 这条律令在本书第一部分论述唐代商业市场秩序时曾被引证分析，但着眼点是国家对经济的管理，偏重经济法律关系，此处着重民事法律关系方面。

到刑罚，还要受到没收商品、退货原主的民事制裁。从该条亦可看出，制造者、贩卖者要承担瑕疵责任，并且官司知情者各与其罪，试图从不同渠道杜绝瑕疵商品的流行，立法可谓严密。同时，唐律还规定："诸买奴婢、马牛、驼、骡、驴，已过价，不立市券，过三日笞三十；卖者，减一等。立券之后，有旧病者三日内听悔，无病欺者市如法，违者笞四十。"[1]争议期以三日为限，若有旧病，即标的有瑕疵，买卖可以撤销。从吐鲁番出土的唐代文书中可以看到，这一规定在契约中是得到遵守的。如唐咸亨四年（公元673年）康国康乌破延卖驼契如下：[2]

  咸亨四年十二月十二日西州前庭府队正［杜］……交用练拾肆匹，于康国兴生胡康乌破［延边］，买取黄敦（马敦）驼壹头，年十岁。其驼及练［即］交想（相）付了。若驼有人寒盗［偬佫］（呵道认名）者，一仰本主及保人酬（承）当，杜悉不知。叁日不食水草，得还本主。待保未集，且立私契；保人集，别市券。两和立契，获指［为］验。

      驼　　主　康乌破｜延｜｜
      买驼人　杜
      保　　人　都护人敦
      保　　人　同乡人康｜莫遮｜｜
      知见人　张轨端

---

〔1〕（唐）长孙无忌等撰：《唐律疏议》（刘俊文点校），第500页。
〔2〕转引自张传玺主编：《中国历代契约会编考释》（上册），第202～203页。

（3）定金。传统中国有买卖预付定金的交易惯例。六朝至唐以"賮"为预付款（定金）代称，宋元后称"定银""定钱""定洋"等。例见吐鲁番出土唐总章元年（公元668年）高昌张潘塠卖草契：[1]

> 唐代总章元年六月三日，崇化乡人左憧憙交用银钱肆拾，顺义乡张潘塠边取草玖拾𦱤。如到高昌之日不得草玖拾𦱤者，还银钱陆拾文。如身东西不到高昌者，仰收后者别还。若草好恶之中，任为左意。如身东西不在者，一仰妻儿及保人知（支）当。两和立契，获指为信。如草□高昌□。
>
> 钱　主　左
> 取草人　张潘
> 保　人　竹阿阇利
> 保　人　樊曾□
> 同伴人　和广护

由此文献记载可知，左憧憙为订购张潘塠草九十𦱤，预付了银钱四十文的定金，所以约定，张不能按时交草的话，则要罚付左定金四十罚金二十共银钱六十文。

（4）亲属邻人不动产优先购买权。亲属或亲族对不动产有优先购买权是传统中国宗法制度在法律上的反映。宗法制度和"以农为本"的观念，使变卖不动产成为耻辱，迫不得已而必须

---

[1] 转引自张传玺主编：《中国历代契约会编考释》（上册），第200~201页。

出卖之，须先在宗族内转移，因之形成近亲四邻的优先购买权。唐天宝十四载（公元755年）有制："天下诸郡逃户，有田宅产业妄被人破除，并缘欠负租庸，先已亲邻买卖，及其归复，无所依投。永言此流，须加安辑。……"[1]制文中"先已亲邻买卖"一语透露出亲邻先买权已然存在。唐五代后周时期，这一制度臻于完善，据《册府元龟》卷六一三《刑法部·定律令五》记载："如有典、卖庄宅，准例房亲、邻人合得承当，若是亲邻不要，及著价不及，方得别处商量，和合交易。"此制延及明清，成为中国民事法律中的一个传统。

保留至今有关唐代民事法律的条文大多为买卖方面的规定，而且这些条文主要是针对动产买卖设定的。土地在中国传统经济中的重要地位决定了土地是唐代有关不动产买卖立法的重要对象。这一时期有关不动产买卖的法律条文主要是关于土地的，房屋、邸店、碾硙之类不动产买卖也可参照。关于不动产买卖及契约有以下一些要点：

第一，土地买卖的主体、程序等要符合法律规定。这方面的法律主要是唐《田令》。依规定，只有贵族、官僚所得赐田、五品以上官员的勋田、永业田可以自由出卖；平民的永业田只能在特定条件下方可出卖，口分田原则上不准出卖；不得盗卖国有或他人所有地；依法禁卖而卖者，法律予以惩处。[2]两税法取代租庸调制后，土地买卖自由化、合法化，但买卖成立必须向官府申

---

[1]《唐会要·逃户》。
[2] 参见［日］仁井田陞：《唐令拾遗》（栗劲等编译），第539页及以下。

报转移该项土地所负担的赋税，申报转移赋税者应为买方。[1]

第二，土地买卖契约内容沿用秦汉以来的惯例。唐代契约中常有关于地役权的内容，即"车行水道依旧通"的惯语；[2]还有"树当随宅（卖）"的惯语，即在契约未特别明确情况下，树随房计价，不另计。这与现代民法意义上的"从物随主物移转"原则不同，土地栽树是所有权的象征，土地所有权移转，其树木亦随之移转理所当然。

第三，土地买卖契约常要求有担保内容，即"买卖有保"。与其他契约略有不同的是，土地买卖中的保人往往是卖地人的亲属，这一以亲属作保的用意在于向买方保证：该地不致为卖方后嗣追夺。卖方的担保责任主要是追夺担保，这是对财产权利的担保，出卖后的财产如果受到他人的追夺，应由卖主一方负责。如敦煌出土的"张义全卖宅舍契"记：其舍一买已后，中间若有亲姻兄弟兼及别人称为主己（记）者，一仰旧舍主张义全及男粉子、支子祗当还替（债），不忓（干）买舍人之事。或有恩敕

---

[1] 唐大中四年（公元850年）制："青苗两税，本系田土，地既属人，税合随去。从前赦令，累有申明，豪富之家，尚不悉守，皆是承其急切，私勒契书。自今已后，勒州县切加觉察，如有此色，须议痛惩。其地仍便勒还本主，更不在论理价值之限。"（《唐会要》卷八四《租税下》）敦煌文书"唐天复九年（公元909年）安力子卖地契"中"地内所作差税河作，随地祗（支）当"[张传玺主编：《中国历代契约会编考释》（上册），第233页]，体现了上述制书的精神。

[2] 参见国家文物局古文献研究室等：《吐鲁番出土文书》（第2册），文物出版社1981年版，第197页；《吐鲁番出土文书》（第3册），文物出版社1981年版，第71页、363页；《吐鲁番出土文书》（第4册），文物出版社1983年版，第37页。（以下所引此系列同一版本）

赦书行下，亦不在论理之限。[1]类似这种防止发生产权争执的担保见于敦煌所出大部分买卖契约文书中。

在唐代契约种类中，仅次于买卖契约的是租佃契约。唐代土地租佃关系即便在均田制条件下亦已出现。这个时期租佃契约法律上称"租"，民间称之为"夏"，出租人为"田主"，承租人为"耕田人"或"佃人"。农民和田主出租土地的实质是通过租赁行使田地的使用权和收益权以获取收益。唐中期，均田制已遭破坏，农民土地被官僚富豪兼并。据《册府元龟》卷四九五载，天宝十一载（公元752年）诏："致令百姓无处安置，乃别停客户，使其佃食"。田地转为私有后，逃亡农民在户籍上被称为"客户"，承佃田主庄田的称"庄客"或"佃客"。现存唐代律文对租佃契约无明确规定，有关租佃的规定仅唐令佚文中有一条经考证为开元七年的（公元719年）令文："令其借而不耕，经二年者，任有力者借之。即不自加功转分与人者，其地即回借见佃之人。若佃人虽经熟讫，三年之外不能种耕，依式追收改给也。"[2]表明政府允许租借固有荒地耕种，亦允许转借于人，但必须在三年内耕种。

从敦煌、吐鲁番出土的唐代租佃契约文书中，可看出存在着各种类型的租佃关系。按租佃期限和交租时间区分有以下几种：①有年限，先打租；②按收获期部分先打租，部分收获后打租；③无年限，按收获期收获后打租；④有年限，按年或按年分两季

---

[1] 转引自张传玺主编：《中国历代契约会编考释》（上册），第226页。
[2] [日] 仁井田陞：《唐令拾遗》（栗劲等编译），第571页。

后交租。[1]有关地租的质量,出土的契约文书中往往有"使净好,若不净好,听向风常(扬)取(按:指由田主自行扬谷)"的惯语。[2]有的还规定收租时量具"依官斛斗取",同时明列双方的义务:"租输百役,仰田主承了;渠破水滴,仰耕田人承了。"[3]这是直接沿袭北朝的租佃契约习惯。有的契约在内容上有现代民法意义上的不可抗力条款(即不可抗力情况下的处理方法),如"风虫水旱,随大匕例"[4],其"大匕例"疑是其时民间某种习惯。地租的形式为货币或实物,如唐武周长安三年(703年)严苟仁租葡萄园券,"契限五年收佃",田租为货币形式,"当年不论价值,至辰岁(按:第二年),与租价铜钱肆佰捌拾文;至巳岁(按:第三年),与租价铜钱陆佰肆拾文;至午岁(按:第四年),与租价铜钱捌佰文;至未岁(按:第五年),一依午岁价与捌佰文。"[5]但从出土文书看,大多数租佃契约为实物地租。

唐代租佃契约的担保方式较前细化(亦有部分租佃契约仅规定悔约罚内容),举唐贞观二十二年(公元648年)索善奴租田契例:"贞观廿二年十月卅日,索善奴,……夏孔进渠常田肆亩,

---

[1] 参见张传玺主编:《中国历代契约会编考释》(上册),"唐代租赁契约"部分。
[2] 参见张传玺主编:《中国历代契约会编考释》(上册),"唐代租赁契约"部分。
[3] 国家文物局古文献研究室等:《吐鲁番出土文书》(第2册),第326页;《吐鲁番出土文书》(第3册),第177页;《吐鲁番出土文书》(第4册),第142页等。
[4] 国家文物局古文献研究室等:《吐鲁番出土文书》(第3册),第177页;《吐鲁番出土文书》(第4册),第142页;《吐鲁番出土文书》(第5册),文物出版社1983年版(以下所引此书为同一版本),第81页。
[5] 国家文物局古文献研究室等:《吐鲁番出土文书》(第7册),文物出版社1986年版,第279页。

要迳(经)……年号田壹亩。与夏价大麦五斛,与□□到五月内,倘麦使毕;到十月内,偿□[使]毕。若不毕,壹月,麦秋壹百升(斛)上生麦秋[斗]( )。若延引不偿,得拽家资,平为麦秋直。若身[东]西无者,一仰妻儿及收后者偿了。取麦秋之日,依高昌旧故,平袁(圆)升(斛)中取。使净好,若不好,听向风常(扬)取。田中租课,仰田主,若有渠破水滴(滴),仰佃……画指为信。"[1]该契约主要内容为地租的担保条款,涉及地租计息、家属代偿、质量要求等,约定十分严密、苛刻。在所见出土的租佃契约文书中,这几成惯例,至少是较普遍的现象。[2]

唐代法律有涉及租赁契约的规定,在吐鲁番出土文书中亦发现多件这个时期的租赁契约。关于租赁,《唐律疏议·名例》"以赃入罪"条疏议曰:"赁,谓碾硙、邸店、舟船之类,须计赁价为坐。"依唐律,租借马牛驴驼之类的动产称为"庸",车船房舍等不动产的租赁称为赁。租赁房屋的契约当时最为常见,称为"赁舍券"。赁舍券中包含有租价、租期、悔约罚金以及一些特别要求的条款。举吐鲁番出土的约公元586至588年的尼高参赁舍券例:"卯岁五月十二日,女( )( )尼高参二人,从索寺主( )( )( )赁,二人各赁舍壹坚(间),( )( )( )赁价钱贰文,高( )( )赁价钱叁文,二人要迳(经)壹年。……不得病死,若有病死者,罚钱……与钱壹文。……二主和同立契,券成之后各不得返悔,……要行二主,

---

[1] 转引自张传玺主编:《中国历代契约会编考释》(上册),第281~282页。
[2] 参见张传玺主编:《中国历代契约会编考释》(上册),"唐代租赁契约"部分。

各自署名为信。"[1]这件赁舍券中有赁价、赁期，规定了悔约罚金，并"各自署名"。与其他吐鲁番出土的赁舍券相对照，有特色的是这件契约规定了"不得病死"，"若病死者，罚钱……"。

租赁车牛契约亦较多见，吐鲁番出土的唐龙朔四年（公元664年）范欢进等六人为从事运输赁车牛契，规定了赁价"依乡价"，以及车牛有所失脱的赔偿办法：不关物主之事，"一仰（赁车牛人）知（支）当"，[2]即全由租赁人负责。吐鲁番出土的一份雇牛契："壬辰年（公元932年）十月生六日，洪池乡百姓厶乙阙少牛畜，遂雇同乡百姓雷粉捶黄自（牸）牛一头，年八岁。十（正）月至九月末（一年），断作雇价每月一石，春价被四月三日，若是自（牸）牛并（病）死者，不关雇人之是（事）。若驮高走煞（失）不关牛主诸（之）事。两共对面平障（章），不许休悔，如先悔者，一驮（卸）（后缺）"[3]。雇人契约有需支付工钱、吃穿、丢失损毁工具、误工等条款，与雇人不同，雇牛只规定病死与走煞（失）两种情形，名为雇实为赁。与此类似的还有"雇驴契""雇驼契"等，其中一些雇契规定，若驼驴走失伤亡等，雇者偿还驴驼本价，这就使契约更具租赁财产的性质。[4]

典卖契约是中国古代契约中传统的一类。典卖契约制度是通过让渡田宅使用权获取部分价值而保留赎回权的一种协议制度。

---

[1] 国家文物局古文献研究室等：《吐鲁番出土文书》（第3册），第199页。
[2] 国家文物局古文献研究室等：《吐鲁番出土文书》（第5册），第145～146页。
[3] 中国科学院历史研究所资料室：《敦煌资料》（第1辑），中华书局1961年版，第343页。
[4] 参见张传玺主编：《中国历代契约会编考释》（上册），"唐代雇佣契约"部分。

典卖契约形式始于中唐，确立于北宋，并影响后世。典卖契约的一个显著特征是注重形式，契约如不依法定方式订立，就不能按诉讼程序强制执行。唐代法律中一般称以转移不动产的占有为债务抵押的契约行为为贴赁，即典当；以动产抵押的为质典，但以不动产抵押有时也称质典。因此，两者时有混用。法律禁止典卖口分田，[1]整个唐代典卖关系与均田制相表里，及至开元时典田仍有条件限制，口分田是严禁典赁的。均田律令废止后，土地典当事实上已不再禁，所以，敦煌边关有典口分田记载。举敦煌出土五代后周时的典契一例："广顺叁年（公元953年）次岁癸丑十月廿二日立契，莫高乡百姓龙章祐，弟祐定，伏缘家内窘阙，无物用度，今将父祖口分地两畦子共贰亩中半，只（质）典已（与）莲（连）畔人押衙罗思朝，断作地价，其日见过麦壹拾伍硕。字（自）今已后，物无利头，地无僱价。其地佃种，限肆年内不喜（许）地主收俗（赎），若于年限满日，便仰地主办还本麦者，便仰地主收地，两共对面平章为定，更不计喜（许）休悔，如若先悔者，罚青麦拾驮，充入不悔人。恐后无信，故勒次（此）契。用为后凭。……"[2]依契，龙章祐兄弟家境窘困，遂将田地典给罗思朝，典期四年，典价小麦拾伍硕，四年后龙家兄弟还麦收田，即赎回典出的土地；如到期龙家兄弟不能还拾伍硕小麦，田地即归罗思朝所有。

唐代法律对典卖契约还有规定，唐宪宗元和八年（公元813年）敕："应赐王公、公主、百官等庄宅、碾硙、店铺、车坊、

---

[1] [日]仁井田陞：《唐令拾遗》（栗劲等编译），第564页。
[2] 转引自张传玺主编：《中国历代契约会编考释》（上册），第272页。

园林等,一任贴典货卖,其所缘税役,便令府县收管。"[1]据《文苑英华》卷四二六记载,唐穆宗长庆元年(公元821年)敕文又一次强调:"应天下典人庄田园店,便合祗承户税。本主赎日,不得更引令式,依私契征理,以组织贫人。"上述敕文主要强调对土地等占有、收益人即典贴得土地者的赋税征收。因两税法实行后,地权加速流转,土地典贴于人的农民无力缴税,官府赋税减少,法律遂明文强调典贴行为合法,并征典贴得人之税。典卖契约有时效限制,根据《宋刑统·杂律》"受寄财物辄费用"门准唐长庆四年(公元824年)的制文,规定一般为30年。典当程序是"先问房亲,房亲不要,次问四邻,四邻不要,他人并得交易"[2]。上述规定对后世典当制度的形成有直接影响。

借贷契约是最常见的大众契约类别。在传统中国,出借人将钱物借给借用人,借用人到时归还钱物与交付利息的协议为借贷契约。随着商品货币经济的发展,唐代借贷关系日益复杂。对此,国家制定相关法令,对借贷种类、双方权利义务、违约处理等作了较全面的规定,反映出借贷契约的变化。依据出土的借贷契约文书,当时的借贷契约可分为以下几种情况:一是从借贷起始就计利息的借贷,如钱币、粟麦之类,称之为"出举""举取";二是约定借贷物按期偿还就不计息的借贷,称为"负债""欠负";三是以某项财产抵押借贷的,称为"指质";四是成立借贷契约的同时提交抵押品的,称为"收质""质举"

---

[1]《旧唐书·宪宗本纪》。
[2]《唐会要·逃户》。

"典质"等。[1]

唐时提供财产作抵押的借贷有两种形式:一是债务人提供的抵押品一般为动产,在契约成立时立即转移抵押品的占有,称"收质"。[2]唐《杂令》:"收质者,非对物主不得辄卖。若计利过本不赎,听告市司对卖,有剩还之。"[3]在债务人无力偿还债务而利过本钱时,债权人即有权处置抵押物品,处置行为要当债务人的面,并由官府设置的市司监督进行(以防损害债务人利益);处置抵押物的费用冲抵债务,如有余额则返还给债务人。这里的抵押财产包括奴婢、资产,但依唐律"诸妄以良人为奴婢,用质债者,各减自相卖罪三等;知情而取者,又减一等。仍计庸以当债直"[4]。即禁止以良民为抵押。二是就债务人的某项财产设定抵押权,成立契约时不立即转移占有,当债务人无法清偿债务时,债权人便取得该项财产的所有权,唐时称之为"指质""指当""倚当""典当"。[5]这种指质的财物一般以不动产为主。民间指质一般要求债务人将不动产的权属证书,如地契、析书(家庭财产分割文书)等交给债权人,债务人至期未能清偿债务则转移占有,归债权人所有。

从法律主体看,唐律规定借(贷)分官方借贷和私人借贷两种。这个时期,私人借贷较为盛行,数额亦较大。一般私人之

---

[1] 参见孔庆明等编著:《中国民法史》,第298页及以下。
[2] 参见张晋藩总主编:《中国法制通史·隋唐》(第4卷),法律出版社1999年版(以下所引此书为同一版本),第517~521页。
[3] [日] 仁井田陞:《唐令拾遗》(栗劲等编译),第789页。
[4] (唐) 长孙无忌等撰:《唐律疏议》(刘俊文点校),第486页。
[5] 参见张晋藩总主编:《中国法制通史·隋唐》(第4卷),第512~517页。

间的借贷，都能按约履行。如《敦煌遗书》斯坦因劫经录4332号记载："壬午年三月卅日，龙兴寺僧愿学，于王法师仓便麦粟八石，到任（辰）年三月，言道愿学汉地身亡。其王法师于他足边征掌此物，其兄与立居（机）緤（紲）一匹，黄僧衣壹对。此物后有人来，其愿学不死，滴（的）实物取者，年年借利，一任自取者。"这份契约实则为以物抵债字据，亦反映出当时契约履行之一斑。唐官吏多以私人身份参与借贷，成为借贷主体，这使借贷关系复杂化。《旧唐书·李晟传》载："甚累官至右龙武大将军，沉湎酒色，恣为豪侈，积债至数千万。其子贷回鹘钱一万余贯不偿，为回鹘所诉，文宗怒，贬甚为定州司法参军。"官吏借债时成风尚，此史载资料未说明债权债务的具体处理方式，透出朝廷对官吏的借贷活动采取了放任态度。唐代官府亦积极参与钱粮借贷，或以公廨本钱放债。史载："大唐开元十八年（公元730年），御史大夫李朝隐奏，请籍百姓一年税钱充本，依旧令高户及典正等捉，随日收利，将供官人料钱。"[1]又"［元和］十一年（公元816年）八月敕：京城百司诸军诸使，及诸道应差所由，并召人捉本钱。右御史中丞崔从奏，前件捉钱人等，比缘皆以私钱添杂官本，所防耗折，裨补官利。近日访闻商贩富人，投身要司，依托官本，广求私利，可征索者，自充家产，或逋欠者，证是官钱。非理逼迫，为弊非一，今请许捉钱户添放私本，不得过官本钱。勘责有剩，并请从官。从之。"[2]由此可见，官放债、官私合伙、借官私放已成惯例。对于公私借

---

［1］《通典·杂税》。
［2］《唐会要·诸司诸色本钱下》。

贷，唐律规定，非出举之债，官始受理其诉，出举则任依私契，官不为理。采取的是不干预原则。

唐律对借贷利率、收利限额等都作了相关规定。在借贷利率方面明确要求："诸公私财物出举者，任依私契，官不为理。每月取利，不得过六分。积日虽多，不得过一倍。若官物及公廨，本利停讫。每计过五十日，不送尽者，余本生利如初，不得更过一倍，……若违法积利、契外掣夺及非出息之债者，官为理。"[1]这条法令规定利率为月利，严禁复利计息。另"诸以粟麦出举，还为粟麦者，任依私契，官不为理。仍以一年为断，不得因旧本更令生利，又不得回利为本"[2]。同样禁止计复利和转利钱为本钱，借贷期限定为一年。还有"诸出举两情和同，私契取利过正条者，任人纠告，本及利物，并入纠人"[3]。即超过法定利率计息要受到处罚。据《宋刑统·杂律》"受寄财物辄费用"门引唐《杂令》，唐文宗开成二年（公元837年）八月二日敕节文："今后应有举放又将产业等上契取钱，并勒依官法，不得五分以上生利。如未辩计会，其利止于一倍，不得虚立倍契，及计会未足，抑令翻契，回利为本。如有违越，一任取钱人经府县陈论，追勘得实，其放钱人请决脊杖二十，枷项令众一月日，如属诸军、诸使，亦准百姓例科处"。所谓"计会"就是借期届满偿付结算，"未足"即本利没有全部偿还，可以另立新契，回利为本。此法令允许债务人陈告于官府，不难看出官方藉此保护债务人、抑制私营高利

---

[1] [日] 仁井田陞：《唐令拾遗》（栗劲等编译），第789页。
[2] [日] 仁井田陞：《唐令拾遗》（栗劲等编译），第790页。
[3] [日] 仁井田陞：《唐令拾遗》（栗劲等编译），第791页。

贷的立法意图，但实际上民间高利贷的利息远高于法定限额。如吐鲁番出土的唐乾封元年（公元666年）高昌郑海石举银钱契：[1]

> 乾封元年四月廿六日，崇化乡郑海石于左憧憙边举取银钱拾文，月别生利壹文半。到左须钱之日，嗦（索）即须还。若郑延引不还左钱，任左牵掣郑家资杂物、口分田园，用充钱子本直取。所掣之物，壹不生庸；公私债负停征，此物不在停限。若郑身东西不在，一仰妻儿及收后保人替偿。官有政法，人从私契。两和立契，画指为信。
>
> 　　　钱　　主　　左
> 　　　举　钱　　郑海石
> 　　　保　　人　　宁大乡张海欢
> 　　　保　　人　　崇化乡张欢相
> 　　　知见人　　张观德

这件契书约定的月利息为壹文半，高于官方规定的最高利息将近三倍，而且债务担保十分周密、严苛，体现债权人在民间契约关系中对债务人的不合理优势。这样的约定在敦煌吐鲁番文书中甚是普遍，透现出此类法律规定与民间习惯的差距。

值得注意的是，大唐律令特别强调保护官营高利贷债权人的利益，法律在规定了累计利息"不得过一倍"[2]后又有："若官物及公廨，本利停讫，每计过五十日不送尽者，余本生利如初，

---

[1] 转引自张传玺主编：《中国历代契约会编考释》（上册），第340~341页。
[2] ［日］仁井田陞：《唐令拾遗》（栗劲等编译），第789页。

不得更过一倍。"[1]官营高利贷债务人在累计利息与本相抵后,如五十日内不清偿,余本仍可计息,计息可达一倍。官府置钱放贷,"人捉五十贯以下,四十贯以上,……每月纳利四千,一岁凡输五万。"[2]官本放贷,月利、年利之高已到了令人咋舌的程度。

  唐律亦注重维护一般出借人的合法权益,要求借用人依约履行偿还钱物与利息的义务。唐律对债务人不清偿债务的规定是,若债务人有家财,可扣押其财产,律称"牵掣"。《唐律疏议·杂律》"负债强牵财物"条规定:"诸负债不告官司,而强牵财物过本契者,坐赃论"。本条疏议曰:"谓公私债负,违契不偿,应牵掣者,皆告官司听断。若不告官司而强牵掣财物,若奴婢、畜产,过本契者,坐赃论。"此条律文允许"牵掣",但须先告官司并不得超过"本契",否则受罚,可见"牵掣"是当时法律许可的一种债务清偿方式。在出土的唐代借贷契约文书中亦常见有"听掣家资财物,平为钱直"的惯语。[3]若债务人无家财,依唐《杂令》"诸公私以财物出举者……家资尽者,役身折酬"[4],即债务人以劳役抵偿债务。再有,唐《杂令》规定:"如负债者逃,保人代偿"[5],当时民间各种借贷契约一般都有保人附署,而且保人常为债务人的亲属。在出土的唐代借贷契约文书中几乎都有"如身东西不在,一仰妻儿及收后者偿"的惯

---

[1] [日] 仁井田陞:《唐令拾遗》(栗劲等编译),第789页。
[2] 《唐会要·内外官料钱上》。
[3] 国家文物局古文献研究室等:《吐鲁番出土文书》(第6册),第404、412、422页。
[4] [日] 仁井田陞:《唐令拾遗》(栗劲等编译),第789页。
[5] [日] 仁井田陞:《唐令拾遗》(栗劲等编译),第789页。

语,"父债子还"已成为民间惯例。[1]

朝廷为谋求长远利益,强调国家处理债务纠纷的权力,禁止出借人侵夺借用人的非法行为,前述唐令规定即是强调官府的控制。值得注意的是,民事借贷的繁多和债务纠纷的层出不穷,引起债权诉讼的时效问题,官府于是定制。据《宋刑统·杂律》"受寄财物辄费用"门引唐长庆四年(公元824年)制文曰:"契不分

---

[1] 参见张传玺主编:《中国历代契约会编考释》(上册),"唐代借贷契约"部分。这里兹引两例,以实脚注。"唐总章三年(公元670年)高昌白怀洛举钱契"(同前书,第344~345页):

> 总章三年三月廿一日,顺义乡白怀洛于崇化乡左憧熹边举银钱拾文,月别生利壹文。到月满日,白即须送利。左须钱之日,白即须子本酬还。若延引不还,听牵取白家财及口分,平为钱直。仍将口分、蒲桃(葡萄)用作钱质。身东西不在,一仰妻儿酬还钱直。两和立契,获指为验。
>
> 钱　主　左
> 取钱人　白怀洛
> 保　人　严士洛
> 知见人　张轨端
> 知见人　索文达

"唐总章三年(公元670年)高昌张善熹举钱契"(同上书,第342~343页):

> 总章三年三月十三日,武城乡张善熹于左憧熹边举钱肆拾文,每月生利钱肆文。若左须钱之日,张即子本具还。前却不还,任掣家资,平为钱直。身东西不在,仰收后代还。两和立契,获指为记。(押)
>
> 钱　主
> 贷钱人　张善熹
> 保人男　君洛
> 保人女　如资
> 知见人　高隆欢
> 知见人　王父师
> 知见人　曹感

明,争端斯起,况年岁寝远,案验无由,莫能辨明,祇取烦弊。百姓所经台府州县论理远年债负事,在三十年以前,而主保经逃亡无证据,空有契书者,一切不须为理。"明确规定债务纠纷的诉讼时效为30年,30年后官府不受理(即债权人无诉权)。宝历元年(公元825年)正月七日敕:"应京城内有私债,经十年已上,曾出利过本两倍,本主及原保人死亡,并无家产者,宜令台府勿为征理。"[1]10年以上免征理,但此规定附加诸多条件,如利过本钱两倍或主、保人死亡以及无家产;若有家产则要征理。据《文苑英华》卷四二二记载,此前元和十四年(819年)曾有敕令:"门下……御史台及秘书省等三十二司公廨及诸色本利钱,其主保逃亡者,并正举纳利十倍已上,摊征保人……主保既无,资产亦竭,徒扰公府,无益私家。应在城内有私债,经十年已上,本主及原保人死亡,又无资产可征理者,并宜放免。"这条敕令与前敕令一致,明确规定私人间的债权债务,10年以上,债务人及保人死亡,又无资产可征理的,债权即可消灭。由此不难看出,对于债权时效,唐采取了审慎的态度,一方面在债务人无资产可追偿的情况下不扰官府,另一方面要维护正常的借贷关系,保护债权人的利益。唐代明确设定债务纠纷的诉讼时效,在传统中国民事法史上有着极其重要的意义。

还要注意的一点是,唐代仍保留着以仁义代债权债务关系的儒家传统。如李士谦家富于财,每以振施为务,"有兄弟分财不均,至相阋讼,士谦闻而出财,补其少者,令与多者埒。兄弟愧惧,更相推让,卒为善士。"又,"其后出粟数千石,以贷乡人,值年谷不登,债家无以偿,皆来致谢。士谦曰:'吾家余粟,

---

[1]《唐会要·杂录》。

本图赈赡，岂求利哉！'于是悉召债家，为设酒食，对之燔契，曰：'债了矣，幸勿为念也。'各令罢去，明年大熟，债家争来偿谦，谦拒之，一无所受。"[1]这虽是一则个案，但亦体现仁义对借贷的影响。以仁义施恩消灭正常的债权债务关系，在传统中国被颂为美德，虽契合社会，但契约中的权利义务观念因此受到忽视，民事主体间以权利义务为依据的民法思想也受到遏制，这直接影响了传统中国民事法律（包括契约制度）的发展。

雇佣契约自古有之，唐及五代雇佣关系有广泛的发展。唐代的雇佣关系存在于农耕、手工、商业等各个领域，人力、畜力、车具等都成为雇佣、赁佣的对象。[2]随着雇佣劳动的发展，还出现了劳动力市场，[3]法律对此必得给予一定的关注。《唐律疏议·名例律》"计庸赁为赃"条律疏对"庸"作出的定义是："庸，谓私役使所监临及借车马之属，计庸一日为绢三尺。"可见唐律将人力、畜力的租借使用称之为"庸"。唐代"凡丁，岁役二旬，若不役，则收其庸，每日三尺（绢）"[4]，说明唐时已普遍以"庸"指作代役、雇佣的价值。另据《唐律疏议·职制》："诸监临之官，私役使所监临，及借奴婢、牛马、驼、骡、驴、车船、碾硙、邸店之类，各计庸、赁，以受所监临财物论。"本条疏议曰："人、畜、车计庸，船以下准赁"[5]，说明普通的

---

[1]《隋书·李士谦传》。
[2] 这可从张传玺主编的《中国历代契约会编考释》（上册）的"唐代雇佣契约文书"部分中得到概观的认识。
[3] 参见傅筑夫：《中国封建社会经济史》（第4卷），人民出版社1986年版，第120~128页。
[4]《旧唐书·食货志》。
[5]（唐）长孙无忌等撰：《唐律疏议》（刘俊文点校），第224页。

人力都在雇佣之列。有关官府雇佣关系的规定,《唐律疏议·职制》规定:"营公廨借使者,计庸、赁,坐赃论减二等。即因市易剩利及悬欠者,亦如之。"本条疏议曰:"借使所监临奴婢、牛马、车船、碾硙、邸店之类,为营公廨使者,各计庸、赁,坐赃论减二等。即为公廨市易剩利及悬欠其价不还者,亦计所剩及悬欠,坐赃论减二等,故云'亦如之'。"[1]唐代准许公廨经商营利,官府行商获利雇佣奴婢、牛马、车船等,要付其价。违者,计价依犯赃罪减二等处罚。对民间雇佣关系的规范,唐大中九年(公元855年)闰四月二十三日敕:"如有贫穷不能存济者,欲以男女雇赁与人,贵分口食,任于行止,当年立年限为约,不得将出外界。"[2]雇佣带有自愿契约的性质,但受到地域限制。[3]

---

[1] (唐)长孙无忌等撰:《唐律疏议》(刘俊文点校),第226页。
[2] 《唐会要·奴婢》。
[3] 一般史料和契约文书都能反映这一点。《太平广记》卷八四《奂乐山》引《集异记》载有自愿约定的一则计件工资事例:"上都通化门长店,多是车工之所居也。广备其材,募人集车,轮、辕、辐、毂,皆有定价。每治片辋,通凿三窍,悬钱百文,虽敏手健力器用利锐者,日止,二而已。有奂乐山者,携持斧凿,诣门自售,视操度绳墨颇精,徐谓主人,幸分别辋材,某当并力。主人讶其贪功,笑指一室曰:此有六百片,其任意施为。乐山曰:或欲通宵,请具灯烛。主人谓其连夜,当倍常功,固不能多办矣,所请皆依。乐山乃闭并屏人,丁丁不辍,及晓,启主人曰:并已矣,愿受六十缗而去也。主人……即付其钱,乐山谢辞而去。"唐显庆三年(公元658年)交河范欢进雇白憘欢上峰契[转引自张传玺主编:《中国历代契约会编考释》(上册),第424页]亦是一例:

> 显庆三年十一月二日,交河府卫士范欢进交用银钱柒文,雇前庭府卫士白憘欢,用[上][峰壹次]拾五日。若有逃留、官罪,一[仰白自当承了],范悉不知。若更有别使白,计日还钱……两主和可立契,获(画)指为信。 钱 主 范欢进
> [后缺]

雇佣关系的发展推动着雇佣契约的完善。雇佣多订立契约，官府对"庸力买卖"除正律规定外还有"常式"，使雇佣契约关系走向一定的程式化。唐代民间称雇佣契约为"雇"，契约中的权利义务设定十分明确具体，举唐五代时一份雇佣契约样文为例：[1]

> 龙德肆年［按：后梁龙德三年十月为后唐所灭，边陲地远仍沿用龙德年号，实为后唐同光二年（公元924年）］甲申岁二月一日，敦煌郡乡百姓张厶甲，为家内阙少人力，遂雇同乡百姓阴厶甲，断作雇价，从二月至九月末造作，逐月壹驮。见分付多少已讫，更残，到秋物出之时收领，春衣一对，长袖并裈皮鞋一量（两），余外欠阙，仰自排枇。入作之后，比至月满，便须兢心，勿二意，时向不离城内，城外一般获时造作，不得抛涤工夫。忽忙时，不就田畔蹭蹬闲行，左南直北。抛工一日，克物贰豆斗。应有□身使用农具，兼及畜乘，非理失脱损伤者，陪（赔）在厶甲身上。忽若偷盗他人麦粟牛羊鞍马逃走，一仰厶甲亲眷［支］当。或若浇溉之时，不慎睡卧，水落在［他］处，官中书罚，仰自祗（支）当。亦不得侵损他［人］田苗针草，须守本分。大例，贼打输身却者，无亲表论说之分。两共对面平章为定，准法不许翻悔；如先悔者，罚上羊壹口，充入不悔人。恐人无［信］，故立明文，用为后验。（押）
> 　　　　　　　　　　　见人甲厶　　雇身厶甲
> 　　　　　　　　　　　见人甲厶　　□丞人厶甲

---

[1] 转引自张传玺主编：《中国历代契约会编考释》（上册），第440~441页。

样文是一种范本,提供标准的协议格式。由此样本看,雇佣契约的主要内容实是双方权利义务的约定。依上述样文约定,突出了受雇人的义务,保护的是雇主的利益。这是唐代乃至整个古代契约关系的特征。

易地贸易的活跃推动了唐代委托保管寄存行业的兴起,寄存契约由之形成。当时专营寄存业务的行业称"邸舍",又称"邸店"。"邸店者,居物之处为邸,沽卖之所为店"。[1]商人经营寄存业务的同时经营批发沽卖,邸店与碾硙同为重要的不动产。唐时有"寄附铺"受寄他人财物,有"柜坊"专为保管钱币。寄存形成债的关系要求法律调整和保护,唐律对寄存契约有明文规定,以明确双方的权利义务。《唐律疏议·杂律》"受寄财物辄费用"条规定:"诸受寄财物而辄费用者,坐赃论减一等;诈言死失者,以诈欺取财物论减一等。"本条疏议曰:"坐赃论减一等……谓一尺笞五十,一匹加一等,五匹杖一百,五匹加一等。"律疏又设问答曰:受寄财物如"以理死者,不合备偿;非理死者,准'厩牧令',合偿减价,若监临主司受寄,诈言死、失者,以'诈欺取财物'减一等科之。"明确寄存人与受寄人之间形成的债权债务关系,无故使所寄财物灭失或私自费用,依法必须赔偿;寄存物在不可抗拒的事故中灭失,受寄人则不负赔偿责任,如强盗所为;若寄存牲畜,合理死亡,不负赔偿责任,不合理死亡,按损减价值赔偿。

货币寄存即"柜枋锁钱"。据《太平广记》卷三〇〇记载:三巳者入京卖绢,"有白马丈夫来买,直还二万,不复踌著。其

---

[1] (唐)长孙无忌等撰:《唐律疏议》(刘俊文点校),第107页。

钱先已锁在西市。"此即当时货主把钱存放于柜坊（西市）里。晚唐出现的柜坊专门设柜保存货币，柜坊主只负"柜"的责任，钱主存款要按柜交纳费用。钱主存贮后，柜坊主开具贴子为凭，形成简单的寄存关系，类似于现今货物寄存。寄存者对存放物件从总体上负保管责任，对包裹内部的财物数量、品类不负责任。依唐律，寄存物孳息原则上归原主。《唐律疏议·名例》"以赃入罪"条规定："正赃见在者，还官、主。"本条律注曰："转易得他物，及生产蕃息，皆为见在。"本条疏议又解释说："生产蕃息者，谓婢生子、马生驹之类。"凡知情得赃，"蕃息物并还前主"，因之正赃包括原物及孳息都应归还原主。但亦有例外，同条疏议曰："若是兴生、出举而得利润，皆用后人之功，本无财主之力，既非孳生之物，不同蕃息之限，所得利物，合入后人。"[1]意即受寄财物人如以财物出举、贸易后所生利润不为"正赃"，则不必归还，以利于邸店经营；而婢生子，正是自然孳息（生产蕃息），"依律随母还主"，符合法理。

八、侵权与损害赔偿之债及无因管理之债

中国传统法律无侵权的概念。传统观念中的"权利"一词常被置于与"仁义"相对的位置而用于贬义。如汉代桓宽《盐铁论·杂论篇》中云："或尚仁义，或务权利"。但大唐律令中亦存有和现代民法侵权意义相近似的解释，如《唐律疏议》有："侵损于人者，以凡人首从论。"本条疏议曰："侵，谓盗窃财

---

[1]（唐）长孙无忌等撰：《唐律疏议》（刘俊文点校），第89页。

物。损,谓斗殴杀伤之类。"[1]此中"侵"含有侵犯财产之意,"损"即伤害人身。侵损与侵权在概念上有相近之处,即都是故意侵害他人财产或人身权益的行为。

唐律承袭传统法律精神,对于侵损赔偿采取严格限制的原则。同时,以刑罚代替许多的损害赔偿,应该说这是唐代法律的一大特点。但随着经济和社会关系的发展,财产关系愈趋复杂,使得因侵权行为而赔偿的民事制裁趋于制度化。唐律中对于过误侵权行为"备而不坐",即只赔偿不受刑罚,则完全属于民事制裁,表明民事侵权行为的赔偿制度已基本形成,为后代损害赔偿律令之宗。通过对唐律所涉侵权及损害赔偿律文的分析,可以发现以下这样一些特点:

首先是有关侵损人身的行为,唐律一般视为犯罪,不作为民事行为对待,处以刑罚并科以财产刑作为损害赔偿。《唐律疏议·杂律》"无故于城内街巷走车马"条规定:"若有公私要速而走者,不坐;以故杀伤人者,以过失论。其因惊骇,不可禁止,而杀伤人者,减故失二等。"本条疏议曰:"虽有公私要急而走车马,因有杀伤人者,并依过失收赎之法,其因惊骇,力不能制,而杀伤人者,减过失二等,听赎,其铜各入被伤杀家。"一般过失杀伤人收赎之铜归官,特殊情况下(因公私要速而走)赎铜作为损害赔偿。另在闹市人中惊动扰乱而误惊杀伤人者,从过失法。同条律疏解释说:"从过失法收赎,铜入被伤杀之家"。大唐律令对伤损与诬告给予特殊规定,颇有现代民法意义上的损害赔偿之意。唐开元二十五年(公元737年)令:"诸伤损于人

---

[1] (唐)长孙无忌等撰:《唐律疏议》(刘俊文点校),第116页。

及诬告得罪,其人应合赎者,铜入被告及伤损之家。……"[1]

其次是以有无主观过错作为判断行为人侵害公私财物是处以刑罚或承担民事赔偿责任的标准。《唐律疏议·厩库》"故杀官私马牛"条规定:"诸故杀官私马牛者,徒一年半。赃重及杀余畜产,若伤者,计减价,准盗论,各偿所减价,价不减者,笞三十。"本条疏议曰:"自马牛及余畜,各计所减价,准盗论。'减价'谓畜产直绢十匹,杀讫,唯直绢两匹,即减八匹价;或伤止直九匹,是减一匹价。杀减八匹偿八匹,伤减一匹偿一匹之类,其罪各准盗八匹及一匹而断。'价不减者',谓元直绢十匹,虽有杀伤,评价不减,仍直十匹,止得笞三十罪,无所赔偿。"故意杀伤官私马牛和其他牲畜,除按盗罪处以刑罚外,还要按损伤价值进行赔偿。然"其误杀伤者,不坐,但偿其减价"。同条疏议解释说:"'误杀伤者',谓目所不见,心所不意,或非系放畜产之所而误伤杀,或欲杀猛兽而杀伤畜产者,不坐,但偿其减价。"过失杀伤官私马牛牲畜不受刑事处罚,只负民事赔偿责任。唐律还有规定:"诸弃毁官私器物及毁伐树木、稼穑者,准盗论。即亡失及误毁官物者,各减三等。"本条疏议曰:"……若误毁、失私物,依下条例,偿而不坐。"[2]由上足见唐律对损害赔偿极其重视"故意"与"过失"主观过错责任的特点。

还有一个特点是唐律将损害赔偿的范围严格限制于直接损失。《唐律疏议·杂律》"坐赃致罪"条注曰:"谓非监临主司,而因事受财者。"本条疏议对"因事受财"举例解释说:"假如

---

[1] [日]仁井田陞:《唐令拾遗》(栗劲等编译),第726页。
[2] (唐)长孙无忌等撰:《唐律疏议》(刘俊文点校),第517页。

被人侵损，备偿之外，因而受财之类，两和取与，于法并违"，即非主管官员受人侵损后接受私人赔偿超过官府认定的损失原价，就被认定犯有"坐赃"之罪。《唐律疏议·名例》"以赃入罪"条规定："诸以赃入罪，正赃见在者，还官、主。"本条注曰："转易得他物，及生产蕃息，皆为见在"。本条疏议又曰："在律，'正赃'唯有六色：强盗、窃盗、枉法、不枉法、受所监临及坐赃。自外诸条，皆约此六赃为罪。但以此赃而入罪者，正赃见在未费用者，官物还官，私物还主。转易得他物者，谓本赃是驴，回易得马之类。及生产蕃息者，谓婢产子，马生驹之类。"可见，凡盗、贪所得又见在的赃物及交易得他物，外加蕃息之物，均要归还原主，其余不在赔偿之限。前述唐律对于畜产杀伤减价计算的具体规定，也表明唐律明确严格限定损害赔偿的计量，并限制于直接损失。

唐律对无因管理亦有涉及。善意代他人抚养幼儿、饲养牲畜，有所花费，受益人必须补偿。唐律对这种无因管理的债在疏议解释中以举例方式作了一个原则性的规定："（收养三岁以下小儿）如是父母遗失，于后来识认，合还本生；失儿之家，量酬乳哺之直。"即酌量付给收养者一定的抚育费。[1]

---

[1]（唐）长孙无忌等撰：《唐律疏议》（刘俊文点校），第237页。

唐代对外贸易的法律调整[*]

在古代世界，交通是帝国的生命线。自秦始皇以来，中国历代有作为的君皇都努力经营以京师为中心的交通网络，帝国的政治控制、国防战略和经济文化的交流莫不赖此以存。到唐代时，四通八达的交通路线使中国成为整个东亚乃至世界的中心，文化经济贸易盛极一时，贡使商贾交织于途，其最著名的七道路线为："唐置羁縻诸州，皆傍塞外，或寓名于夷落。而四夷之与中国通者甚众，若将臣之所征讨，敕使之所慰赐，宜有以记其所从出。天宝中，玄宗问诸蕃国远近，鸿胪卿王忠嗣以《西域图》对，才十数国。其后贞元宰相贾耽考方域道里之数最详，从边州入四夷，通译于鸿胪者，莫不毕纪。其入四夷之路，与关戍走集最要者七：一曰营州入安东道；二曰登州海行入高丽渤海道；三曰夏州塞外通大同云中道；四曰中受降城入回鹘道；五曰安西入西域道；六曰安南通天竺道；七曰广州通夷道。其山川聚落，封略远近，皆概举其目。"[1]此七道有两条海路和五条陆路。海道向东到高丽再转日本，向南到东南亚诸地，再转至东非沿岸和印度洋沿边地区。陆道五条分别从东、北、西北、西、西南方向，

---

[*] 本文原以"唐代对外贸易的法律调整述论"为题发表于《江海学刊》1996年第1期，有修改。

[1]《新唐书·地理志》。

通于周边诸少数民族和西域诸国,并可继续西行和南行转达印度和西方。如此发达的交通,为唐代对外贸易的开展提供了前所未有的地利条件。

唐帝国对陆地和海上两方面的贸易都极为重视,尤留意与周边诸少数民族的互市,通过这种边境贸易,可以获得内地缺乏的马匹。马是极为重要的军用物资,在铁甲出现以前,马是陆上最具杀伤力的神速武器,游牧民族的横行即赖于马。中国长期以来,由于农业的畸形发展,一直倾全力于粮食种植,畜牧业被排斥在若有若无的位置,马匹特别是优良品种的马匹甚为缺少,因此,历代王朝都注意发展同周边少数民族的互市,以丝绸、茶叶等中国特产换取马匹。这种贸易实质上含有国防军事性,所以,唐代负责与周边少数民族贸易的专职机构——互市监,主要的职责便是马的交易。《唐六典·诸互市监》略云:"诸互市监,监各一人。汉魏已降,缘边郡国皆有互市,与夷狄交易,致其物产也,并郡县主之,而不别置官吏。至隋,诸缘边州置交市监。……(唐)皇胡因置之,各隶所管州府。……光宅中(公元684年),改为通市监,后复旧,为互市监。诸互市监各掌诸蕃交易之事,丞为之贰。凡互市所得马、驴、牛等,各别其色,具齿岁肤第以言于所隶州府,州府为申闻太仆,差官吏相与受领印记,上马送京师,余量其众寡,并遣使送之,任其在路放牧焉。……其营州管内蕃马出货,选其少壮者,官为市之。"自然,作为全面管理边贸的互市监并不专职于马贸一项,事实上,还监管除马以外还有其他的牲畜和物品,诸如驴、牛、羊等,只是马的重要性太大,故而在制度中细加规定。

将贸易纳入制度,予以法律调整与管理,在唐代,并不限于马或少数紧缺物资,而是涉及整个的边贸体制及其运作,可以说,在边境贸易的法律化方面,唐代是远越前朝的。边境贸易与国内贸易有一定的区别,首先度关贸易者需先申请获得过所(过关的通行证),所谓:"诸度关者,先经本部本司请过所。在京则省给之,在外则州给之。虽非所部,有来文者,所在给之。"〔1〕这条令文主要针对官府的官职过关,但对出关贸易的商人也适用。违令要受到唐律的处罚:"诸私度关者,徒一年。越度者,加一等;[不由门为越]已至越所而未度者,减五等。……"〔2〕边境贸易的另一个特别之处是,交易物有限制,但它所限制的只能是国内商人的货物,至于对方,因在法律上不受中国管辖,故难规定。《唐律疏议·卫禁》"赍禁物私度关"条规定:"诸赍禁物私度关者,坐赃论;赃轻者,从私造、私有法。若私家之物,禁约不合度关而私度者,减三等。"本条疏议曰:"禁物者,谓禁兵器及诸禁物,并私家不应有者,私将度关,各计赃数,以'坐赃'科罪:十匹徒一年,十匹加一等,罪止徒三年。准赃轻者,从私造、私有法。《唐律疏议·擅兴律》:'私有甲一领,弩三张,流二千里。稍一张,徒一年半。私造者,各加一等'。假令私将稍度关,平赃值绢三十匹,即从坐赃,科徒二年,不计稍为罪。将甲一领度关,从私有法,流三千里,即不计赃而断。依《关市令》:'锦、绫、罗、縠、䌷、绵、绢、丝、布、犛牛尾、真珠、金、银、铁,并不得度西边、北边诸关及至缘边诸州兴

---

〔1〕 [日]仁井田陞:《唐令拾遗》,栗劲等编译,长春出版社1989年版,第641页。
〔2〕 (唐)长孙无忌等撰:《唐律疏议》,刘俊文点校,中华书局1983年版(以下所引此书为同一版本),第172~173页。

易。'从锦、绫以下，并是私家应有。若将度西边、北边诸关，计赃减坐赃罪三等。其私家不应有者，虽未度关，亦没官。私家应有之物，禁约不合度关，已下过所，关司捉获者，其物没官；若已度关及越度被人纠获，三分其物，二分赏捉人，一分入官。"这条律文及其疏议的规定有其特殊的背景。隋唐时期，中国的西边和西北边崛起了几个强大的游牧部族，唐代前期尽管国力空前强盛，但同时面对几个极具攻击力和掠夺性的强悍部族，国防安全不得不严肃对待，像突厥、吐蕃、吐谷浑、回纥、党项诸族，因是游牧经济，故而十分羡慕和需求唐王朝的丝绸用品和具有珍藏及军事意义的贵金属物品。唐代通过对这些物品的限制，一则可以遏制他们的经济实力和战斗力，二则可以维持并强化他们对帝国的依赖，确保帝国的远大利益。因此，携带禁兵器、禁物和私家不应有及私家应有而禁约不合度关之物私自出西边、北边诸关者，处罚均在徒、流以上，这在"得古今之平"[1]的唐律中应是刑用重典了。

在唐律，非法出入国境有两种情况：一种是上述律文中的"私度"，凡未获官方许可而企图度关者，均为私度；另一种称之为"越度"，从《疏议》的解释来看，凡非公使而擅自越关者，谓之越度。越度者携带禁物与外蕃相互交易的行为，唐律亦有专门的规定，甚至涉及婚姻、普通言语交流等。《唐律疏议·卫禁》"越度缘边关塞"条律文云："诸越度缘边关塞者，徒二年。共化外人私相交易，若取与者，一尺徒二年半，二匹加一等，十五匹加役流；私与禁兵器者，绞；共为婚姻者，流二千

---

[1] （唐）长孙无忌等撰：《唐律疏议》（刘俊文点校），第677页。

里。未入、未成者，各减三等。即因使私有交易者，准盗论。"本条疏议曰："缘边关塞，以隔华、夷。其有越度此关塞者，得徒二年。以马越度，准上条'减人二等'，合徒一年。余畜又减二等，杖九十。但以缘边关塞，越罪故重。若从关门私度人、畜，各与余关罪同。若共化外蕃人私相交易，谓市买博易，或取蕃人之物及将物与蕃人，计赃一尺徒二年半，三匹加一等，十五匹加役流。越度缘边关塞，将禁兵器私与化外人者，绞。共为婚姻者，流二千里。其化外人越度入境，与化内交易，得罪并与化内人越度、交易同，仍奏听敕。出入国境，非公使者不合，故但云'越度'，不言私度。若私度交易，得罪皆同。未入者，谓禁兵器未入，减死三等，得徒二年半。未成者，谓婚姻未成，减流三等，得徒二年。因使者，谓因公使入蕃，蕃人因使入国。私有交易者，谓市买博易，各计赃，准盗论，罪止流三千里。若私与禁兵器及为婚姻，律无别文，得罪并同'越度''私与禁兵器''共为婚姻'之罪。又，准别格：'诸蕃人所娶得汉妇女为妻妾，并不得将还蕃内。'又准主客式：'蕃客入朝，于在路不得与客交杂，亦不得令客与人言语。州、县官人若无事，也不得与客相见。'即是国内官人、百姓，不得与客交关。……"与前条律文相比，这条律文及其疏议有几处值得特别说明：一是越度所禁的边关从西北和北边扩及到了缘边关塞，东西南北各个方位的边关均受此律文约束；二是禁止越度的人从主要为国内的商人扩及华、夷双方的各种人；三是禁止越度的内容从单纯的货物扩及到了婚姻、言语交流、拜访；四是处罚加重。这说明越度是一种比私度更为严重的违律行为，原因大概在于纯粹以商贸为意图的私度的危害性尚不及越度。这也反映出传统中国边关贸易的一个基本特点：贸易的重要性并不在于它本身的经济性质，而在于它为王朝政治和军事目的所提供的服务。

在陆上的边关贸易以外，唐代还积极开展海上的对外贸易。由于古代对外贸易大都采取以货易货的方式，所以海上的交易称为"市舶"，即海上互市船舶（船上之货物）的意思。中国自唐代设立市舶使管理海外贸易后，海外贸易通称为"市舶"。海上贸易至迟在汉代即已出现，当时的番禺（今广州附近）成了海商货物的集散地，但这种零散贸易还没有发展为国家法律正式调整的对象。从唐代起，海上贸易逐渐发展成为经常性的大宗买卖，从社会秩序和商贸利益两方面考虑，唐王朝不得不应势顺时地设置"市舶使"一官，用以专门管理这种贸易及其所引起的相关问题。一般认为，唐代的市舶使一官设于开元二年（公元714年）。[1]不过，唐代将市舶纳入国家的管理范围，在此之前即已实行。顾炎武在《天下郡国利病书》卷一二〇中写道："贞观十七年（公元643年），诏三路市舶：番商贩到龙脑、沉香、丁香、白蔻四色，并抽解一分。"有人据此提出，唐市舶使设于唐初贞观年间。[2]但由于顾氏之说未注明出处，所以，是否唐初即设市舶使还不能肯定，但开元之前，官方对海外贸易已有管理（如地方官兼管）恐怕是不成问题的。

---

[1] 《旧唐书·玄宗纪》载："[开元二年（公元714年）十二月乙丑]时右威中郎将周庆立安南市舶使，与波斯僧广造奇器，将以进内。监选使、殿中侍御史柳泽上书谏，上嘉纳之。"日本学者经过考证，亦将设使之年定为开元二年。（参见［日］桑原骘藏：《蒲寿庚考》，陈裕菁译，中华书局1954年版，第8页。）

[2] 傅筑夫：《中国封建社会经济史》（第4卷），人民出版社1986年版（以下所引此书为同一版本），第452页。

当时来唐贸易的番商主要是从东、南两条海道来的,交易较频繁的国家和地区有日本、新罗、南海诸岛国、印度、斯里兰卡、大食(阿拉伯)、波斯等,其中最主要的还是经南海来的蕃商,史载:"南海舶,外国船也。每岁至安南、广州。师子国舶最大,梯而上下数丈,皆积宝货,至则本道奏报,郡邑为之喧阗。有蕃长为主领,市舶使籍其名物,纳舶脚,禁珍异。"[1]这则史料向我们透露了有关市舶的许多信息。由之可知,经南海航行而来的海外商人,大都是一年一度,所谓"每岁至",这与当时的造船业和航海技术,特别是与海洋季风有密切关系。南海及西亚各国来华贸易的商人当时被称为"蕃商",含有轻蔑之意,这是中华文化优越论的体现。[2]这些蕃商首先到达安南(现越南地区,当时为唐代管辖)和广州,然后再由此分散于岭南之交州、江南之扬州、福建之泉州,有时还扩散到福州、明州、温州、松江等,这些地方由于蕃商的到来,都成了兴盛不一的重要通商口岸。蕃商的到来是一件大事,所以不能轻易上岸,随便交易,每至各道,必须奏报,这些事宜由蕃长为领。蕃长是主管各国商人到港后一切行为的首领,其作用类于今日之领事。唐代市舶使通过蕃长对蕃商的货物逐一检查登记,所谓"籍其名物",然后依据法令抽税没收律不所允的异物。

　　唐朝法定的市舶税有三种:一是"舶脚",是为船舶入口税;二是"抽分",即市舶使征收的货物税,因上供朝廷,故又

---

[1] (唐)李肇:《唐国史补》(卷下),中华书局1991年版。
[2] 在古代汉语和法律中,蕃与夷相通而与华或化相对,意指没有受到中华礼教文化沐浴而未开化的人,通指外国人。唐律将他们称为化外人,有专门的法律规定。[参见(唐)长孙无忌等撰:《唐律疏议》(刘俊文点校),第133页。]

称"进奉";三是"收市",即蕃货上岸后与中国商人贸易时所收的市税。舶脚和收市的具体税率不详,抽分的税率,依前引顾炎武所记,应为1/10,这个税率在唐以后很长时期内仍被采用。据唐代来广州游历的阿拉伯人苏莱曼所著《苏莱曼东游记》记叙,各种货物的收税达3/10,几占货物价值的1/3,所记不知是否属实。唐代所禁的蕃商异物,无法考查,宋代曾对八种蕃货实行禁榷,可资参考。这八种货物是象牙、犀角、宾铁、鼉皮、珊瑚、玳瑁、玛瑙、乳香。这些宝货只能由官府专卖,仅供朝廷享用。即如对农民的赋税征收一样,苛政并不完全出于制度本身,往往在于制度的执行者。蕃商到达的城市尤其是广州,官吏自古以来以贪墨著称,任官广州被认为是难得的肥缺,是故举家欢庆,亲朋祝贺,如获金穴。古时官场上流行的:"广州刺史但经城门一过,便得三千万",语虽夸张,不无深意。唐代在广州设市舶使,既为管理,更为括财,以宦官为使,其意显然。加上地方官吏的参与,害的蕃商为之嗟怨,蕃货贸易大受损伤。为此唐廷不得不重加节制:"南海蕃舶本以慕化而来,固在接以恩仁,使其感悦,如闻比年来长吏,多务征求,嗟怨之声,达于殊俗。况朕方宝勤俭,岂爱遐琛,深虑远人未安,率税犹重,恩有矜恤,以示绥怀。其岭南、福建及扬州蕃客,宜委节度观察使常加存问,除舶脚、收市、进奉外,任其往来通流,自为交易,不得重加税率。"[1]

　　令文虽然颁布了,但并没有起到相应的作用。不仅在晚唐的文宗时期,即使在中唐亦是如此。究其根源,还是金钱在起作

---

〔1〕《唐大诏令集·太和八年疾愈德音》。

用，何况面对的不是一般的利益。《旧唐书·王锷传》："［德宗朝，王锷］迁广州刺史、御史大夫、岭南节度使。广人与夷人杂处，地征薄而丛求于川市。锷能计居人之业而榷其利，所得与两税相埒。锷以两税钱上供时进及供奉外，余皆自入。西南大海中诸国舶至，则尽没其利，由是锷家财富于公藏。日发十余艇，重以犀、象、珠、贝，称商货而出诸境，周以岁时，循环不绝，凡八年。京师权门多富锷之财。"又如，"［宝历］二年（公元826年），检校兵部尚书、广州刺史、充岭南节度使［胡证］，……广州有海舶之利，货贝狎至。证善蓄积，务华侈，厚自奉养，童奴数百，于京城修行里起第，连亘闾巷。岭表奇货，道途不绝，京邑推为富家。"[1] 如此不合律法和道德的贪赃最后受到制裁的毕竟是少数，绝大部分通过钱权交易、贿赂官宦而享用一世，实际受损的只能是国家的财政收入和蕃商的利益，惜这两者都无法改变中国官场的腐败和黑暗。

尽管有官吏的贪赃，但市舶的利益仍是巨大的。据《韩愈全集》卷二十一·序三《送郑尚书序》中所载："岭之南，其洲七十，……其海外杂国，若耽浮罗、流求、毛人、夷、庑之洲、林邑、扶南、真腊、干陀利之属，东南际天地以万数，或时候风潮朝贡，蛮胡贾人，舶交海中。若岭南帅得其人，则一边尽治。……外国之货日至，珠、香、象犀、玳瑁、奇物，溢于中国，不可胜用。"中唐以后，市舶之利几与两税相埒，在帝国的财政上已占有极为重要的地位。因此，从利益出发（这与边关贸易有很大的区别），唐王朝对蕃商实行法律上的优惠。例如，他

---

[1]《旧唐书·胡证列传》。

们可以在中国通商口岸和内地城镇自由定居、自由营业，不受任何歧视和限制，并且，为了便于管理和适应他们的需要，在城市内划出特殊的居留区即蕃坊。[1]蕃坊内可以"列肆而市"，构成热闹的商业区。[2]其管辖在很大程度上由蕃长依其本国律法和习俗代行，享有很特殊的法律地位。这种地位是从唐初的《唐律疏议·名例》"化外人相犯"条推演而来的，该律文及疏议曰："诸化外人，同类自相犯者，各依本俗法；异类相犯者，以法律论。['化外人'，谓蕃夷之国，别立君长者，各有风俗，制法不同。其有同类自相犯者，须问本国之制，依其俗法断之。异类相犯者，若高丽之与百济相犯之类，皆以国家法律，论定刑名。]"[3]

唐代是一个开放的社会，京师长安的胡人多达数万之众，因此，国家法律对此必须有明确的规定，作为处理各类人（不同国家的外国人、同一国家的外国人、外国人与中国人）之间冲突的司法依据。后人很容易将此规定与近代的治外法权相混淆，其实这两者之间有本质的区别。唐律的规定既尊重了他国的风俗、制法，又坚持了本国的主权，所以，同一国家的外国人之间的纠纷由蕃长依其本国法断之，不同国家的外国人之间以及外国人与中

---

[1] 关于"蕃坊"的情况，唐代文献中缺乏记录，只能由宋人的记载来推知。宋人朱彧在《萍州可谈》卷二中记有："广州蕃坊，海外诸国人聚居，置蕃长一人，管勾蕃坊公事，专切招邀蕃商入贡，用蕃官为之，巾袍履笏如华人。"这种情况不可能从宋代开始，因为唐时的市舶已很发达，故宋时外国商人犹称中国为唐，居留中国为"住唐"。[转引自傅筑夫：《中国封建社会经济史》（第4卷），第453页。]
[2] 参见《全唐文·进岭南王馆市舶使院图表》记载。
[3] （唐）长孙无忌等撰：《唐律疏议》（刘俊文点校），第133页。

国人之间发生的纠纷,一律以唐律论处,而治外法权则是以丧失国家司法主权为特征的。[1]唐律的这条规定为宋代所继承,据朱彧《萍州可谈》卷二记载:"蕃人有罪,诣广州鞫实,送蕃坊行遣。"

除了在居留和行商方面给予优待外,蕃商的财产亦受到保护,即使蕃商死后,其亲属仍可来唐理财,说明他们的遗产也在保护之列。有一则故事记载:"李约尝江行,与一商胡舟楫相次,商胡病,固邀与约相见,以二女托之,皆绝色也。又遗一珠,约悉唯。唯及商胡死,财宝数万,悉籍其数送官而以二女求配。始殓商胡时,约自以夜光含之,人莫知之也,后死胡亲属来理赀财,约请官司发掘验之,夜光在焉,其密行有如此者。"[2]宋代继承并大大发展了唐代的传统,创制了我国历史上第一部专门管理海外贸易的《元丰市舶条例》,其有关来华蕃商的人身和财产保护尤为详细明确,[3]构成中国传统经济法律中一个颇具特色的部分。

---

[1] 治外法权有二义,一是对等的外交豁免权;一是领事裁判权。领事裁判权是指一国在他国境内所行使的管辖权。根据条约规定,缔约一方对处于缔约他方领土内的本国国民适用本国的法律,行使本国司法管辖权,其国民不受所在国法律约束和法院管辖。这是帝国主义从殖民地、半殖民地国家强行攫取的一项不平等的司法特权,是对他国司法主权的侵犯。
[2] 转引自傅筑夫:《中国封建社会经济史》(第4卷),第460页。
[3] 参见张中秋、陈景良:《宋代吸引外商的法律措施叙论》,载《法学研究》1993年第3期。

透视唐代经济民事法律 *

一、原则与方法

到现在为止，主要探讨的是唐代经济民事法律[1]的若干内容，现在我想对此做一个透视。对于唐代经济民事法律，在现代法学范畴内，直面和回答这样的问题让人不免有些犹豫。正像我们一直所做的那样，撰写中国法制通史或断代的著作，一般都不用担心会受到质疑，但分门别类地研讨中国传统的刑事、行政，尤其是经济、民事诸法，就会有令人头痛的中国固有文明与现代科学的对接问题。现代科学起源于西方，法学亦不例外。我们生活的这个时代，这样的科学早已是世界文明的主流。尽管西方文明的普适性、价值观，相对于人类的多样性和复杂性必有限制，而且文化多元亦是人类的事实和理想选择，但现在还是无法想象，撇开这一套话语，我们又如何进行科学探索。这使我们面对一个无法回避和需要克服的难题，这个难题源于西方的现代科学何时是我们研究的前提条件。同样，对于探讨中国传统法律问题的学者来说，还有一个既定的前提，即中国传统法律文化的独特

---

* 原载于《法学》2002 年第 1 期，有修改。
[1] 本文所说的唐代经济民事法律是指唐代的经济与民事法律，为行文方便简称为经济民事法律。

性。我们都知道,中国传统法律和法律学术别具一格,从法律的表现形式、编纂体例到概念术语、精神原则等,都显而易见地异于西方。这意味着借用现代法学的学科体系、概念工具和分析方法,解读中国固有的法律文明是很危险的。但放弃这样的冒险,我们又如何获得所谓的科学认识呢?这是更大的问题。简单又常见的办法是似是而非的混淆,或对他人的努力过于苛求的批评。这不可取。事实上,我们所面临的是现代非西方文明研究中的共同难题。对于这个难题,张光直教授在考察中国古代文明在世界文明中的重要性时曾说了一段很有价值的话,他说:"……上面把中国古代社会的特征做了简单说明,是为了把具有这些特征的中国古代社会放在西方社会科学的一般原则中做一番考察,看看两者是否合辙。如果合辙的话,那么我们可以说中国的材料加强了西方社会科学的这些原则;如果两者不符合,我们就要处理其中的矛盾,也就是根据中国古代社会的资料来改进这些原则,或甚至试求建立一些新的原则。"[1]作为哈佛大学人类学系主任的张光直教授是华人的骄傲,他的通识和成就并非人人都能达到,但他的成功实践为我们树立了榜样,他的见解亦为我们克服面临的困难指明了方向。谨此,我们不仅可以而且亦应该在源于西方的现代法学与中国传统的法律之间进行谨慎、互动的尝试。

自西方法学在清末经由日本传入中国以来,一些优秀的中国学者和域外专家对此已进行过不少可贵的尝试。他们将对中国传统法律的研究从一般的通论和单一的刑事法拓展到了断代和分门别类的专题。这些工作已构成近代以来中国法学史的一部分,是

---

[1] 张光直:《考古学专题六讲》,文物出版社1986年版,第13~14页。

中国移植西方法学并使之中国化的努力。成败得失可以再论，但不能简单说是一种错误的知识体系。[1]置于历史的境地，我们要看到，这些努力有如前述是情势使然，此外，还有其内在的根据。依我自己的经验，在没有相应的谨慎、互动和说明下，言之凿凿地谈论中国传统的刑法、民法、经济法等，确与现代法学的理念和精神相去甚远，结果有可能误解和遮蔽了科学的理解。但同时，法律毕竟是人类社会生活的秩序化反映，毕竟是人类对公正理想追求的体现，即使人类的法律千差万别，其功能和本质自有相通之处。德国比较法学家说："每个社会的法律在实质上都面临同样的问题，但是各种不同的法律制度以极不相同的方法解决这些问题，虽然最终的结果是相同的。"[2]这种功能性原则是全部比较法的基础，不承认这一点，人类法律就无法比较。因此，我们不能以传统中国没有发展出西方式的法律体系，就取消或无视事实上同样存在着的中国人的多样法律生活。如果我们不拘泥于西方法学的范式和理念，不仅限于法律的形式和固定的概念，注意到法律的成长是一个过程，直面法律的功能和目标，就应该承认传统中国有它自己的刑事性法律、经济性法律和民事性法律等。这里，我没有直接使用刑法、经济法和民法这类机械对应但易引起误解的现代法学概念，而是在法律之前附加了相关"性"的定语，既表明我并不赞成简单地用现代法学的分类来直接裁剪和解读中国传统法律，同时又相信，在属性和功能上，中

---

[1] 参见苏力：《"法"的故事》，载《读书》1998年第7期，第30~31页。
[2] [德] K. 茨威格特、H. 克茨：《比较法总论》，潘汉典等译，贵州人民出版社1992年版，第56页。

国传统法律能够与现代法学接通。

二、唐代经济民事法律的特征

藉现代法学理论,从宏观上概括唐代的经济民事法律,有一些共同的特征值得提出。首先,唐代经济民事法律的制度化程度较高,但没有独立的法典化。这是一个很令人疑惑的特征。法律科学告诉我们,人类的法律由习惯而习惯法,由习惯法而成文法,由成文法而法典化,这是法律发展的一般途径。中国是具有成文法和法典化传统的国度,早在春秋战国时期即已开始这一进程,演进到唐代,法典编纂达到了极高的水准,《唐律疏议》成为人类法典编纂史上的杰作。[1]同样,从我们前面的论述中可以看到,唐代经济民事法律的制度化亦达到了较高的程度,就法律渊源论,经济法律的绝大多数规定和民事法律的原则性规定大都集中在唐律和唐令中。律、令是唐代法律体系(律、令、格、式)的主体和代表,国家制度藉此构成。唐代经济民事法律由于律、令化的成文法原因,除物权和债权有所限制外,各项制度都较完善,其制度化程度是中古欧洲所不能比拟的。[2]但与西方不同的是,欧陆法律进入近代后分门别类地诞生了独立的民法和民法典,20世纪又发展出独立的经济法和经济法典。中国传统的经济民事法律,尽管在唐代已有较高的制度化表现,但迄清末亦未能孕育出独立的民法和经济法典。

---

[1] 参见收入本书的《为什么说〈唐律疏议〉是一部优秀的法典》一文。
[2] 罗马法曾达到高度的制度化和法典化,但中古欧洲通行的是教会法、王室法和庄园法。在经济民事法律方面,习惯化色彩很浓厚,制度化程度因此受到限制。

为什么出现这种现象？要回答这个问题，性质上有点类于"李约瑟难题"。[1]历来有论者习惯于从中华法系的法典编纂体例"诸法合体"上去索解，亦有从社会发展和分工程度上理解的。无疑，这些都是线索，但确乎不能令人满意。其实，对这样的历史文化之谜，任何个别的回答都是盲人摸象，唯有大家参与，才是破案的正途。我浅而又显的认识是，法典的编纂体例是现象而不是原因，"诸法合体"曾是人类法律发展中的普遍现象，西方亦不例外。同样，社会发展和分工水平低自然是"诸法合体"的重要原因，但中国的特殊性是：一方面高度制度化，一方面始终不能独立的法典化。这是完全不同于西方的地方。因此，要认识中国的特殊性，不妨先从正面来理解它的特殊性，即传统中国何以形成这种独特的法典编纂。这是我们接近认识问题的前提。以我之见，社会结构的相对封闭和等级性，经济构成上的单一性，政治上的大一统，文化上重政治道德轻经济民事和长综合短分析的思维模式，应是传统中国法典编纂的背景和基础。换言之，这些背景和基础是传统中国法典编纂的既定前提和无形框架，法典的结构不外是这个无形框架的有形化。所以，用"诸法合体"这样简单明了的现代法学词汇，确实很难解读浓缩了诸多传统中国特色的法典编纂结构。进而，我们是否可以明白，唐代经济民事法律的制度化始终是社会框架内的，框架不破，制度化程度再高亦无法溢出框架独立实现法典化。

---

[1] 中国传统文明曾经高度发达，但为什么近代科学不是诞生在中国而是在西方。这是英国科学家李约瑟（Joseph Needham，1900—1995年）终身求解的课题，谓之"李约瑟难题"。他主持编纂的7卷34册《中国科学技术史》（*Science and Civilization in China*）是对这一问题的求解。

与唐代社会的变迁相适应，唐代经济民事法律的另一个共同特征是前后之变化。唐以"安史之乱"为界可分为前期与后期。[1]唐代的基本制度大都形成并完备于前期，有关经济民事的国家基本法唐律和唐令初唐即已完成。《唐律疏议》以唐太宗时期的《贞观律》为底本，完善于唐高宗永徽年间，公元653年即建唐35年后的永徽四年颁行天下。《唐律疏议》是唐代法制的核心，其《名例律》《户婚律》《擅兴律》《杂律》《断狱律》诸篇，均有专涉经济民事的规定。唐令是国家法中正面规定经济民事活动规则的主要法律，从史料和后人辑录的《唐令拾遗》[2]来看，与经济民事直接相关的《户令》《田令》《封爵令》《赋役令》《关市令》《杂令》《狱官令》等，内容大都定型于唐前期的《武德令》《贞观令》和《开元令》。唐代法律体系的"格"和"式"同样完型于前期。有论者统计，唐前期重大立法活动凡16次，律、令、格、式臻于完备。[3]唐代民事法律渊源与经济法律有所不同，经济法律集中在律、令、格、式成文法中，民事法律除成文法外，还有不成文法的礼和习惯等。唐初沿袭隋礼，经贞观到开元年间，唐廷对礼不断增删修改，随着《开元

---

[1] 唐朝（公元618—907年）前后存续289年，历22代。依据社会、政治、经济、法制和文化的发展状况，一般可分为两个时期，大抵以"安史之乱"为界，即武德元年（公元618年）至天宝末年（公元755年）的130余年为前期，其后150余年为后期。同时，在文史界亦有初唐、中（盛）唐、晚唐的说法，一般唐建立政权的最初几十年为初唐时期。
[2] 日本学者仁井田陞在继承前人成就的基础上，经多年努力完成《唐令拾遗》巨作的编纂，该书中译本于1989年由长春出版社出版；1997年池田温又出版了续编《唐令拾遗补》。
[3] 参见张晋藩总主编：《中国法制通史·隋唐》（第4卷），法律出版社1999年版（以下所引此书为同一版本），第142～144页。

礼》的颁布,"由是五礼之文始备,而后世因之,虽小有损益,不能过也。"[1]习惯或者说惯例由于不成文的原因,难以流传下来,因此,虽然我们现在难以判断其在唐前后期的具体情形,但从张传玺教授辑录的《中国历代契约会编考释》[2]一书中的唐代部分看,有多种契约惯例和惯语出现在前唐契约文书中,说明这一时期已适用习惯。

"安史之乱"后,唐代国家法全面发展的势头停止下来。据统计,后期比较重大的立法活动只有7次,律、令、式都没有再修订过,唯一的一次修格,主要是编纂格后敕和刑律统类,亦即对皇帝敕令的分类整理。[3]涉及经济、民事行为的敕令数量众多,是唐后期这两个领域的重要法源。敕令一般是针对具体情况发布的,属于特别法范畴,但由于敕令源于皇权,效力往往优于具有普通法性质的律、令、格、式。这种特别法优于普通法的形情与民事法源中习惯和礼的地位上升一样,都是唐代社会变迁的反映。经"安史之乱"的冲击,唐中央权威衰落,地方割据,均田、赋税、府兵等多项制度崩溃,政令常有不出都门的现象,前期有关经济的均田、赋役、货币等律令成为具文。民事调整亦出现很多空缺,制度的瓦解和商品化又加速了人、财、物的流动,经济、民事活动增加,社会迫切需要相应的规范加以调整。于是,灵活制宜的敕令和习惯成为应对社会、填补空缺的重要法源。还有,作为民事法源的礼的重要性在唐后期迅速上升。比较

---

[1]《新唐书·礼乐志》。
[2] 该书广搜各类契约文书,特别是出土的敦煌吐鲁番文书,具有极高的文献和学术价值,由北京大学出版社1995年分上、下两册出版。
[3] 参见张晋藩总主编:《中国法制通史·隋唐》(第4卷),第144~145页。

唐前后期经济民事法律的变化，概括地说，前期是经济民事成文法制度的全面确立时期，后期是国家成文法制度建设停滞，特别法、礼和习惯的上升时期。

国家与礼教是贯通和支撑唐代经济民事法律构架的两根支柱，虽然两者轻重的分布各有不同。这是笔者在阅读研究唐律中感受最深的一点。唐代经济法律中的各项制度无不体现出国家强有力的干预，不妨这样说，唐前期的均田律令本质上使其经济成为一种国家强制经济。很显然，均田律令竭力确保国家对土地所有权的最后控制；赋役是国家的物质基础和利益所在，赋役法不遗余力地为国家利益服务；[1]官工"食在官府"，商人和商业由严格的城坊法令管制；专卖、货币和对外贸易的法律规定是国家控制经济的典型，表现出国家利益的至上性和国家干预的坚强有力。唐后期，朝廷代表国家通过法律对经济的全面控制虽远不能与前期相提并论，但敕令相对律、令、格、式的优先，表明国家制度化了的全面强制力的下降，同时亦反映出特别干预的加深，尤其是国家意图通过法律控制经济与人的愿望并不因法律形式的变化而变化。

唐代民事法律总体上没有跳出传统中国重刑轻民的特征，官方对民事活动中的契约行为不同于经济法律的强制，而是采取"任依私契，官不为理"[2]的相对放任态度，唐代各种契约中，亦往往有"官有政法，人从私契"的惯语。但唐前期毕竟是制

---

[1] 唐代赋役法主要是有关租庸调的法律规定，这部分内容大家并不陌生，所以本书没有收入。

[2] [日]仁井田陞：《唐令拾遗》，栗劲等编译，长春出版社1989年版，第789页。

度完备、国家控制有力的时期，有关民事主体的身份、土地所有权、负债强牵财物、各种契约等，都由律令予以明确的规定，违者治罪，同样体现出国家的干预。经济法律大多涉及国家和公共利益，依欧陆法律的分类，可归于公法，国家干预理所当然。民事法律专注私人事务，原则上属于私法，国家干预应尽量减少。但唐代还是一个等级化的礼教社会，理论上天下一家、家国相通，官方自来以"为民做主"自誉，私人自主的空间十分有限。所以，其中的国家干预稍逊于同时的经济法律而远重于西方的民法。

  唐代的国家干预在经济民事法律中所引起的一个不同于西方或现代法治的延伸特点是，调整方法上的刑事化与行政化。依现代法治，经济犯罪可以刑事论处，这与法律的性质一致。民事法律贯彻主体平等、意思自治、契约自由原则，绝大多数是任意性授权规范。与此相适应，民事调整方法一般不涉刑罚，即使惩罚亦以失权、强令生效、价格制裁、证据规则等形式出现。从契约文书看，唐代民事虽有返还财产、恢复原状、赔偿损失等实际的救济方法，但所有违犯律令和部分触犯习惯、礼教的民事行为，一律都被视为犯罪。与经济法律的调整方法无异，这些犯罪通用《唐律疏议》中的刑事和行政处罚，基本的方法是笞、杖、徒、流、死五刑和免官、除名等行政处罚。这是私法公法化的结果，符合唐代法律体系中"一断以律"的规定。根源上乃是家国同构的社会中所谓国家利益对私人利益的包容和消解，实际是以王朝为中心的政治国家观念与权力发达在法律上的体现。[1]

---

[1] 参见张中秋：《中西法律文化比较研究》（第5版），法律出版社2019年版，第91~98页。

礼教是中国传统文明的基本特征。它的精神和内容内化于传统中国人的思想、制度和行为模式中，形成民族的心理结构。唐代经济民事法律的支柱，国家之外即是礼教。这首先表现在唐代法律体系的礼教化上。唐代各部法典可以说是被礼教精神和原则广泛均匀渗透，正如《唐律疏议》开宗明义所揭示："德礼为政教之本，刑罚为政教之用，犹昏晓阳秋相须而成者也。"[1]后人称赞唐律"一准乎礼"，可谓一语中的。反映到唐代经济民事法律上，追本溯源，脱胎于井田制的唐代均田制度，其框架和精神仍不脱西周的礼制。放宽说，有材料表明，初唐政府是简朴和节俭的，它的最高统治者推崇的是理想化了的儒家正统理论，对农民和土地予以特别的关注，以为有道的政府应"重农抑商"，商人和商业受到严格的管制，经济主要表现为饥寒无虞的民生，奢侈性的工艺品和金钱、物欲要受到法律的限制和社会的谴责，布、帛、谷、粟是比黄金有价的东西，朝廷的理想是在文治的同时，通过武治而取得天下的信服。因此，经济必须为政治和军事服务，也不能有违道德和良心。这些以礼教为核心的观念构成了唐代前期均田律令、租庸调法、工商贸易以及货币流通诸经济法律的思想渊源和理论根据。中唐以后，由于社会的变迁，这些观念和制度与社会现实之间的关系趋于紧张，早期奉为准则的经济法律首当其冲受到时代的挑战。现实主义的做法应是与时俱进、革新旧制，但唐廷宁愿在事实上与初唐相异，表面上仍不放弃原有的理想，以致不合时宜的经济法律制度依然如故。官方试图通过这种"设而不用"的方式表达对理想的坚持。所以如此一来，

---

[1]（唐）长孙无忌等撰：《唐律疏议》，刘俊文点校，中华书局1983年版，第3页。

礼教发挥了支配作用。很难想象，衰弱的朝廷能够大面积修改虽与社会经济现实相脱节但与社会礼教化趋势相契合的经济法律制度。在信心和权威这两点上，唐廷都不足以做到。所以，它夹在旧制度和新现实之间痛苦不堪，对现实只能采取有限的改革和无奈的默认。这是中国社会的特点，理想、理论、制度与现实各有相当的独立与脱节，超现实的理想、滞后的理论与制度，对变化的现实仍保有历史的惯性和顽强的定力。有唐三百年经济法律中的礼教体现了这一点。

礼教对唐代民事法律的影响极为深广。由律、令、格、式、敕令之成文法与不成文法之习惯、礼、法理等构成的民事法律渊源所具有的相通一致之处，凭藉的即是"礼法合一"前提下礼的指导作用。从唐代民事法律有关身份、物权、债权的原则性规定看，礼教与国家同样是支配性的。尽管唐前期礼教受到了胡化和功利主义的冲击，[1]但礼教的支配仍重于国家，后期礼教化更是得到了社会与国家的广泛支持。

礼教在唐代经济、民事法律中所引起的另一个共同特征是，等级性身份法的制度构成。礼源于华夏先民的日常生活和原始宗教经验，核心是等差，转化为社会主流的意识形态礼教后，延伸到制度上就是等级性身份法的构成。唐代经济民事法律中均田制下土地分配上的悬殊，赋税征收上的差别，对工商的歧视，民事

---

[1] 唐代前期社会主流意识形态是礼教，但有两种社会风气即胡化与功利主义对礼教形成冲击。此处的功利主义是指追求实利和享受的俗世生活态度。"胡"系古代汉族对异族特别是对西北少数民族的称呼，有礼教中心观下的轻蔑之意。胡化指唐代受西北少数民族文化和风气的影响，不太受礼教的约束。（参见傅乐成：《汉唐史论集》，联经出版事业公司1977年版，第117~142页。）

主体的阶梯性结构，物权和债权的从属性等，都显示出礼教下的等差。从法理上说，唐代经济民事法律贯彻的是身份而不是契约原则。

三、唐代经济民事法律的特色

精神原则上的相通和内容上的交叉奠定了唐代经济民事法律的一致之处，但不同的内涵和功能又铸就了它们各自的特色。唐代经济立法思想是"重农抑商"，各项制度无不以它为指导。从具体问题的分析中可以看到，唐代经济法律制度整体上以调整土地关系为基础，以实现建立在均田制之上的租、庸、调为中心任务，对商人和商业通过身份、重税、专卖、货币变化等多项经济法律措施予以抑制，意图是确保"重农抑商"的实现。中唐后情形有很大变化，但如前所述，官方并没有彻底放弃体现礼教精神的相关制度。

唐代民事法律的自我特色亦很显著。在法律渊源上，经济法律是成文法，民事法律由成文法和不成文法构成。在成文法方面，经济与民事法律一致，通为律、令、格、式和经整理的敕令。此外，民事法律渊源还有不成文法的习惯、礼和法理。成文法是唐代基本的民事法源，不成文法是补充，两者及其各自内部形成一定的结构，礼为其纽带。这是经济法律所不具有的。

成文法与不成文法、胡化与礼教相互消长，这是唐代民事法律变迁中一个深有时代特色的特点。唐前期中央强大、社会稳定、制度完备，律、令、格、式成文法乃"天下通规"，在法律位阶上优于不成文法。"安史之乱"后，灵活、制宜的敕令和不成文法之习惯成为填补空缺、应对社会的重要法源。与此同步的一个变化是,礼教地位的上升。唐前期社会受胡化、功利主义还有佛教的影响,儒家思想和礼教受到抑制。尽管唐律"一准乎礼",但礼教作为民事法源的重要性不及后期。原因是经历外族祸害的"安史之乱"后,唐人的民族意识觉醒,社会趋向保守,儒家思想和礼教在社会上得到更多尊重,礼教、礼俗对人们的日常生活和民事行为影响增大。这在婚姻、家庭领域有突出的反映。可以说,唐前期是法律的礼教化,后期是礼教的普遍化。

依现代民法观,唐代民事法律上不放任中的放任,相对放任亦颇具特色。基于国家的介入和限制,唐代民事法律性质上具有浓厚的公法色彩,民事主体的民事行为受到国家法律的积极干预,总体上表现出一种不放任的态度。同时,在民事契约领域,唐令又规定"任依私契,官不为理"。[1]在出土的敦煌吐鲁番文书中,常见有"官有政法,人从私契"的惯语。契约的种类、形式、内容等主要由民间依习惯约定,亦即"人从私契",[2]表明民法中基于意思自治必然具有的政府放任态度在唐代民事法律中同样存在。但要注意到,唐代的放任不是无限的,要受既定的法律限制,所谓"官有政法","政法"即是国家的不放任法。这种不放任中的"放任",法理上应理解为公法性私法的表现。

唐代民事法律中另一个有趣的特点是,不发达中的"发达"。一般说,相对同时代的刑事、行政、经济法律,唐代民事法律不甚发达,尤其在物权、债权领域没有建构起系统、明晰的规则体系。这亦是中国传统民事法律的缺陷。然而,一个有趣的

---

[1] [日]仁井田陞:《唐令拾遗》,栗劲等编译,长春出版社1989年版,第789页。
[2] 参见叶孝信主编:《中国民法史》,上海人民出版社1993年版,第260~263页。

现象是，唐代有关民事主体的身份、婚姻、家庭方面[1]的法律则相对发达。这部分内容虽然没有法典化，但详细严格的规定已高度制度化。民事法律的发达与不发达，依现代解释，显而易见与商品经济对财产关系的限定有关。唐代物权、债权法律的不发达客观上根源于简单商品经济所形成的简单财产关系。同样，传统中国重义轻利、官方视民事为"细故"的法律意识，主观上亦削弱了对物权、债权的关注。然而，由于人的身份、婚姻、家庭和继承本质上是一种人身关系而非财产关系，不在意思自治的范畴内，其直接受身份影响甚于受财产影响，更何况在礼教等级的唐代，这种情况远非现代民法原理所能化解，因此，调整这部分领域的法律呈现出相对发达的状态。

四、唐代经济民事法律的结构

沿着现代法学的视线，透视唐代经济民事法律的这些特征和特色，我们还能看到什么呢？这是我一直思考着的问题。有一天，偶然有一条线索打开了我的思索之门，这条线索起于最简单的法律分类。西方从罗马法开始，法学家将法律分为公法与私法两大类，这种曾受中国大陆批评的分类方法其实有很多的启发意义。不论我们依哪一类标准，[2]经济法大体可归于公法，民法原

---

[1] 鉴于大家对唐代婚姻家庭法律方面的内容并不陌生，本书没有收入。
[2] 公法、私法的分类标准颇不一致。依徐国栋教授的概括，有法律保护的利益是共同利益还是私人利益、权利是否可以抛弃、主体是国家还是私人、规定关系是否平等、行为者是公主体还是私主体、法律渊源是由国家创制还是由私人创制、法律的规定是否可以由当事人的合意加以变更等至少七种分类标准。（参见彭万林主编：《民法学》，中国政法大学出版社1999年版，第31页。）

则上是私法。传统中国没有欧陆法律体系，自然亦没有这样的分类。因此，简单的对接是有困难的。不过，借助这种分类进行一次探险，未尝不可。藉此，我们从西方公法与私法所代表的公与私、国家与社会、整体与个体、官方与民间、权力与权利的二元结构中，透见到唐代经济民事法律不同于西方的特殊结构。简言之，唐代经济民事法律实际含有公、私两极，但整体上又呈现出主从式的一元化结构。在原则和精神上，唐代经济民事法律表现出公对私、国家对社会、整体对个体、官方对民间、权力对权利的兼容与支配，或者说后者对前者的依附与归属。

这种不同于西方的结构深究下去，就要面对中国固有的文化、哲学和社会问题。不论传统中国文化多么千姿百态，理念上是一元论的。"道"是中国文化的本源，所谓"道生一，一生二，二生三，三生万物"[1]是也。道的基本构成是阴与阳，两者的关系是对极中有包容，包容中有统摄，阳在其中起主导和支配作用。建立在观察和体验之上的这种原初自然哲学推及社会政治法律领域，汉代大儒董仲舒在《春秋繁露·基义》中说的一段话可为经典，他说："凡物必有合。……阴者阳之合，妻者夫之合，子者父之合，臣者君之合。物莫无合，而合各有阴阳。阳兼于阴，阴兼于阳。夫兼于妻，妻兼于夫。父兼于子，子兼于父。君兼于臣，臣兼于君。君臣父子夫妇之义，皆取诸阴阳之道。君

---

[1]《老子·四十二章》。道生万物，万物又回归于道，这种有机、整体、连续、自动的宇宙生成论，成中英和杜维明先生有较清晰的阐释。（详见［美］成中英:《论中西哲学精神》，东方出版中心1991年版，第216页及前后；W. M. Tu, *The Continuity of Bing: Chinese Versions of Nature*, *Confucian Tought*, Albany: State University of New York Press, 1985, p. 38.）

为阳,臣为阴。父为阳,子为阴。夫为阳,妻为阴。……阳之出也,常县于前而任事;阴之出也,常县于后而守空也。此见天之亲阳而疏阴,任德而不任刑也。是故,……德礼之于刑罚,犹此也。故圣人多其爱而少其严,厚其德而简其刑,以此配天。"合是合成,兼是兼有,县是悬。在董仲舒眼里,万物的合成不出阴、阳两种要素,从自然万物到家庭社会到国家政法,莫不如此。阴阳虽相互兼有,但阳是处于前的积极要素,对阴有统摄和支配性。阴是悬于后的消极要素,对阳有依附性。在古代中国人看来,阴阳之道对世界有广泛而彻底的解释力。沿着这种哲学的逻辑,天子与臣民、国家与社会、整体与个体、官方与民间、政治与经济、德礼与刑罚、权力与权利、国与家、义与利、公与私等都是阳与阴的对应与体现。因此,相对于体现阳性的德礼,法律是阴;相对于体现国家、整体利益的公法,私法是阴;相对于公法性的经济法律,私法性的民事法律是阴。结论自然是,代表阳性的国家与礼教对代表阴性的法律在兼容的同时又有统摄和支配性。唐代经济民事法律中的国家与礼教中心主义,政治道德重于经济利益,国家意志优于当事人意思自治,经济法律先于民事法律,控制重于放任,民间屈从官方,个体服从整体,私契不违政法,权力大于权利等,诸如此类完全契合"天人合一"的阴阳之道。

  西方公法与私法的划分和分立是建立在国家与社会的二元结构之上的,体现了市民社会与政治国家的分野与独立,这是西方市民社会法律的基本特征。传统中国家国一体的结构和理念不仅消解了两者之间的紧张关系,最后还以国家整体的名义包容和替代了社会个体的存在与独立。[1]在此基础上，必然形成公与私两极主从式的一元化经济民事法律结构。中国传统文化哲学对此不过是一个恰当的表达和解释。这样的法律自有它特定的理想深蕴其中，这是我们理解历史文化所着立场的一个方面。但同时要看到，这样的法律必然以限制个体的利益、自由和意志来维护国家名义下的礼教、王朝与家族控制，结果是个体和民众的权益被削弱以至牺牲，统治者与精英阶层的特权和利益被放大和强化。因此，尽管唐代经济民事法律中有不少与现代经济法、民法相通的东西，但本质上它还是一种以国家为本位、以礼教为纲目的社会控制法。

五、唐代经济民事法律的启发

唐代经济民事法律的内容、原则、精神大都已与时俱去，我们的工作与其说是寻求某种历史文化资源，不如说在明理中获得启发更为妥帖。在探讨这一问题的过程中，有以下三方面给我以启发：

第一，有关法的创制和学科建设方面的。如前所述，唐代经济民事法律有较高的制度化而未独立的法典化，这仅适合过去的时代，但有悖于社会进步和法律体系自身的发达。同时，经济民事立法应遵循相应的规律，避免成为某种意识形态和一时政策或长官意志的工具，包括唐代在内的中国传统的经济民事立法于此有深刻的教训。还有，经济民事法律必须有自己的学理体系和法理根基，不能像唐代和传统中国那样，有大量的经济民事法律规

---

[1] 参见张中秋：《传统中国法理观》，法律出版社2019年版，第1～20页。

范，却没有相应的经济法律学和民法学。这提示我们在创建有中国特色的现代法学时，尤应注意并克服中国法律传统中重"术"轻"学"、以一般哲理直接担当法理的弊端。

　　第二，有关国家控制转换方面的。从唐代经济民事法律这个角度可以透视传统中国的特性。依我的理解，这种特性表现为政治国家的控制性和道德礼教的弥散性。相对于西方，政治在传统中国社会的进程和历史的转折关头具有决定性的作用，经济在性质上被视为政治的一部分。经济的发展不能有违政治目标和文化理想，亦不能有害社会结构和性质。社会由政治和道德维持并由其控制和带动，所以公法文化突出。可以说，这已构成传统中国历史内在性[1]的一个突出方面。近代以前，中国一直依其固有的特性运行着。近代伊始，中国的路向被强行中断和扭转，原因是主导世界历史进程的西方的介入。如同中国一样，西方有它自己的历史路径。不同于中国的是，正如马克思在《德意志意识形态》中所揭示的那样，经济基础决定上层建筑，政治最终为经济服务，社会发展由经济推动，所以，私法文化发达。西方的历史法则随列强扩张逐渐侵入非西方地区，从而不同时速、不同强度地冲击、扭转、中断以至改变了非西方社会固有的历史走向。尽管传统中国在时间、空间、规模和文化传统上都是一个巨人，但时代的落差终使它在西方的冲击下不得不改变自己的路向，由传统转入西方主导下的近代。时至今日，中国社会并存、交织着两种不同性质的历史动力，一种是传统中国政治道德对社会经济的

---

[1] 这是我依据自己的认识所拟的一个词，意指在长期历史中形成并在根本上制约和支配中国历史走向的内部因素及其力量。

控制力，一种是西方社会经济对政治的决定力。前者基于中国的社会结构和历史惯性，构成当代中国历史内在性的主要方面；后者源于西方历史方向的现代性，成为近代以来中国努力的主要方向。这两种力量长期并存于中国社会，并将在相互激荡、相互纠缠、相互妥协中磨合向前。法制的情形亦不例外。具体说，中国的传统和国情决定了国家控制在现代经济民事法制建设中的重要作用，无视和否定以中央为代表的国家作用，既不可能，亦是对传统政治法律资源的浪费。但同时务必认识到，这种作用要转换到以人为本、遵循规律，为经济建设服务，并与国际潮流相联通的轨道上来。

第三，有关法律中"公"的政治文化理想与道德关怀方面的。唐代经济民事法律的文化结构和精神实质表达的是一种价值追求，它沿着"公"的路线迈向大同世界。事实上这是一种乌托邦式的社会理想。但我们是否还应该看到，作为应对人类承担责任的大国，能否放弃对高远理想的追求？不放弃这样的理想，就要赋予人类行为以"公"的内涵。毫无疑问，我们的经济民事法律首要坚持的是现代法治原则，但不必排斥政治文化理想和道德关怀，何况这两者之间还有很多的联系。唐代经济民事法律在整体和精神上确是国家政治和礼教道德的工具，而且由于这种政治和道德的滞后，最终导致了法律的落伍和瓦解。但要注意到，历史场景中的这种法律仍是一种具有政治文化理想和道德关怀的法律。表现在经济民事法律上，土地立法中的均田制度和抑制兼并的规定；赋役法中从以人丁为本到以资财为本的立法变迁；工商法律中对商业和商人的过分发展可能瓦解农业和农民的限制；专卖法律中"平准"的理念；民事行为中的放任与不放任;财产继承中"诸子平分"的原则等,都体现了那个时代特有的政治文化理想和道德关怀,即对一定等级秩序的大同世界和适当均平的理想社会的追求。这种追求的性质和极端化要另当别论,但经济民事法律应体现时代的政治文化理想和普遍的道德关怀,以防止因过分现实而迁就时俗是没有疑问的,而且这不亦正是人类法律追求秩序和正义价值的应有之义吗?

论唐朝司法审判的法律依据[*]

大家知道，唐朝是中国历史的辉煌，唐律是中华法系的代表，正如元人柳赟在《唐律疏议序》中所说："盖姬周而下，文物仪章，莫备于唐。"[1]所以，唐朝特别是唐律一直是后人学习和研究的对象。但令人不无遗憾的是，长期以来人们对唐朝司法审判所适用的法律依据不甚关注，然而这个问题却是能反映其司法审判制度特点的。有鉴于此，我尝试就这个问题略做探讨。

一、法律依据的形式

为了便于说清问题，这里必须先交代一下唐朝适用法律依据的司法机构。唐承隋制，司法机构由中央和地方两部分组成。在中央设有大理寺、刑部和御史台三大司法机关。大理寺，是中央最高审判机关，负责审理中央百官犯罪及京师徒刑以上的案件。流、徒刑判决后，须送刑部复核，死刑在判决后直接奏报皇帝批准。此外，它对刑部移送来的地方死刑案件有重审权。刑部，是中央司法行政机关，负责复核大理寺流刑以下及州县徒刑以上的案件。如发现疑问，流、徒以下可驳回原审机关重审或径行复

---

[*] 原载于《史林》1987年第4期，有修改。
[1] （唐）长孙无忌等撰：《唐律疏议》，刘俊文点校，中华书局1983年版（以下所引此书为同一版本），第663页。

判,死刑需移交大理寺重审,上报皇帝批准。御史台,是中央最高司法监督机关,主要负责监督大理寺、刑部的司法活动,遇有重大疑案,也参与审判,并可受理有关行政诉讼的案件。在一般情况下,三机关各司其职,相互制约。但遇有重大疑难案件时,则由大理寺卿会同刑部尚书和御史中丞共同审理,如意见一致,就奏启皇帝裁定,这称作"三司会审"。

唐朝地方司法机构主要分州、县两级。司法和行政不分,州、县的行政长官兼理司法和行政。另外,州设有司法参军事(法曹参军事),县设有司法佐史,具体管司法审判事宜。州、县的审判权限,依唐《狱官令》规定:"诸犯罪者,杖罪以下县决之,徒以上县断定送州,复审讫,徒罪及流,应决杖,若应赎者,即决配征赎。"[1]县以下的乡官、里正及村正负有检举违法犯罪行为的职责,对婚姻、田地等民事性质的案件和轻微的刑事案件亦拥有一定的审判权。但绝大多数刑事案件则不经乡官,而直接由县审判。

上述司法机关在各自的权限范围内进行审判活动,在审判过程中,它们主要适用下列法律依据:

(1)律、令、格、式。《唐六典》卷六"刑部郎中员外郎"条略云:"凡文法之书有四,一曰律,二曰令,三曰格,四曰式。"又《新唐书·刑法志》说:"令者,尊卑贵贱之等数,国家之制度也;格者,百官有司之所常行之事也;式者,其所常守之法也。凡邦国之政,必从事于此三者。其有所违及人之为恶,而入于罪戾者,一断以律。"这表明律主要是定罪量刑的刑事法

---

[1] [日]仁井田陞:《唐令拾遗》,栗劲等编译,长春出版社1989年版,第689页。

规,如《唐律疏议》等;令则是有关国家组织制度方面的法律规定,如《贞观令》《永徽令》等;格是唐皇针对具体事情颁布的临时性敕令汇编,如《散颁格》《永徽留司格》等;式是有关唐朝政府机关的公文程式和行政活动细则,如《垂拱式》《开元式》等。律、令、格、式,数量众多,是唐王朝依据一定程式制定颁行的基本法规,是统治者根本意志的法律表现形式,其有极高的法律效力,即所谓"律令格式,天下通规"[1]。因此,司法机关"诸断罪,皆须具引律、令、格、式正文,违者笞三十"[2]。这些都表明,律、令、格、式是唐朝司法审判的基本法律依据。

(2)敕令。敕令是唐皇的命令。它和格的区别在于,格是各种敕令的汇编,是基本法规的一种,敕令则是唐皇就具体事情而下达的临时性命令,是格的渊源,就其性质而言,它不属于基本法规,只是律、令、格、式的补充形式。因为,《唐律疏议》规定:"诸制敕断罪,临时处分,不为永格者,不得引为后比。若辄引,致罪有出入者,以故失论。"[3]这条律文划清了敕与格的区别,确定了敕在未编入格之前只是临时性的法规,限制了司法官在司法过程中的随便引用。如果擅自引用不为永格的敕,致使定罪量刑有出入,司法官就要负故意出入罪的法律责任。这说明敕令就其性质来说,仅仅是一种补充的法律依据。

(3)习俗。习俗是长期形成并为人们普遍接受的风俗习惯。在唐朝,它不属于正式的法律形式,自然亦不是司法审判的基本

---

[1]《旧唐书·刑法志》。
[2] (唐)长孙无忌等撰:《唐律疏议》(刘俊文点校),第561页。
[3] (唐)长孙无忌等撰:《唐律疏议》(刘俊文点校),第562页。

法律依据。但由于它本身包含着一定的合理性，并对人们的行为具有一定的约束力。因此，唐朝司法机关仍将其作为补充形式的法律依据而加以适用。如《唐律疏议》卷二十七"非时烧田野"条疏议云："诸失火及非时烧田野者，笞五十。（原注：非时，谓二月一日以后，十月三十日以前。若乡土异宜者，依乡法。）议曰：谓北地霜早，南土晚寒，风土亦既异宜，各须收获终了，放火时节不可一准令文，故云'各依乡法'。"这就是说，在规定的期限以外放火烧田野，就犯了"非时烧田野"罪。但由于南北气候有别，故而"非时"和"准时"就不一致。因此，法律规定司法机关在受理"非时烧田野"案时，就要根据当地的"乡法"来确定是否"非时"。这种"乡法"就是风俗的一种。《唐律疏议》中明确提及乡法、乡俗的尚有若干处。[1]县以下的基层司法活动，大都是以乡法、乡俗之类的习俗为法律依据的。

（4）比附。比附是在法律没有明文规定的情况下，司法官可将某项法规或判例推及于类似事项而予以适用的司法活动。它是在"律无正条"的情况下产生的，因此，它亦是司法审判所适用的法律依据的补充形式。比附通常有两种：一是以律相比，《唐律疏议》卷六"断罪无正"条规定："诸断罪而无正条，其应出罪者，则举重以明轻，其应入罪者，则举轻以明重。"所谓出罪，就是要减轻或免除刑事处罚时，可以举重罪比照轻罪，以明确对轻罪的处理。例如《唐律》规定：夜间无故入人家者，被主人顿时杀死，主人可不负刑事责任。如果主人对夜间无故入其家者有折伤行为，比杀死为轻，自然应当免罪。这就是举重以

---

[1] 参见（唐）长孙无忌等撰：《唐律疏议》（刘俊文点校），第249、356页。

明轻。所谓入罪，就是在决定要处罚或加重处罚时，可以举轻罪比照重罪，明确对重罪的处理，如《唐律》规定：凡预谋杀死期亲尊长者，皆斩。如果已杀伤，比预谋重，因此，杀伤虽无正条规定，但比照预谋，应处死刑。这就是举轻以明重。这种比附在唐代司法审判中，占有一定的比例。二是以例相比，就是法无明文规定时，适用成例，处理新案。唐初曾实行过这类比附，后废除。

（5）法理解释。唐律允许司法官在"律无正条"和无律、例相比附的情况下，可以从唐律的原理和包含于其中的基本精神或法律意识出发，对律文或者礼进行法理解释，并用这种解释作为审判的法律依据。《唐律疏议》卷十三"有妻更娶"条："问曰：有妇而更娶妻，后娶者虽合离异，未离之间，其夫内外亲戚相犯，得同妻法以否？答曰：一夫一妇，不刊之制。有妻更娶，本不成妻。详求理法，止同凡人之坐。"说明唐律虽无明文规定一夫一妻制，但根据体现在唐律中的伦理，这是一个不刊之制。因此，有妇之夫娶的第二妇人不被认为是妻子，第二妇人在被离异前犯了与夫的亲戚斗殴罪时，不依"亲戚相犯"的规定处理，而是以一般人相犯的规定处理。原因是根据理法（法理解释），她没有取得做妻子的资格，所以，法律不予亲属认可。唐朝还有一条更为典型的律文："诸不应得为而为之者，笞四十（原注：谓律、令无条，理不可为者），事理重者，杖八十。"[1]律文中的"不应"与"事理"，都是一种法理解释。司法机关可依理法进行审判，表明法理解释是唐朝司法审判的法律依据之一，但因

---

[1]（唐）长孙无忌等撰：《唐律疏议》（刘俊文点校），第522页。

"律令无条"的限定,它仍是一种补充的法律依据。

二、法律依据的特点

唐朝司法审判所适用的上述五种法律依据,较全面地概括了社会生活各方面的主要关系,与历史上其他王朝司法制度相比,具有成熟、完备的特点。

我国在春秋末期成文法产生之前,"先王议事以制,不为刑辟"[1]。到战国时期,才产生了以《法经》为代表的成文法,仅有六篇,内容以刑为主,很不完备。经秦的发展,才有了汉初的律、令、科、比,至此,我国传统法律形式始初具规模。其后,历经三国两晋南北朝及隋的沿革损益,法律形式渐趋完备,唐集各朝之大成,构成了以律、令、格、式为基本法律形式,以敕令、习俗、比附及法理解释为补充法律形式的多层次的法网,从而为司法机关在适用法律依据上的周密及完备提供了前提。

就唐司法机关所适用的法律依据来看,其内部具有一定的层次结构。其中,律、令、格、式是天下的通规,司法人员在司法中必须优先适用,即《唐律疏议》所规定的"诸断罪皆须具引律、令、格、式正文,违者笞三十"[2]。因此,律、令、格、式是属于第一层次的法源。敕令、习俗、比附和法理解释,虽然都是律、令、格、式的补充形式,但相互之间又有区别,敕令和习俗在适用上要优于比附和法理解释,因为敕令和习俗虽不是常法,但仍是有文可据的,尤其是敕令,因其来源于皇帝,故而其

---

[1]《左传·昭公六年》。
[2](唐)长孙无忌等撰:《唐律疏议》(刘俊文点校),第561页。

效力甚至超过律、令、格、式,只是因为唐太宗曾规定:"不可轻出诏令,必须审定,以为永式。"[1]而且,《唐律疏议》卷三〇"制敕断罪"亦规定:"诸制敕断罪,临时处分,不为永格者,不得引为后比。若辄引,致罪有出入者,以故失论。"[2]因此,总的来看,敕令和习俗仍是同属第二层次的法源。比附和法理解释是在"律无正条"和无敕令、习俗的前提下才被适用,亦即《唐律疏议》卷十七"亲属为人杀私和"疏议所确定的"金科虽无节制,亦须比附论刑"[3]。这说明比附和法理解释属于第三层次。上述三个层次构成了一个法律依据结构,这种层次结构确保了司法机关适用法律依据的有序性和周密完备性。[4]

唐朝司法机关适用法律依据的有序性和周密完备性,体现了唐朝司法审判制度的成熟。衡量一个司法制度在适用法律依据上是否成熟,主要看它所适用的法律依据是否科学。把唐朝法律依据置于传统历史的范围中来考察,我们就会发现它们是比较科学的。唐朝司法审判适用的法律依据自身构成了一个有层次的结构体系,这是传统法律最高科学性的表现。因为,法律依据体系的构成,反映了立法者认识到了社会是一个由各种层次组成的大系统,它有主要和次要部分。因而,法律要实现它维持和调整社会这个系统的目的,就必须相应地构成一个由基础部分和补充部分结合而成的体系。同时,唐朝立法者还自觉或不自觉地认识到,

---

[1] 《贞观政要·论赦令》。
[2] (唐)长孙无忌等撰:《唐律疏议》(刘俊文点校),第562页。
[3] (唐)长孙无忌等撰:《唐律疏议》(刘俊文点校),第334页。
[4] 另可参见戴炎辉:《唐律通论》,戴东雄、黄源盛校订,元照出版公司2010年版,第9~22页。

社会虽然是一个由各种层次组成的大系统，但其内容极其复杂，因此，在确立法律依据体系的同时，必须明确生活的复杂性和法律的局限性，亦即法律不可能概括和规定所有的社会生活内容，更不可能预先规定一切问题的变化发展以及当时不存在而在以后产生的新情况。所以，构成体系的法律依据，必须具有一定的灵活性（或者称作"弹性"）。唐朝法律依据既成体系，又有灵活性，像敕令、习俗、比附和法理解释都是具很大灵活性的法律依据。就以比附而言，可见一斑，如《唐律疏议》卷十九"发冢"条曰："五刑之属，条有三千，犯状既多，故通比附。"

由上可知，唐朝司法机关适用的法律依据既成体系又有弹性，不仅是立法者对法律本身及其调整对象的客观认识的结果，亦是法律科学性的表现，而这种科学性在传统法律史上应是非常突出的，这反映了唐司法机关适用的法律依据是成熟完备的，其司法制度亦是如此。

三、法律依据的原则

唐朝司法审判实行的是什么原则，这历来有争议，大致有两种观点。其中以日本的仁井田陞和我国的戴炎辉及杨廷福教授为代表为一派，他们认为唐朝司法审判实行的是"罪行法定主义"原则，其主要理由是，唐律作了"诸断罪，皆须具引律、令、格、式正文，违者笞三十"的规定。[1]与他们看法相对立的另一

---

[1] 参见仁井田陞的《中国法制史》（上海古籍出版社2011年版）和戴炎辉的《唐律通论》（元照出版公司2010年版）及杨廷福的《唐律初探》（天津人民出版社1982年版）相关部分。

派认为，唐朝司法审判实行的是"罪刑擅断主义"，其主要理由是，封建的法是专制的法，专制主义谈不上"罪刑法定"，只能是不受任何法律限制的"罪刑擅断主义"。持这种观点的人还比较多，好像成了一种主流观点。其实，从唐朝司法机关所适用的法律依据的形式和特点来看，这两种观点都值得商榷。

我们知道，"罪刑法定主义"是近代资产阶级的一个司法原则，它的含义是什么样的行为构成什么样的罪以及处这样的罪以什么样的刑，都必须有法律的明确规定。简言之，就是"法无明文规定不为罪，亦不处罚"。这个原则是资产阶级针对封建司法的黑暗专断面提出来的，它以"主权在民""天赋人权""民主共和"的民权学说为理论基础，其目的是维护资产阶级所谓的人权不受封建司法机关的随意侵犯。"罪刑法定主义"思想起源很早，最初可以追溯到1215年英国的《自由大宪章》，但作为独立的刑法理论提出来的是德国刑法学家费尔巴赫，他在1801年完成的《刑法学教程》一书中，对"罪刑法定主义"做了专门阐述，到1810年法国制定刑法典时才将这个理论上升为司法原则。《法国刑法典》第4条规定："没有在犯罪行为时以明文规定刑罚的法律，对任何人不得处以违警罪、轻罪和重罪。"从此以后，几乎所有资产阶级国家都采用了这个原则。

根据资产阶级国家的理论和实践，"罪刑法定主义"具有四个相互关联的分原则，一是定罪量刑必须依据成文法，排斥适用习惯法原则；二是禁止类推原则；三是刑法效力不溯及原则；四是禁止绝对的不定期刑原则。下面我们根据"罪刑法定主义"产生的历史背景和它的四个分原则，对照唐朝司法审判的法律依据，辨明唐朝司法审判实行的到底是什么原则。

第一，唐律诞生于公元七世纪初，它的理论基础是礼，社会基础是家族本位主义。因此，唐律是一部以家族本位为社会基础，以礼教学说为理论根据，在专制政治下产生的法典。它和产生于公元十九世纪，以个人本位为社会基础，以人权学说为理论依据的资产阶级刑法典，在性质上是截然有别的。所以，从宏观比较角度来说，"罪刑法定主义"原则是不可能产生在唐律中的。

第二，关于成文法和习惯法的适用。根据前面的论述可知，唐朝司法机关既适用律、令、格、式成文法，亦适用习俗和单行敕令之类的不成文法，其中，习俗就是习惯法。

第三，关于类推。唐朝司法机关没有实行严格意义上的类推，但适用了具有类推性质的比附和法理解释。

第四，关于刑法效力的溯及。《唐律疏议》卷三〇"赦前断罪不当"条规定："诸赦前断罪不当者，若处轻为重，宜改从轻，处重为轻，即依轻法。"又《唐六典》卷六《尚书刑部》条曰："凡有罪未发及已发未断，而逢格改者，若改重，则依旧条；轻，从轻法。"这两条律令说明了唐律是有溯及力的，因为它采取的是从轻原则。

第五，关于绝对的不定期刑。根据"罪刑法定主义"原则，绝对不定期刑是指把对一定的犯罪刑罚种类和幅度明确规定在法律中。唐律规定了五刑制度，刑罚种类和幅度亦很明确，因此，只要严格依律、令、格、式正文断罪，就杜绝了绝对的不定期刑。问题是司法机关不可能严格依律、令、格、式正文断罪，它还依"乡法""理法"断狱，甚至"引经比附"，这就不免要产生不定期刑问题。

通过上述比较，可以认为，从唐朝司法审判所适用的法律依据这个角度来判断，唐朝并未实行过"罪刑法定主义"的司法原则，只是在某些方面具有"罪刑法定主义"的特征。那么，是否可以据此推断出，唐朝司法审判实行的是"罪刑擅断主义"呢？对照史实，这亦是不确切的。

"罪刑擅断主义"作为一个司法原则，是指封建帝王和司法官吏不受法律约束，随心所欲，擅自定罪量刑。依据这个标准，来衡量唐朝的司法审判亦不尽符合。

首先，从唐朝司法审判所适用的法律依据体系来看，唐朝有一套比较完备的法律依据体系，其中有基础部分，亦有补充部分，做到了有法可依。这与无法无天的"罪刑擅断主义"有很大的区别。

其次，从法律依据的适用来看，唐朝司法审判尽管没有实行严格的"罪刑法定主义"原则，但它毕竟亦实行了"诸断罪，皆须具引律、令、格、式正文，违者笞三十"的规定。只是在"金科无节制"的情况下，才允许比附和依习俗、理法断罪。况且，比附和习俗亦是有一定律文限制的。更重要的是《唐律疏议·断狱律》和《狱官令》都详细划定了司法官的职责权限，严禁司法官法外用刑，出入人罪。所有这些和不受法律约束，任意定罪量刑是不能等量齐观的。

最后，从敕令的使用来看，唐朝司法审判有一个变化过程。初唐时期，敕令的使用受到严格限制，依律断狱蔚然成风，这主要是唐太宗以身作则，严明法治所带来的后果。据《资治通鉴》卷一九六记载，唐太宗曾说："法者，人君所受于天，不可以私而失信。"因此，在他的督治下，司法官"断狱唯据律文，虽情在可矜而不敢违法"[1]。中唐以后，政治、经济发生了巨大的变化，司法制度逐渐混乱，律、令、格、式渐成具文，敕的地位日益增高，以敕令代替律、令、格、式常法，罪刑擅断的现象比较多。《宋刑统》卷三〇"断罪引律令格式"门引唐长庆三年（公元823年）十二月二十三日敕节文："御史台奏：伏缘后敕，合破前格。自今以后，两司检详文法，一切取最向后敕为定。敕旨：宜依。"然而，即使如此，我们亦不能仅据这一方面而断定唐朝实行的是"罪刑擅断主义"司法原则，这样不免以偏概全。

如此看来，唐朝司法审判实行的既不是"罪刑法定主义"原则，亦不是"罪刑擅断主义"原则，而是兼有"罪刑法定主义"和"罪刑擅断主义"的某些特征，我把它们概括为君权主义。君权主义既可理解为政治原则，亦可以从法理学的角度出发，把它理解为法律原则或司法原则。从司法原则来说，君权主义的基本含义是指司法机关适用法律依据进行审判，以维护君权不受侵犯为最高原则，在这个原则范围内，可以适用任何法律依据，采取任何司法手段和方式。依据这个原则，唐朝司法审判为什么既有"罪刑法定主义"又有"罪刑擅断主义"的某些特征，就不难理解了。这是因为，绝对地实行上述两个原则中的任何一个，都不利于君主专制的统治。具体说，唐王朝的历史条件和专制本质，绝对不可能产生和实行"罪刑法定主义"原则，但又不排斥实行法制。因为，通过法制，可以使封建政权和君主统治合法化、稳固化和持久化。否则，"刑靡定法，律无正条，徽纆

---

[1]《资治通鉴·唐纪九》。

妄施，手足安措！"[1]所以，这就形成了唐朝司法机关有法可依以及在一定程度上有法必依、执法必严的封建法治现象。这个现象体现在司法审判上，必然具有"罪刑法定主义"原则的某些特征。然而，就传统法的本质而言，它是专制的法，专制法的本身就包含了"罪刑擅断主义"的特征，亦就是统治者是根据专制需要来制定法律、确定法律依据、定罪量刑的。《唐律疏议》"诸制敕断罪"条疏议曰："事有时宜，故人主权断制敕，量情处分。"[2]这里所说的"量情处分"，具体量什么情处什么罚，只能由君主根据需要去擅断了。因此，在唐朝司法审判上，就反映出"罪刑擅断主义"原则的某些特征。

鉴于上述两种情况，唐朝统治者将"罪刑法定"和"罪刑擅断"中有益于实现君权主义的某些方式和手段结合起来，交互使用。表现在法律依据上，就是律令格式和不成文法的习俗、敕令、比附及法理解释相互配合，互相补充，织成严密的法网，为巩固王朝的统治提供了法律保障。这就是唐朝司法审判机关实行君权主义司法原则的理由所在和功效目的。

---

[1]（唐）长孙无忌等撰：《唐律疏议》（刘俊文点校），第578页。
[2]（唐）长孙无忌等撰：《唐律疏议》（刘俊文点校），第562页。

传统中国政治生活类型的转变
——依唐代经济法律所作的一种分析[*]

一、传统中国政治生活类型

从中国历史实践看，中唐时期，中国的政治生活类型发生了彻底的变化。大约在中唐以前（亦可以稍早一些），中国的政治基本上还是为贵族所控制和把持，这是一种在汉亡以后逐渐形成的政治生活类型，表现出很强烈的世袭性和军功性。中唐以后，贵族的力量基本衰弱，他们在政府中的地位尤其是高级职位被职业官僚所代替，这些职业官僚依靠自己的才华并通过科举登仕，成了统治王朝的代理人，而不是社会某集团的代表。随着这一变化，皇帝的地位亦改变了，他不再仅仅是贵族精英中的第一号人物，而是雄踞于整个社会之上拥有不受贵族制约反而受到整个官僚阶层拥戴的至尊地位和无上权力（这种权力在明清达到了极点），在他之下形成的政府、行政、法律和社会组织的类型一直延续到传统中国的终结。对于这样一种政治生活类型，我们并不陌生，即通常所谓的官僚制专制政治或者说专制官僚政治。

中唐时期所发生的这种政治生活类型的转变是一个极其复杂的历史过程，以中唐为界只是一个大约的时间概念，正如我们在

---

[*] 原载于《法学》1995年第6期，有修改。

科学上不能把1840年看成是中国社会性质发生转变的准确时间，这是因为历史变迁中的新旧交替是不可能用具体的年月来划定的。对唐代政治生活类型的变化，一向有不同的认识，贡献最大的有中国现代最伟大的史学家陈寅恪先生、日本的内藤湖南以及英国剑桥大学的崔瑞德教授，他们的研究或改变或拓宽或加深了人们对中国中古史的认识。[1]笔者在充分认同和敬重这些研究成果的前提下，亦想谈一点自己的感受，这个感受可能是粗浅的，但它是从一个特殊的经济法律角度出发的。

二、贵族政治的物质根基及衰落

贵族政治的力量和权威过去一般都认为主要是建立在贵族本身亦即高贵的血统和他们的军功之上的，这在一定的范围内是正确的。但问题还不是那么简单，一种政治力量的存在与强弱并不是凭空所有的，物质力量始终是最关键的，这可以从我们对唐代经济法律的分析中所看到的贵族政治的物质根基得到说明。

传统中国的经济生活和有关经济的法律制度都是以土地为基础和轴心的，我们的分析亦以此为据。如前所论，唐代的土地制度是著名的均田制，有关这一制度的详细内容不再赘述。从那些具体的规定中，我们可以发现均田律令在分配土地上并不均平，皇室（本身即是紧密结合的西北贵族中的成员）、贵族在土地的

---

[1] 参见陈寅恪先生的《隋唐政治渊源略论稿》（上海古籍出版社1982年版）和《唐代政治史述论稿》（上海古籍出版社1990年版），内藤湖南教授的《概括的唐宋时代观》一文［载《日本学者研究中国史论著选译》（第1卷），中华书局1992年版］和崔瑞德教授主编的《剑桥中国隋唐史》（中国社会科学出版社1990年版）等论著相关部分。

分配上享有特权,他们可以合法地占有高于普通人几倍、几十倍乃至上百倍的土地,虽然同样享有这种特权的还有官僚,但当时的事实是,高级官职基本上还是为贵族所垄断。这样,贵族不仅在法律上而且在事实上取得了非同一般的经济特权。与此同时,社会上非贵族出身者既不可能在法律上,亦不可能在事实上占有大量的地产,因为土地一般是禁止买卖的(只在少数特殊情况下不受此限制)。这就造成了在初唐时期,除皇室之外,社会上不存在第二支像贵族(集团)那样强大的经济力量,即使有非贵族的大地产者(初唐的商品经济是不发达的,商人的力量仍很薄小),在数量上亦是少数派,加上政治和历史的原因,更形成不了贵族那样的集团力量。这样,贵族的身份加上他们所拥有的广大地产,为他们参与政治生活带来了血统(资格)、关系、时间、文化、经济和影响力上的充分保证。事实上,除了武后在执政时期为她的政权而有意贬杀旧贵、任用亲信与科举新人,致使贵族政治遭受打击外,均田制推行时期,尤其是推行较好的初唐时期,国家政治舞台上的主角大都是贵族或贵族出身者。

贵族的衰落有诸多因素,武后的打击、自然的淘汰,以及他们自身的变化等均与此有关,但土地制度的变化恐怕还是至关重要的一项。从高宗开始经武后到玄宗开元天宝时期,均田制度渐趋瓦解。安史之乱后,唐德宗采纳杨炎建议,颁行两税法。两税法有关土地的内容对贵族是一个致命的打击,它承认当时土地占有的现实,意味着均田制在事实上的废止。从此,国家不再承担均田制下的土地收授职责,贵族在法律上独享广大地产的权利结束了,土地任私人占有,占有的数量不再受身份的限制,土地像其他商品一样可以自由买卖,并获得国家法律的保护。结果是

"能者辐凑，不肖者瓦解"，社会上拥有经济实力的阶层、集团或个人不再是贵族一类。事实上，经过一百多年的历史淘汰，贵族作为一个整体力量到中唐时已经式微，其中有一些或许还保有前辈的荣光和权势，但不足以形成气候。因为更多的贵族或因某种原因而自生自灭，或因政治事件而遭灭杀，或顺应时势而改变了自己，成为文人学士加入官僚阶层，不再具有贵族的性格。这些变化加上法定的经济特权的丧失，使早已虚弱的贵族又遭受了一场釜底抽薪的打击，贵族政治不得不更加彻底地让位于开始走向成熟的官僚制专制政治。这种政治的物质基础即是取代均田制而起的租田制经济。由于这种经济一直存续下来，官僚制专制政治因此而代代相传。[1]

三、中国政治生活类型的转变

唐代贵族政治是从社会关系简单、粗糙、原始的北朝沿袭而来的，这种历史传统给初唐的政治、经济和法律都打上了很深的烙印。有史料证明，初唐政府是简朴和节省的，它的最高统治者推崇的是理想化了的儒家正统理论，对农民和土地予以特别的关注，以为有道的政府应以农业为岁入的主要来源，手工业者只能食在官府（国营），商人和商业必须受到严格的管制，经济主要表现为饥寒无虞的民生，奢侈性的工艺品和金钱、物欲要受到律法的限制和社会的谴责，布、帛、谷、粟是比黄金有价的东西，政府的理想是在文治的同时主要通过武治而取得天下的信服。因

---

[1] 参见萧公权：《中国政治思想史》，商务印书馆2011年版；王亚南：《中国官僚政治研究》，商务印书馆2010年版，相关部分。

此，经济必须为政治和军事服务，亦不能有违道德和良心。这些观念构成了唐代前期均田律令、租庸调法、工商贸易及货币流通诸经济立法的思想渊源。中唐以后，随着社会的发展与变迁，这些观念和制度与社会现实之间的关系趋于紧张，原先被奉为准则的律令时时受到挑战和损伤。正像唐廷对待商税那样，政府在表面上至少在公开场合，虽然仍没有放弃原有的理想和制度，但事实上的行为已与初唐相异。已严重丧失权威的唐廷政府夹在旧制度和新现实之间痛苦不堪，对现实它只能采取有限范围内的改制或默认。两税法对均田律令事实废止、对租庸调法的取代，商人法律地位的变化，盐铁茶酒的专卖，解决钱荒的法律措施等，既是对现实的一种承认，又未满足时势的要求；既是对初唐制度的改革，又未公开或彻底放弃不合时宜的旧制度。唐王朝带着这种左右两难的痛苦进入了它的晚期，至此，我们已看不到贵族政治的风格，初唐的制度在整体上已趋于瓦解，农业和农民处于痛苦的深渊，政府成天为钱着想，甚至想把自己变成银行（作为原始形式的信用制度的便换，与后来的钱庄及近代的银行确有某些相似之处），官爵可以用钱来交换，金钱之凶猛使田野不辟、村舍空虚、官场腐败。初唐时期的法律、理想、道德也许条文尚存、书籍有记，但人们只重实利，不绝如缕的王朝除了苟延残喘别无他为。这种状况在缺乏有力而合理的制度、理想及道德的约束下继续恶化下去，等到物极必反变为现实时，一切都已成了历史。

四、经验与教训

历史中包含着经验和教训。以唐为鉴，可以发现，制度与社会之间应保持一种合理的关系：过分松弛，让社会处于无秩序的自流状态，恶的趋势必将社会带入泥沼；过分紧张，社会的发展将受到阻碍，制度本身亦将归于瓦解。因此，制度与社会之间的合理关系意味着，社会要受到制度的约束，但制度首先必须适应社会上的合理要求和发展中的合理趋势。要在社会与制度之间维持这种合理的关系，法律应在经济与道德（这里主要指政治理想和社会良心）之间有所作为。法律不能让经济成为政治和道德的牺牲品，亦不能无条件地让道德成为经济吞噬的对象。法律对经济或道德的不同态度完全基于社会一般公认的合理性，即大众的利益。当某一种经济或道德的存在与发展已与大众利益相冲突，法律应毫不迟疑地倡导公平、主持正义，将有违众利的那种经济或道德规范到合理的途径上来。这个认识可能是一种发挥，但的确是基于唐代经济法律的历史实践而感生的。

传统中国法的道德原理及其价值
——以《唐律疏议》为分析中心[*]

在法律与道德的关系上，法理学一般认为，道德是法律的基础。虽然不同的法理学具体说法不一，但原理上都承认这一点。[1]除实证主义法学外，法律学人对此亦无异议。不过，这只是在通常情况下单讲法的一般原理而已，一旦涉及传统中国的法律与道德问题，情况马上就会发生变化，好像中国是个例外。[2]

---

[*] 原载于《南京大学学报》2008年第1期，有修改。
[1] 有关著述很多，可选中、美、德三国有代表性的大学法科教材为证。请分别参见张文显主编：《法理学》（第3版），高等教育出版社、北京大学出版社2007年，第381~387页"法与道德"；[美]E. 博登海默：《法理学——法哲学及其方法》，邓正来、姬敬式译，华夏出版社1987年版，第1~205页"法哲学的历史沿革"；[德]魏德士：《法理学》，丁晓春等译，法律出版社2005年版，第179~183页"道德、伦理和法"。
[2] 譬如，讨论像本文主题这样的文章，我在以前是不会写的。因为从我1980年开始学习法律起，就领略到了传统中国法因其"礼法结合"所形成的法律道德化和道德法律化而受到的广泛严厉的批评。这些批评已深深地印在我的脑子里，其影响之大对自己任何稍有不同的想法，哪怕是本能的不满都形成某种压制。面对强大的批评声，即使心有疑惑亦不敢随便提出异议，似乎一提出就有为"人治"辩护之嫌。现在回顾起来，这个看似纯粹的个人经历，其实浓缩了一代人和一个时代的特征。这样说的意思是，像我这样生于20世纪60年代，又在80年代步入大学的法律学人，有两个先天不足：一是深受政治意识形态和现代化话语的影响；一是接受法律实证主义的教育。前者让我们要么把传统当作封建专制加以批判，要么把传统与现代化完全对立起来；后者使我们将法

其实，在人类法律文化之林中，传统中国法之所以能够独树一帜，部分是因为它悠久的历史和深远的影响，部分还由于它精深的学理。对于前者，学界多有研究；对于后者，学界虽亦有关注，但成果大都集中在对制度本身和对儒、法、道三家法思想的探讨上。如何对传统中国法在整体上作原理性的把握，揭示贯通诸子百家同时又支配传统中国法发展的一般理论，亦即对传统中国法共通原理的研究，仍然是一个薄弱环节。有鉴于此，我拟从原理概念入手，以《唐律疏议》为中心，逐步探讨相关问题。

一、传统中国法的原理是道德原理

"原理"是来自西方的概念，在传统中国文化中可与之相对应的是"道"。当然，这个"道"不单是道家之道，而是包含了道家之道的中华文化之道，亦即传统中国文化的共通原

律与道德分离。不幸的是，这成了我们那一代法律学人共有的理论和专业基础。如果再加上自己的根底不足，就很难理直气壮地说出自己的想法。现在促成笔者来撰写这篇文章的因素，除了专业上的认识外，还有几个与之相关的问题意识：一个是费孝通先生讲的，在全球化的今天如何做到"文化自觉"；另一个是沟口雄三教授在一次国际会议的演讲中提到的，"中国知识分子的历史课题是摸索中国文化传统下法的原理（法源在于权利还是在于道德），或者在私营经济活动日益活跃的现状下，探索如何对共同性和个人性的关系作出原理的说明。"（参见［日］沟口雄三：《儒教研究的新期待——以阳明学为中心》，载张立文主编：《东亚文化研究》，东方出版社2001年版，第299页。）再有是目睹现实中国，一方面为它的发展深受鼓舞，一方面又为它存在的问题而忧虑。私见以为当下中国的最大问题不仅在于制度亦在于人，人的问题不仅在于规范更在于道德。如果我们的制度、法律和人都没有了道德，或者说缺乏了德性，那后果是不堪设想的。因此之故，我将自己学习《唐律疏议》的心得体会和对传统中国法的思考结合起来，借以重新探讨传统中国法的原理及其价值。

理。[1]因此，传统中国法的原理，可以理解为传统中国法之道。如何认识这个道，我们不妨先看一看《唐律疏议》在开篇《名例》篇中是如何说的。它说"德礼为政教之本，刑罚为政教之用，犹昏晓阳秋相须而成者也"[2]。这句话的意思是说，德礼是政教的根本，刑罚是政教的辅从，两者的关系犹如黄昏与早晨（相续为一天）、春天与秋天（相续为一年），只有相互结合才能构成完美的整体。这是对上述律文的直译，如果仔细分析，就会发现它的内涵远不是这么简单。首先，它融合了儒、法、道三家的思想。从概念的倾向上讲，"德礼"是儒家的，"刑罚"是法家的，"昏晓阳秋"是道家的。儒、法、道三家的思想在国家法典中融为一体，这是西汉以来中国法律发展到唐代"臻于完善"的表现，唐律由此成为传统中国法的象征和代表。其次，它贯彻了中华文化之道，体现出从阴阳合一、阳主阴从到礼法结合、德主刑辅的道德原理结构。为了更直观地阐明这一点，我们先看下面的图示：

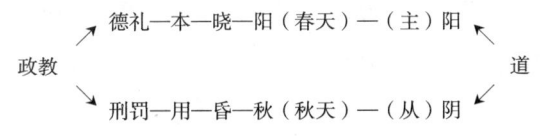

```
         ┌─ 德礼—本—晓—阳（春天）—（主）阳 ─┐
   政教 ─┤                                      ├─ 道
         └─ 刑罚—用—昏—秋（秋天）—（从）阴 ─┘
```

图1　《唐律疏议·名例》所示道德原理结构图

---

[1] 参见冯友兰：《中国哲学简史》，涂又光译，北京大学出版社1996年版，第144~149页；严灵峰：《原道》，载胡晓明、傅杰主编：《释中国》（第2卷），上海文艺出版社1998年版，第899~906页；[韩] 李顺连：《道论》，华中师范大学出版社2003年版。

[2]（唐）长孙无忌等撰：《唐律疏议》，刘俊文点校，中华书局1983年版，第1页。

很明显，这个图示是把上面《唐律疏议·名例》的表述结构化了，其中"阳秋"之后是笔者加上的，但符合道的构成。透过这个图示，我们可以看到作为政教两翼的德礼与刑罚与作为道之两仪的阳与阴的对应关系。我们知道，政教是传统中国政治文化的统称，法律亦包括在其中。因此，作为政教两翼的德礼与刑罚，实际上就是传统中国法的基本内容，亦即儒、法、道三家法思想合流后的礼法结构。正如上述《唐律疏议·名例》所示，在这个结构中，德礼为本、刑罚为用。对此，人们把它概括为礼法结合、德主刑辅。礼法结合、德主刑辅是以唐律为代表的传统中国法的基本结构。由上述图示可见，礼法结合、德主刑辅的哲学基础或者说法理依据是阴阳合一、阳主阴从的中华文化之道。

毋庸赘言，"道"是传统中国文化的最高范畴。依据中国经典表述，道的基本构成是阳与阴，亦即太极的两仪或二元。[1]阴与阳这两者的关系是对立统一的辩证关系，其中对立中有相涵相摄，相涵相摄中又有支配，阳在其中起主导和支配作用，形成阴阳合一、阳主阴从的结构，产生阳生阴成、相生相成的结果，这即是传统中国的一阴一阳之道。[2]按照传统中国思维，阳代表德

---

[1]《周易·系辞上传》曰："易有太极，是生两仪"。
[2] 汉代大儒董仲舒在《春秋繁露·基义》中说的一段话可为经典，他说："凡物必有合。……阴者阳之合，妻者夫之合，子者父之合，臣者君之合。物莫无合，而合各有阴阳。阳兼于阴，阴兼于阳。夫兼于妻，妻兼于夫。父兼于子，子兼于父。君兼于臣，臣兼于君。君臣父子夫妇之义，皆取诸阴阳之道。君为阳，臣为阴。父为阳，子为阴。夫为阳，妻为阴。……阳之出也，常县于前而任事；阴之出也，常县于后而守空也。此见天之亲阳而疏阴，任德而不任刑也。是故，……德礼之于刑罚，犹此也。故圣人多其爱而少其刑，厚其德而简其刑，此为配天。"另见《春秋繁露·阳尊阴卑》等。

性，阳主意味着事物的属性依德。[1]因此，虽然在通常情况下，人们习惯于用道或理来指称事物的原理，但在这种情况下，道或理实际上已经含有了德。[2]因为道或理原本所表达的只是事物的秩序结构，而德所表达的才是事物的内在属性。[3]这表明在事物构成的原初意义上，道是德的表现形式，德是道的存在依据，道与德共同构成了事物的统一性，亦即道德是事物的统一原理。[4]由此可见，作为秩序结构亦即原初意义上的道，与作为内在属性的德原本是相对应的，两者只有合成才能构成完整的道德原理；而作为原理意义上的道，实际上已经含有了德，所以，这个道亦可以称之为道德原理。有鉴于此，我把这个文化构成理论统称为

---

[1] 参见《易传》及《周子通书》。

[2] 如江袤说：“道、德实同而名异，曰道曰德，亦何所不可也。”[（明）焦竑：《老子翼》，黄曙辉点校，华东师范大学出版社2011年版，第229页。]

[3] 如《庄子·天地》：“通于天地者，德也；行于万物者，道也。”又如《管子·心术上》：“德者道之舍，物得以生……”又如《大戴礼记·主言》：“道者所以明德也，德者所以尊道也。是故非德不尊，非道不明。”

[4] 如《周易·系辞上传》曰：“一阴一阳之谓道，继之者善也，成之者性也。”说的就是这个意思。但要明白这句话的意思，先要明白"一阴一阳之谓道"的"道"是原理之道，而非与德对应以表示事物形式或结构的道。首先，从"一阴一阳之谓道"的"道"来看，此"道"已经包含了阴与阳，而道属阴、德属阳，所以，一阴一阳之道的"道"是已经包含了道与德的"道"。其次，"一阴一阳"是指阴阳变化的规律、法则或者说原理，所以，一阴一阳之道的"道"不止是已经包含了道与德的"道"，亦是指阴阳变化的规律、法则或者说原理。因此，所谓"继之者善也"，是指顺阴阳变化之原理而生生不息者谓之善，亦即德，因为德曰生曰善。所谓"成之者性也"，是指受阴阳变化之原理而成形定型者谓之性，亦即道，因为道曰成为性（型）。所以，一阴一阳之道就是事物的统一原理，或者说万物生成的原理。即如《周子通书·顺化》所说："天以阳生万物，以阴成万物。"[（宋）周敦颐撰：《周子通书》，徐洪兴导读，上海古籍出版社2000年版，第36页。]

"道德原理"。[1]

　　道德原理的内在结构是，德是阳是生是体是内是质是主，道是阴是成是用是外是式是辅，两者是对立统一的辩证关系。所以，道的有序建立在德的合理基础上，德的合理借由道的有序来体现。道德的合理有两层含义，即绝对的合理与相对的合理。绝对的合理为万物同理，亦即理一；相对的合理为物各有理，亦即分殊；两者对立统一为理一分殊。理一分殊是万物原理。理一意味着事物本质抽象上的同一，亦即形而上的"齐"。分殊意味着事物本质现象上的不一，亦即形而下的"差"。"齐"要求同等对待（即一体、统一、共生共荣），"差"要求区别对待（即不等、有序、和而不同），但两者都是合理的。德所固有的这种合理性结构，内在地规定了道并通过道向外呈现出来，最后形成有序与合理，亦即道（有序）与德（合理）的有机结合，实际是道与德的一体化，结果是合理有序的构成。其结构形式是道，表现为一体二元主从式多样化的构成；其本体性质是德，表现为生生不息的共生共荣，包括创生、仁爱、付出、责任、公明、诚实、本然等德性。这表明传统中国法的构成原理，形式上是道，实质上是德，亦即道德原理。如果对照上述《唐律疏议·名例》的表述和图示，我们即可发现，传统中国法的原理不过是中国文

---

[1] 这里"道德原理"中的"道德"一词，其含义与现在我们通常所说的"道德"的含义不同。前者是传统中国哲学中的一个重要范畴，用以表达世界万物的原理，亦即正文中所说的，道是事物的存在形式，德是事物的存在依据，道与德共同构成事物的统一性。这个原理贯通天、地、人，亦即自然、社会与人类，所以它本质上是中国人的世界观。由此可见，它与我们现在通常所说的人的品行好坏的道德一词，包括与英文中的 moral 和 morality，在内涵上并不一致。它们之间的联系，只能说后者是从前者引申来的。

化原理在法律上的延伸和表达，只是这个原理的内涵有了变化，由阴阳合一、阳主阴从的哲学概念转换成了礼法结合、德主刑辅的法律概念。因此，从法哲学上说，传统中国法的原理可称之为道德原理。换言之，道德是传统中国人视法之为法，亦即法之正当性的理据所在，所以说它是传统中国法的原理。

二、传统中国法的道德原理之表证

道德就像我们生活中的空气，虽必不可少且时时感觉到，但却很难定义。原因是道德是一个广泛的体系，人们可以从不同的角度来认识它。从法和社会学的角度说，道德是社会调控体系中的一种形式，是人们关于善与恶、美与丑、真与假、正义与非正义之类的感觉、观点、规范、原则和信念的总和。由此可见，道德本身是一个系统，它至少包含了价值与理念、原则与规范、感觉与态度这样几个层面。在此，我们不妨借这个结构来解读一下传统中国法的道德原理。

（一）

首先在价值与理念层面上，亦即人们关于道德的信念方面，传统中国法的道德原理集中在一个"善"字上，表现到国家法律上就是追求"善治"，亦即以博爱的胸怀和精神来制定贯彻法律。《唐律疏议·名例》在谈到立法宗旨时说：

"《易》曰：'天垂象，圣人则之。'观雷电而制威刑，睹秋霜而有肃杀，惩其未犯而防其未然，平其徽纆而存乎博爱，盖圣王不获已而用之。"这是一段含义丰富、意味深长的话。它一是说明圣人（代表国家）立法效法自然，所谓"'天垂象，圣人则之。'观雷电而制威刑，睹秋霜而有肃杀"。二是表明圣人（代表国家）立法的目的不是刑杀，而是为了"惩其未犯而防其未然，平其徽纆而存乎博爱"。具体说，圣人（代表国家）立法的直接目的是"防其未然"，其深远意图则是"存乎博爱"。而圣王（国家圣主）为此之所以要动用刑罚，实在亦是不得已而为之。恰如宋儒朱熹所言："教之不从，刑以督之，惩一人而天下人知所劝戒。所谓'辟以止辟'。虽曰杀之，而爱之实已行乎其中。"[1]其实，《唐律疏议》主持人长孙无忌等在《进律疏表》中对此就有很好的说明：所谓"伏维皇帝陛下，体元纂业，则天临人，覆载并于乾坤，照临运于日月，坐青蒲而化四表，负丹扆而德被九围。日旰忘餐，心存于哀矜；宵分不寐，志在于明威"[2]。大家知道，《名例》是《唐律疏议》的灵魂，《唐律疏议》是唐律的精髓，唐律又是传统中国法的代表，因此，《唐律疏议·名例》所表述的这个立法宗旨，并不仅限于《唐律疏议》，而是传统中国法的共同特质。《清史稿·刑法志》对此有一个很好的总结，它说："中国自书契以来，以礼教治天下。劳之来之而政出焉，匡之直之而刑生焉。政也，刑也，凡皆以维持礼教于勿替。故《尚书》曰：'明于五刑，以弼五教。'又曰：'士制百姓于刑之中，以教祗德。'古先哲王，其制刑之精义如此。……至唐《永徽律》出，始集其成。虽沿宋迄元、明而面目一变，然科条所布，于扶翼世教之意，未尝不兢兢焉。君子上下数千年之间，观其教化之昏明，与夫刑罚之中不中，而盛衰治

---

[1] （宋）黎靖德编：《朱子语类》（第5册·第78卷），王星贤点校，中华书局1994年版，第2009页。
[2] 前揭（唐）长孙无忌等撰：《唐律疏议》，刘俊文点校，第578页。

乱之故,綦可睹矣。"这个总结阐释了传统中国几千年来的立法精髓是"以教祇德"的善。因此,从价值与理念层面上讲,传统中国法的原理既可谓是道德原理又可谓是善的原理。

其实,"善"不止是传统中国文化的至德[1],亦是人类的崇高美德,犹如亚里士多德所说:"每种技艺与研究,同样地,人的每种实践与选择,都以某种善为目的。所以有人就说,所有事物都以善为目的。"[2]但在不同的文化中,善的来源有所不同。西方文化中的善,最早来自柏拉图的理念论,后又出自基督教的上帝。[3]如果要追溯传统中国文化中的善,至少可溯及中华文化的元典《易》。《周易·系辞上传》曰:"一阴一阳谓之道,继之者善也,成之者性也。"其意是说一阴一阳的对立转化称作道,继承它的是善,成就它的是本性。具体说"善"就是化生万物,亦即万物的创生原则,这是宇宙间最大的盛德,所以《周易·系辞上传》曰:"日新之谓盛德",《周易·系辞下传》曰:"天地之大德曰生"[4]。由此可见,传统中国文化中的善源自道寓于德,延伸到传统中国法上,即构成笔者所说的道德原理。这一点与西方显然不同。

(二)

在善的信念指导下,传统中国法的道德原理表现到法律原则

---

[1] 有关传统中国善的价值系统研究,请参见杨国荣:《善的历程:儒家价值体系研究》,上海人民出版社2006年版。
[2] 参见[古希腊]亚里士多德:《尼各马可伦理学》,廖申白译注,商务印书馆2003年版,第3~4页。
[3] 参见[美]梯利:《西方哲学史》(增补修订版),葛力译,商务印书馆2000年版,第65~67页、第71~73页、第166~168页。
[4] 更多的讨论参见周振甫译注:《周易译注》,中华书局1991年版,第234页。牟宗三主讲:《周易哲学演讲录》,华东师范大学出版社2004年版,第54~60页。

与规范上,可以简单地用"三纲五常"来概括。三纲是指君为臣纲、父为子纲和夫为妻纲,五常包括仁、义、礼、智、信。三纲是社会的伦理,五常是个人的德性。传统社会"纲常"二字连用,意指道德或一般道德律。[1]三纲五常是长期以来受批判的传统中国的法律原则和制度。其实,随着中国封建社会的成长,三纲五常并非没有发挥过积极作用,否则就无法理解传统中国社会的兴盛与作为政纲的传统法的关系。[2]只是随着中国封建社会的衰落,三纲五常的消极性才凸现出来。但对此亦要做具体分析,作为封建的、专制的和宗法的三纲,由于不适时宜已遭淘汰,所以本文在这里亦不予讨论。但作为具有普遍意义的人的道德原则,五常剔除它某些具体过时的礼教内容,仍有研讨的必要。笔者正是秉着这一认识,来重新检讨五常在传统中国法的原则与规范上的表现。

为什么说五常属于道德原理的范畴,这是我们要讨论的前提。本文在前面已经说明,道德原理的原理是道而属性是德,那么,德的具体内容又是什么呢?按照一般的理解,德的具体内容是仁、义、礼、智、信之五德,即通常所说的德目。[3]这五德就

---

[1] 参见前揭冯友兰:《中国哲学简史》,第170页。
[2] 朱熹说过:"宇宙之间,一理而已。天得之而为天,地得之而为地,而凡生于天地之间者,又各得之而为性。其张之为三纲,其纪之为五常,盖皆此理之流行,无所适而不在。"[(宋)朱熹撰:《朱子全集》,上海古籍出版社、安徽教育出版社2002年版,第3376页。] 这说明在传统中国的思想体系或者说中国人的世界观中,"三纲五常"是天理。还有,贺麟先生对五伦特别是三纲作了与众不同而富有哲理的解读。他认为,在传统中国,三纲之为纲有着自然、政治和道德上的合理性,对于大一统国家的存在和维护作用亦是明显的。参见贺麟:《五伦观念的新检讨》,载胡晓明、傅杰主编:《释中国》(第2卷),上海文艺出版社1998年版,第1204~1218页。
[3] 参见前揭牟宗三主讲:《周易哲学演讲录》,第113页。

是人们所说的五常，常有不变的意思，表明人有五种不变的德性，与通常说的五伦[1]略有不同。如此，我们明白五常或德目，即仁、义、礼、智、信，是我们要讨论的对象。千百年来，中国人对仁、义、礼、智、信之五常的解释并非一致。[2]这是理所当然的事，因为变本身是符合道的，所以易亦叫移。但变中有不变，这亦是道，所谓易有常经。[3]笔者以为，普通中国人对五常的一般理解是：仁表示仁慈博爱，义表示适宜恰当，礼表示有序合理，智表示明智通达，信表示诚实信用。藉此，我们对它们可以作法律结构上的分析。

大家可以看到，仁的含义是仁慈博爱，在五常的结构中它居于首位，说明它是五常的第一原则，这在传统中国法中亦有同样的体现。正如我们在前面所引的《唐律疏议·名例》所说的"平其徽纆而存乎博爱"，以及长孙无忌等在《进律疏表》中表述的"而体国经野，御辨登枢，莫不崇宽简以弘风，树仁惠以裁化"[4]。还有朱熹所说的"虽曰杀之，而仁爱之实已行乎其

---

[1] 五伦是儒家认为的五种人伦道德，即亲、义、别、序、信，来自孟子的"人之有道也，饱食暖衣，逸居而无教，则近于禽兽。圣人忧之，使契为司徒，教以人伦：父子有亲，君臣有义，夫妇有别，长幼有序，朋友有信"（《孟子·滕文公上》）。
[2] 在对五常的理解中，孔子和孟子的说明是引用最广的，但实际上后人的理解并不局限他们，只是大意相通而已。孔子说："上好礼，则民莫敢不敬；上好义，则民莫敢不服；上好信，则民莫敢不用情。"（《论语·子路》）孟子说："恻隐之心，仁也；羞恶之心，义也；恭敬之心，礼也；是非之心，智也。仁、义、礼、智，非由外铄我也，我固有之也。"（《孟子·告子上》）
[3] 《易纬·乾凿度》曰："易一名而含三义，所谓易也，变易也，不易也。"（孔颖达：《周易正义》卷首引）
[4] 前揭（唐）长孙无忌等撰：《唐律疏议》，刘俊文点校，第577页。

中",以及《清史稿·刑法志》引《尚书》所说的"明于五刑，以弼五教"和"士制百姓于刑之中，以教祗德"等，都清楚地表明：仁，亦即仁慈博爱，既然已是传统中国立法的宗旨，当然亦是传统中国法的第一原则。这一原则在法律规范上的突出表现就是慎刑和恤刑的宽宥制度，包括死刑复奏、诸司会审、秋审朝审、秋冬行刑等慎刑制度，和对老、弱、病、残、鳏、寡、孤、独，以及妇女、儿童的恤刑制度。[1]这些体现仁爱精神的法律规定，在传统中国法中可谓不胜枚举，可以说自西周《吕刑》到《大清律例》，历朝正典都有明确规定，而且从《北齐律》以后，一般都作为原则载于法典的首篇《名例》中，就像《唐律疏议》中的《名例》那样起着指导规范全律的作用。例如，《唐律疏议》对加役流的疏议曰："加役流者，旧是死刑，武德年中改为断趾。国家惟刑是恤，恩弘博爱，以刑者不可复属，死者务欲生之，情轸向隅，恩覃祝纲，以贞观六年奉制改为加役流。"[2]而且由于在传统中国文化中，仁、善、德相通，所以，当我们讲传统中国法的道德原理时，实际上亦等于在说它的善、它的仁。

在仁之后的五常结构中，分别排列着义、礼、智、信。义、礼、智、信同样是传统中国人的重要德性，是仅次于三纲和仁的法律原则与规范。先就"义"来说，它的基本含意是适宜、恰

---

[1] 传统中国法中有关慎刑、恤刑的规定，可谓历史悠久、内容繁多，无法一一列举。有意者可参阅诸法典的《名例》篇和《历代刑法志》的相关部分；或参见[美] D. 布迪等：《中华帝国的法律》，朱勇译，江苏人民出版社1995年版，第112~140页"司法制度"；或浏览较好的《中国法制史》著作中司法制度部分。

[2] 前揭（唐）长孙无忌等撰：《唐律疏议》，刘俊文点校，第35页。

当，说明义有正当、正义的意思。[1]这是人类法律的共性之一，自然亦是包括唐律在内的整个传统中国法的立法原则或者说法律根据之一，即如《唐律疏议·名例》"序"所说："律者，训铨，训法也。易曰'理财正辞，禁人为非曰义。'故铨量轻重，依义制律。"[2]同时，由于传统中国是等级社会，所以义的正当性往往与身份相关，其实这亦正是人类古代法的一大特征，中国自不例外。再有，传统中国的义经常与仁联系在一起称作仁义，说明义有强烈的利他道德意味，这是传统中国法的特色。义的这三层含义在唐律和传统中国法中都有体现，譬如，"杀人者死，伤人者刑"；"八议"与"官当"；以及怜老恤幼、抑强助弱，这三项传统中国法的基本原则及其规范，可以分别对应上述义的三层含义。[3]

现在来讨论礼。礼，虽然在五常中居中，但它与德相连，统称为德礼，一直是传统中国法的核心概念和重要原则。礼原本是一种习惯，后发展为系统的规范，追求的是合理的等级秩序，亦即费孝通先生在他的《乡土中国》中所说的"差序格局"。[4]在传统中国，这种"差序格局"是合理的文明的标志，因为礼所倡导的这种等差据于理、合于德、归于道，是传统中国道德文化原理的体现。所以，"礼法合一"是天理→情理→法理的合一。礼在传统中国法中有广泛的表现，我们几乎可以在各个领域中观

---

[1] 孔颖达对《唐律疏议·名例》"序"中所引《周易》的"理财正辞，禁人为非曰义"的"义"的解释是："义，宜也。言以此行之，得其宜也。"[参见前揭（唐）长孙无忌等撰：《唐律疏议》，刘俊文点校，第24页。]

[2] 前揭（唐）长孙无忌等撰：《唐律疏议》，刘俊文点校，第1~2页。

[3] 更详细的讨论，可参见[美]金勇义：《中国与西方的法律观念》，陈国平等译，辽宁人民出版社1989年版，第78~143页。

[4] 参见费孝通：《乡土中国》，生活·读书·新知三联书店1985年版，第21~28页。

察到它的存在，前引《唐律疏议·名例》所揭示的"德礼为政教之本"已经说明了问题，《唐律疏议》500条中本身就有不少律文和疏议直接是以礼为据的。[1]正如《四库全书总目·唐律疏议提要》的评论："论者谓《唐律》一准乎礼，以为出入得古今之平，故宋世多采用之。元时断狱，亦每引为据。明洪武初，命儒臣四人同刑官进讲《唐律》，后命刘惟谦等详定《明律》，其篇目一准于唐。"清代学者王友谅在《书唐律后》中亦说："《唐律》具存，计篇十二，计卷三十，而国朝定制，参稽旧文，损益以归于大中，其所资者，亦以《唐律》为多。"[2]其实，在宋明理学取代汉唐儒学成为正统意识形态后，礼和教合一，礼教的观念由此获得了前所未有的深化和扩散，宋尤其是明、清诸律中的礼教化远胜于《唐律》。正可谓"礼之所去，刑之所禁；失礼则入刑，相为表里者也"[3]。

传统中国崇尚德性，但并不排斥智性，而且把智性亦看成是德性的一种，所以五常中有智这一项，排列于礼之后。在传统中国文化中，智是知识又是智慧，但因为不是所有的知识和智慧都有德性，所以只有合乎礼的知识和智慧才是智，这样的智谓之智德，表现为明智通达，因而为法律所尊，否则要受限制以至处罚。[4]

---

[1] 参见前揭（唐）长孙无忌等撰：《唐律疏议》，刘俊文点校，第4页、第80～81页、第190页、第498页等。
[2] 《清·经世文编》卷九。
[3] 《后汉书·陈宠传》。
[4] 在传统中国，凡是触犯礼教的知识和智慧，往往被视为奇技淫巧，受到法律的禁止和制裁。如，对天文星象知识的垄断。《唐律疏议·职制》"私有玄象器物"条规定："诸玄象器物，天文，图书，谶书，兵书，七曜历，太一，雷公式，私家不得有，违者徒二年。[私习天文者亦同]……"

例如，传统中国法长期将人分为士、农、工、商四类，规定士人和农人是良民，官工和以商为业者是贱民，而良民与贱民之间身份悬殊，在权利与义务上有着广泛的等差。[1]这是传统中国一项重大的身份法原则。此外，即使同样是良民，士人的身份又远在农人之上。[2]根据笔者的理解，传统中国法中的身份制度受多种因素的影响，但毫无疑问，尊智是其中的一项。当然，法律上的这种以智划分身份的规定只适于当时，如今早已过时。除了身份上的尊智外，在传统中国法的实施上，因智的不同而有同罪异罚的现象，如对年幼和愚、残等智力不健全者，一般都减免法律责任。《唐律疏议·名例》"老小及疾有犯"条规定："诸年七十以上、十五以下及废疾，犯流罪以下，收赎。八十以上、十岁以下及笃疾，犯反、逆、杀人应死者，上请；盗及伤人者，亦收赎。余皆勿论。"[3]其实，这正体现了智后面德的仁爱。对于这一点，西方学者亦是给予赞赏的。[4]

最后，我们来讨论一下信。在传统中国，信有信仰、信念、信义、信用、信心等多重含义。但显而易见，五常中的"信"，一般是指信义、信用，亦即诚实信用。诚实信用是人类的元伦理，亦是发达的西方民法的一项基本原则。这一点法学家们都清楚。然而，并非大家都清楚的是，尽管传统中国的民事法相对于西方不发达，但诚实信用亦是它的一项重要原则；而且按照西方

---

[1] 参见瞿同祖：《中国法律与中国社会》，中华书局1981年版，第130~249页。
[2] 士人享有许多农人所不能享有的法定特权，如明清时期的减免赋税，还有士人犯法在革除学籍后官府才能追究等。
[3] 前揭（唐）长孙无忌等撰：《唐律疏议》，刘俊文点校，第81~83页。
[4] 参见前揭［美］D. 布迪等：《中华帝国的法律》，朱勇译，第28~31页。

法的分类,无论是在公法还是私法领域,这一原则都是明确的。在中国早期的典籍《礼记》中就已经有了"物勒工名,以考其诚;功有不当,必行其罪,以穷其情"[1]的制度,这一制度在传统中国法中得到了很好的贯彻。《唐律疏议》共有十二篇,其中第八篇《诈伪》主要是对公法领域中不诚实的欺诈行为的处罚规定。如《唐律疏议·诈伪》"非正嫡诈承袭"条规定:"诸非正嫡,不应袭爵,而诈承袭者,徒二年;非子孙而诈承袭者,从诈假官法。若无官荫,诈承官荫而得官者,徒三年。……"[2]在唐代,按照令的规定,爵位只能由嫡子嫡孙承袭,官荫只能由子孙承荫,凡欺诈冒袭、承荫者,分别处徒刑和流刑。类似的规定在《唐律疏议·职制》等篇中亦有涉及,此不赘述。在私法领域,对不讲诚信而有欺诈行为的处罚规定主要集中在《唐律疏议·杂》和《唐律疏议·擅兴》等篇中。如承袭《礼记》"物勒工名"的精神,《唐律疏议·杂律》"器用绢布行滥短狭而卖"条规定:"诸造器用之物及绢布之属,有行、滥、短狭而卖者,各杖六十。……"[3]意思是说,凡制造并销售有行、滥、短狭之瑕疵的商品者,亦即在商业生产和销售中有隐瞒商品瑕疵而不讲诚信者,分别要处杖六十的处罚。笔者亦曾对唐代的经济民事法律做过研究,结论是诚实信用是唐代工商法和债权法的共通原则。[4]

---

[1] 《礼记·月令》。
[2] 前揭(唐)长孙无忌等撰:《唐律疏议》,刘俊文点校,第463页。
[3] 前揭(唐)长孙无忌等撰:《唐律疏议》,刘俊文点校,第497页。
[4] 参见张中秋:《唐代经济民事法律述论》,法律出版社2002年版,第51~72页及第149~170页。

(三)

在传统中国法的道德原理结构中,还有一个感觉和态度的层面。这一层面主要是作为主体的人对客体的法,包括对法的规定和施行的认识与评价,通常表现为大众心理感觉和社会舆论情态。笔者认为,通过对传统中国法观念的解剖这条途径,我们可以获得对这个问题的大致认识。因为法观念反映了人们对法的认识和评价,而且亦是大众有关法的心理感觉和社会舆论的依据。因此,透过法观念,我们可以了解到在传统中国法的道德原理结构中感觉与态度这一层面的情状。

传统中国的法观念是一个大法观念,包括天理、国法和人情。[1]按照传统中国人的理解,天理、国法和人情是相通的。所

---

[1] 从语义上说,汉字中的"法"本身就有法则、法度、法式、法律、法规、合情、合理等含义,涵括了天理、国法和人情的意义。从制度上看,传统中国历代法典的开篇,尤其是唐代以后诸法典的《名例》篇,以及历代正史中的《刑法志》,譬如第一篇《汉书·刑法志》和最后一篇《清史稿·刑法志》,事实上都是在对天理、国法与人情一体化的来历与正当性的论证和重述。如果再从法的实践方面来考察,传统中国留传下来的司法判决和文献亦能印证这一点,至少在判官、当事人和文书/文献制作者的观念上,他们自己是这样认为的。还有更重要的是,生活在传统中国社会中的普通民众的法意识,这虽然难以界定,但把它看成是一个天理、国法、人情的混合体,大概离真实不会太远。另,陈顾远先生对天理、国法、人情三位一体,以及国法、人情都归于理的解读,可以说都是正确的认识。(参见陈顾远:《天理·国法·人情》,载范忠信等编:《中国文化与中国哲学——陈顾远法律史论集》,中国政法大学出版社2006年版,第275~282页。)但他通篇没有在哲学上说透,天理为何能支配国法、人情,亦没有在逻辑上说清天理、国法、人情是如何贯通的。其实,在中国哲学中,宇宙是一个有机系统,万物相互感应互为一体,所以自然、社会、人类是相通的,而通就通在理上。这个理就是天理。它首先表现为万物井然有序与生生不息的自然之理,进而被先贤们抽象表达为道与德,所以称之为道德律。道德律不仅是中国人观念中的自然律,亦是社会集体、人类生活的支配律,所以,道德乃是中国文化的根本原理,天理、国法、人情正是在此基础上达到三位一体相互贯通的。

以,国法能够而且必须上符天理下合人情,否则,就不能称之为国法。那么,是什么让它们相通呢?仔细分辨一下即可发现:天虽然是客观存在但不能言,所谓天理实际是人在代言;国法虽亦是客观实在,但实际上它还是人的产物;最后,只有人情才是人的主动表现。因此,在天理、国法与人情的关系中,人情处于主体/主动的位置,而天理与国法只处于客体/被动的位置。这样,在三间之间能够起贯通作用的,或者说担当贯通这一角色的只能是人情。那么,人情又是通过什么来贯通的呢?笔者以为,只是一个"理"字而已,所谓天理、法理、人理,实则是一理。因这个理出自人情,所以又叫"情理"。

在汉语境中,"情理"是指合乎人情的道理或者说有道理的人情。什么是合乎人情的道理或者说有道理的人情呢?对生活在不同的文化和场景中的人来说,它的含义和范围似乎都难以确定。但笔者相信,在传统中国,情理的核心内容是确定的,就是我们在前面所说的三纲五常,其来源正是传统中国文化的道德原理。《唐律疏议·名例》"大不敬"中有注:"指斥乘舆,情理切害。"疏议对"情理切害"的解释说:"旧律云'言理切害',今改为'情理切害'者,盖欲原其本情,广恩慎罚故也。"[1]大家知道,原其本情是考察动机,广恩慎罚是示仁爱,两者都是道德性的表现,所以,"言理"改为"情理"这一字之改,则深刻体现了《唐律疏议》的法理意蕴。作为传统中国大众道德表现的情理,由于它是根植于道德原理的,所以在精神和内涵上都与当时社会的主流价值一致。传统中国的主流价值在早期是礼,后来

---

[1] 前揭(唐)长孙无忌等撰:《唐律疏议》,刘俊文点校,第11~12页。

发展为礼教。礼教的核心内容就是三纲五常,亦即通常所说的"纲常名教"。礼教能够成为传统中国社会的"纲常名教",说明它深入人心已到了何等地步!这同时亦意味着在传统中国,无论是精英阶层还是普通民众,三纲五常实际是人们评价法的准则。正如朱熹所说:"盖三纲五常,天理民彝之大节而治道之本根也,故圣人之治,为之教以明之,为之刑以弼之,虽其所施或先或后,或缓或急,而其丁宁深切之意未尝不在乎此也。"[1]所以,具体到某部法典、某条律文或某件判决,凡是符合君为臣纲、父为子纲和夫为妻纲之三纲的,或体现仁、义、礼、智、信之五常的,就是合乎情理,反之即不合情理。正是由于这个原因,传统中国法亦被称为"情理法"。[2]情理法说出了人们对传统中国法的认识与评价,同时亦恰当地表达了大众对传统中国法的道德原理的感受与态度。

三、传统中国法的道德原理之意义

在前述部分中,我们对传统中国法道德原理的内涵和结构进行了解读与分析,在这一部分中,我将以前述为基础,深入探讨它的价值。需要说明的是,既然是价值探讨,自然是指积极的方

---

[1] 转引自杨鸿烈:《中国法律思想史》,中国政法大学出版社2004年版,第141页。
[2] 此类资料繁多,不复列举,经典者可见宋人《名公书判清明集》和明、清官员以及幕吏的判牍文集。现代研究的成果,可参见[日]滋贺秀三:《清代诉讼制度之民事法源的概括性考察——情、理、法》,载王亚新等编:《明清时期的民事审判与民间契约》,法律出版社1998年版;范忠信等:《情理法与中国人——中国传统法律文化探微》,中国人民大学出版社1992年版;林端:《儒家伦理与法律文化——社会学观点的探素》,中国政法大学出版社2002年版。

面，否则就不能称之为价值。但这不等于说传统中国法的道德原理没有消极的东西，其实本文在前面已经指出了作为道德原理表现的三纲之弊端，即封建性、专制性和宗法性。这些大家都已清楚，不再赘述，而且原本亦不宜列入价值讨论的范畴。在此我对这一问题所要做的探讨，主要立足于原理本身及其表现，并集中到人、法、社会这三个方面，表述为传统中国法的道德原理对人与法和社会的意义。

从对人的意义来说，传统中国法的道德原理的最大价值在于它的人文性。这个人文性立足于道德之上，体现为对人之为人的德性的确认、保护和促进，因此我们不妨称之为道德人文性，这使它不同于立足于理性之上的西方人文主义传统。[1]如果要以史为证的话，我们可以说，在中国的夏商时期，法律还受原始性的宗教神权支配，所以"天罚神判"盛行，人的主体性和理性都受到神性的压制。但从西周开始，人的主体性和理性崛起，体现德性的人文法逐渐代替原始性的宗教神权法。西汉以后中国的法律与儒家伦理相结合，到唐朝两者达到了水乳交融的境地，形成了礼法结合、德主刑辅的唐律。这在古代社会是一种高度发达的人文法，其正当性直接来源于它的道德性，而其哲学依据就是我们在前面所说的道德原理。如前所说，道德原理的结构是阴阳合一、阳主阴从，这是传统中国人所认识到的万物构成的原理，体现到人就是人的德性对兽性控制的身心合一，体现到法就是德主刑辅的礼法结合。这样的法不止是摆脱了神鬼式的原始宗教的束

---

[1] 参见［英］阿伦·布洛克：《西文人文主义传统》，董乐山译，生活·读书·新知三联书店1997年版。

缚，而且是肯定、高扬了现实中的人和人的德性，所以说它是一种高度发达的人文法。

在传统中国文化中，人心和德归属于阳性，与理性相通，代表人性与文明；与此相对，人身和刑归属于阴性，与非理性相通，代表禽性（本能）与野蛮。因此，德主刑辅的法就是符合心主身从的人法，亦即人的德性对兽性、理性对非理性控制的法。[1]从传统中国人的立场看，这样的法是合乎道德的，可谓是合情合理的良善之法。从今天的立场看，剔除它过时的道德内容，传统中国法的道德原理亦仍有其不变的价值，即它对人之为人的德性的确认、保护和促进。那么，为什么一定要确认、保护和促进人的德性呢？如果要深究下去，其背后实际是对"人"是什么的回答。孟子说："人之所以异于禽兽者几希，庶民去之，君子存之。"[2]所以，"无恻隐之心非人也，无羞恶之心非人也，无辞让之心非人也，无是非之心非人也。"[3]荀子则对比说："水火有气而无生，草木有生而无知，禽兽有知而无义，人有气有生有知，亦且有义，故最为天下贵。"[4]按照荀子的理解，人区别

---

[1] 心主身从的含义是心灵支配身体，它标志着人类进入了文明时代，因此，我将它称之为人的文化原理。依据这一原理，可归入心的范畴的神、人、灵魂、意志、精神、道德、文明，等与理性相关的概念，与可归入身的范畴的人、动物、躯体、本能、物质、邪恶、野蛮等与非理性相关的概念就有了对应关系。心主身从要求后者服从前者，准确说是理性控制非理性，精神支配物质，神灵指导人类。我以为包括法律文化在内的人类文明，共同遵循着这一人的文化原理。参见张中秋：《中西法律文化比较研究》（第5版），法律出版社2019年版，第9章。
[2] 《孟子·离娄下》。
[3] 《孟子·公孙丑上》。
[4] 《荀子·王制》。

于水火的是有生,区别于草木的是有知,区别于禽兽的是有义;水火是无生物,草木是植物,禽兽和人都是动物,所以动物贵于植物,植物贵于无生物;但人这个动物与禽兽不同,不同的是人有义而禽兽没有,所以人贵于禽兽在于义。后人在此基础上进一步发展,如宋儒程颐明确提出:"君子所以异于禽兽者,以有仁义之性也。"[1]我们知道,义与仁是德的核心,所以人贵于禽兽,贵的实质在于德。这样的逻辑是中国人的一般思维,因此国人普遍认为,人虽是万物之一,但万物以人为贵,贵就贵在有德,且德性的大小决定了人从圣贤到小人的品格区别,无德或缺德就坠入了禽兽的行列,民间谓之畜牲。由此我们明白,为了使人成为人而不是畜牲,法必然要以道德为原理,这样的法亦必然要对人的德性加以确认、保护和促进。这就是传统中国法道德原理的人文性由来和它的价值所在。

从对法的意义来说,传统中国法的道德原理的最大价值在于它的向善性,或者说它对善的追求。我们知道,在传统中国,善的核心是仁义,因此,仁义是传统中国文化中善的特定内涵。仁义的力量至强至大,最终发展成了中国文化的基本精神。作为中国文化基本精神的仁义或者说善,表现在立法原则上就是《唐律疏议·名例》所说的"防其未然"和"存乎博爱",具体到法律规定上则是一系列相应制度的确立。对此我们不必繁复引证,即从后人的评价中亦可见一斑。元人柳赟在《唐律疏议序》中说:"盖姬周而下,文物仪章,莫备于唐。始太宗因魏徵一言,遂以宽仁制为出治之本,中书奏谳,常三覆五覆而后报可,其不欲以

---

[1] (宋)程颢、程颐:《二程集》(上),中华书局1981年版,第323页。

法禁胜德化之意，瞰然与哀矜慎恤者同符。"[1]清人孙星衍更是在《重刻故唐律疏议序》中提出："夫不读唐律，不能知先秦历代律令因革之宜，不足彰圣朝立法之仁、折衷之当。"[2]正如前面已经指出在此还要强调的是，《唐律疏议》所体现的传统中国法的这种精神，亦即它的仁义性或者说对善的追求，是基于道德原理而形成的一种内在的、固有的、天然的品质，而并非由其他外在因素所加诸的。因此，可以这样说，只要坚持道德原理，向善就是它的本能，趋恶就是对它的反动，这是道德原理的本性使然。在这方面，虽然理论与实践有差异甚至脱节，但作为原理的意义并不因此减少，因为原理的价值原本就在于有理，而说理和服理亦是人类的天性，更何况道德原理是符合人的身心结构（心主身从）和主体追求（人心向上）的。基于这几点认识，我以为向善性是道德原理对《唐律疏议》的最大贡献和意义所在，同时亦是传统中国法的伟大之处。

这里用"伟大"这个词并非感情用事，亦非昧于西方而不了解现代法学，实是事出有因。本文在前面曾提到，传统中国的善源自道而寓于德，这是与万物相通同时又是万物生育的原理。它的核心点是万物有道、道中有德、德贵在生。生就是生育，引申为利他和奉献。所以，万物因为有了德（的利他和奉献），才得以生育；如果没有了德（的利他和奉献），万物将归于寂灭。这即是说万物的存在及其意义都在于德的利他和奉献，而不是利己或索取这种无德的行为，所以有"上善若水，水善利

---

[1] 前揭（唐）长孙无忌等撰：《唐律疏议》，刘俊文点校，第663页。
[2] 前揭（唐）长孙无忌等撰：《唐律疏议》，刘俊文点校，第668页。

万物而不争"之说。[1]这是从《易经》发展来的中国哲学，并长期指导着中国人的生活，使他们从中获得生存的意义。[2]《大学》所说的"大学之道在明明德，在新民，在止于至善"，就是对这种哲学指导下的人生观的最好阐释和最高期待。这个观念反映到法就是道德原理，亦可以说是道德法哲学。道德原理使得向善成为传统中国法的本质属性，反映在制度上即道德成为法律上的责任；在权利与责任[3]关系上，使责任优先成为法的基本特征，成为一种责任—权利结构型的法。[4]现在来看，

---

[1] 《老子·八章》。

[2] 参见《周易》以及前揭牟宗三的《周易哲学演讲录》和韩国学者李顺连的《道论》相关部分。

[3] 在这里我使用"责任"而不是"义务"一词，是因为考虑到在英语中，"义务（duty/obligation）"与"责任（liability/responsibility）"虽略有区别（此点感谢张骐教授的提示），但可以通用，然而在汉语里，义务与责任却有不同。一般认为，义务是受动的，是主体对外部要求的一种回应，含有应要求和被迫使的意思；而责任具有主动性，是发自主体内部的一种积极行为。因此，相对于西方或者说现代的法律关系中的义务，"责任"一词更符合传统中国法的精神和实状。基于这方面的考虑，对传统中国法的结构模式，我倾向于用"责任—权利"来加以表述。

[4] 毫无疑问，这种结构型的法通过对个人私心的压制和对人类责任的张扬，以求达到一种"重义轻利"的和谐，但这不等于说传统中国法中没有权利的存在。因为传统中国社会中的人是处在由各种关系所构成的整体中的，所以，传统中国人的权利是存在于群体关系中，且任何权利的有无大小都要以责任为前提并与责任成比例。大家知道，家长在传统中国法中享有特权，但很多特权都是以家长先尽和能尽一家之责为前提的，甚至家人的违法行为亦由家长来担责。如《唐律疏议·卫禁》"不应度关而给过所"疏议曰："家人不限良贱，但一家之人，相冒而度者，杖八十。既无'各'字，被冒名者无罪。若冒度、私度、越度，事由家长处分，家长虽不行，亦独坐家长，此是'家人共犯，止坐尊长'之例。"[前揭（唐）长孙无忌等撰：《唐律疏议》，刘俊文点校，第174页。]这是因为人（尤其是家长）是道德的主体，法是主体价值的载体，所以传统中国法的责任—权利结构，实际上是道德原理在人与法上的贯通和展开。

这样的法既不同于西方又似乎与时代脱节，但我们不要忘了道德原理是创生和无私的原理，道德即使不是万物亦应是人类的第一原则。[1]因此，传统中国法的向善性不仅有着坚实的法理依据和深厚的哲学基础，亦体现出它不同于西方的道德理性之光，对协调现时代的人际、族际、区际和国际关系仍有指导意义。[2]尽管坚持这一点需要我们对传统中国法中的道德必须做哲学上的理解，而且必然要遗弃它一些旧时精华而今却是糟粕的东西。

　　从对社会的意义来说，传统中国法的道德原理的最大价值在于它的和谐性，亦即它对和谐社会的追求。经验还有理论都告诉我们，社会和谐来自人际关系的协调，人际关系的协调来自社会关系的合理性，社会关系的合理性决定于社会结构。[3]毫无疑问，从社会结构到社会关系再到人际关系，我们的认识可经由不同的途径，但法显然是制度性认识的最好途径。以此来观察传统中国社会与法，可以发现，无论是社会结构还是社会关系以及人际关系，从纵向上看都是等差的，从横向上看又是对等的。这里所谓的等差，是指按传统中国法的规定，人的身份是一个上下不

---

[1] 万物是否以道德为据，这在哲学和科学上有不同的回答。但对人类来说，道德是绝对命令，是人类作为人类存在的第一原则。如果没有道德，人类将不是人类而为他类。对于此，中西方都有共同的认识，如中国的孟子和西方的康德，尽管他们的措辞和含义或有不同。
[2] 参见张翰书：《比较中西政治思想》，台湾五南图书出版公司2005年版，第1~26页。
[3] 参见［日］富永健一：《社会学原理》，严立贤等译，社会科学文献出版社1992年版。

等的阶梯结构。[1]这个结构在《唐律疏议》中被表述为"贵贱、尊卑、长幼、亲属等"[2]。在传统中国,这个等级结构是构成费孝通先生所说的差序格局的主要部分。差序格局是传统中国社会相对合理的人际关系的反映,符合传统中国社会结构,被视为和谐社会的象征,通常谓之礼治秩序。[3]然而,尽管传统中国法的这类规定,亦是道德原理的体现,有着与"善"同样坚实的法理依据和深厚的哲学基础,但如同"三纲"一样,它在追求平等的现代社会中被整体抛弃了。其实,它某些合乎人性的部分,如长幼有序、亲疏有别,即使在今天亦是有现实基础和实际意义的。

在传统中国法对和谐社会的追求方面,不需要甚至不应该完全放弃的部分,是它基于道德原理对群体与个体这一类关系的设定。按其设定,在群体与个体的关系中,前者为主,后者为从,构成上面所说的横向上的主从结构。这个结构的法理依据和哲学基础亦是道德原理,所以《唐律疏议·杂》"见火起不救告"疏议曰:"见火起,烧公私廨宇、舍宅、财物者,并须告见在及邻近之人共救。若不告不救,'减失火罪二等',谓若于官府廨宇内及仓库,从徒二年上减二等,合徒一年;若于宫及庙、社内,

---

[1] 从上到下的排序是帝皇、贵族、官僚、平民、贱民、奴婢。除去奴婢在权利主体之外,不同等级之间主体的权利和义务是不相等的,整个结构从下往上权利可扩大至不限,而义务可缩小至无。但法律又同时规定,同一等级内主体的权利和义务是相等的,亦即横向上看是对等的。
[2] 《唐律疏议·厩库》"畜产觚蹋踣啮人"疏议,前揭(唐)长孙无忌等撰:《唐律疏议》,刘俊文点校,第286页。
[3] 参见费孝通:《乡土中国》,生活·读书·新知三联书店1985年版,第21~28页、第48~53页。

从徒三年上减二等,徒二年;若于私家,从笞五十上减二等,笞三十。……"[1]在今天看来,非在岗值班人员,见火起不救告乃是道德问题,并不在违法犯罪之属,这是因为现在的法理依据是个人(自由/权利)本位。但《唐律疏议》的法理依据是道德原理,依据这一原理,在群体与个体以及官方与民间的关系中,前者代表公,表示有德性或德性大,属于阳的范畴;后者代表私,表示缺德性或德性小,属于阴的范畴。虽然阴阳不能分离,但阳主阴从是万物构成的秩序原理,顺之者为有道,逆之者为无道,有道则和,无道则乱。所以,《唐律疏议》规定"见火起不救告"有罪,乃是因为它的法理依据是众人(道德/责任)本位。因此,传统中国法对群体与个体这一类关系主从式结构的设定,在原理上是立基于道德之上追求整体利益与社会和谐的设定。

从以上讨论中,我们不难发现传统中国法的道德原理对于人与法和社会的意义最后都集中到了道德上,表现为基于道德所拥有的共通原理和内在价值。具体说在对人的方面,道德使传统中国法不仅确认、保护和促进了人文,而且赋予它"德"这样一个特别的人文内涵。鉴于德是道的固有属性,是人之为人、物之为物的根据所在,因此我说传统中国法的人文观实质是一种道德人文观。此是其一。其二,在对法的方面,道德使传统中国法自

---

[1] 前揭(唐)长孙无忌等撰:《唐律疏议》,刘俊文点校,第511页。类似的规定还有《唐律疏议·捕亡》:"诸邻里被强盗及杀人,告而不救助者,杖一百;闻而不救助者,减一等;力势不能赴救者,速告随近官司,若不告者,亦以不救助论。其官司不即救助者,徒一年。窃盗者,各减二等。"[前揭(唐)长孙无忌等撰:《唐律疏议》,刘俊文点校,第530~531页。]

生向善性，内含仁义的精神，所以称它为道德法哲学。其三，在对社会方面，道德使传统中国法追求整体利益与社会和谐，并使之成为它的终极目标。因此，概括来看，传统中国法在对人与法和社会的意义上，其原理和价值都植根于德而统归于道。当然，事物都有它的两面性，就像传统中国哲学中的道分阴阳一样，传统中国法在对人与法和社会的缺失上，其原理和弊病亦都是植根于德而统归于道。[1]其实，这种情形并不限于传统中国法，包括法在内的传统中国文化整体都是如此。因为传统中国文化是一个同根共生的大系统，所以它是一体相互贯通的。这在下面的图示中直观可见：

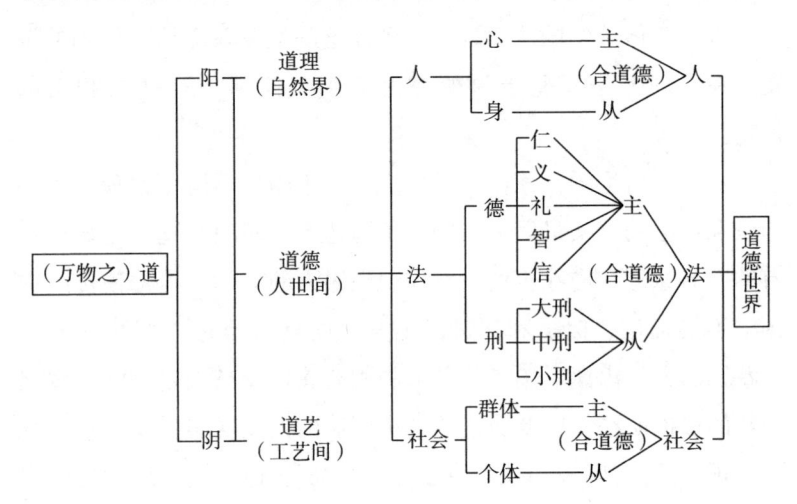

图2 传统中国文化系统整体贯通意义示意图

---

[1] 对于这一点，笔者是很清楚的，但这不属于本文讨论的范围，我拟另写一篇《传统中国道德法哲学之理解与批判》来阐述这一问题。

借助上述图示，我们可以进一步把传统中国法的道德原理及其对人与法和社会的意义贯通示意如下：

```
                 ↗ 阳（主）  ↗ 心（主）  ↗ 德（主）  ↗ 群体（主）↘
道德原理                人           法          社会              道德世界
                 ↘ 阴（从）  ↘ 身（从）  ↘ 刑（从）  ↗ 个体（从）↗
```

图3　道德原理及其对人与法和社会的意义贯通示意图

透过上述两个图示，我们看到传统中国文化是贯通自然、社会与人类的文化。在这个文化大系统中，传统中国的法立足于道德原理，对人与法和社会都发挥着支配性的贯通作用，其用意是肯定、保护和追求有德的人、向善的法与和谐的社会。按照传统中国人的理解，由这样的人与法和社会构成的世界就是理想的道德世界，亦即大道在人世间的实现，《礼记·礼运》中关于大同世界的描述表达了此意。显而易见，对生活在传统社会里的中国人来说，其意义是重大而又积极的。对于这些意义，本文已有论述，但我在这里还要指出的是，由于与"真"和"美"一样，"善"亦是人类最基本的价值追求。即如人们所说，人类在科学中求真、艺术中求美、道德上求善。由此可知，"善"不仅是人类最高的道德原则，而且亦不在科学求真的范围内。"善就是善"这是人类的价值共识。因此，即使传统中国的道德自身存在某些方面的缺陷，而且道德原理或许在实证主义者看来亦缺乏所谓的科学性，但这些都不足以否定它所拥有的某些普适的和持久的价值，原因在于这些价值原本植根于善的道德，而善是不能从根本上否定的。

如果我们把它与西方进行一个简单的比较，这个道理就更加明显了。传统中国法的道德原理首先确认,人是有而且是必须有道德,如果没有道德,则人人自私自利无异于禽兽,因此,道德是人作为顶天立地的主体存在的正当性所在,亦即人之为人的理据。同理可推,人类群体在没有道德,或缺乏道德的人之间根本无法建立起正常的社会,即使通过某种途径一时建立,亦将时时面临着解体直至覆亡的危险。所以,传统中国法的道德原理是从人际关系的健康确立,亦即人类社会的自身存续出发的。[1]相对于传统中国法的道德原理,我以为自由是西方文化的核心理念,西方法贯彻的是自由原理,表现为以自由为依归的人文主义传统、权利法哲学和契约社会论。[2]这一原理立足于人首先是独立的个体,其次才是人类群体中的一员,因此个人的自由和权利优先,以确保人作为人类一分子存在的意义。反之,人就不是理性的动物和思想的主体,而建立在这种个体之上的群体关系,亦即人类社会,则不是人类所应有的关系,因为它对个体人来说是无意义的。所以,西方法的自由原理是从作为人类群体中的个体存在的意义出发的。

中西虽然是如此的不同,但依然各有其价值。即如寺田浩明教授所说:"西欧似乎是选择以个人作为秩序形成出发点的发展道路。把秩序理解为就是保护每个个体所拥有的正当利益而得到的总和。个体所拥有的正当利益被称为'权利',而权利完全实

---

[1] 传统中国法从整体出发,除了它是道德原理的内在要求外,亦是先贤对现实经验的总结,《荀子·王制》中说得很清楚:人"力不若牛,走不若马,而牛马为用,何也?曰:人能群,彼不能群也"。

[2] 参见收入本书的《中华法系与罗马法的原理及其哲学比较——以〈唐律疏议〉与〈法学阶梯〉为对象的比较》一文中的相关部分。

现的状态则被称为'法'。权力就是实现这个法的机关。其观念形态的发展最终归结为社会契约论。与其相对,中国则是以全部个体的共存为基础。无论其基本的经济单位如何趋向于个体化或分散,但要求所有个体都顾全大局并作为一个和谐的集体中的一员来生活却一直被视为不证自明的道理。首先有全体的生存,才会有个体的生存。代表全体的利益要求每个个体互助互让,同时对于每个个体有时会出现的私欲膨胀予以抑制和处罚,这些都被看作是公共权力应该履行的职责。"[1]我们知道,法是公共权力的核心,传统中国法基于群体对个体的权利优先而发挥的抑制和处罚作用,可能不完全符合但亦没有完全违背现代社会的法制原则。因为法必然是权利和义务的结合,法治的制框架亦是由权利和义务双柱支撑的,现代社会是权利优先,但不同时代的法有着不同的任务,依博登海默的意见,前资本主义社会法的主要任务是为社会提供安全和秩序,义务优先具有普遍性。[2]考虑到传统中国的幅员广大、人口规模、文化价值和政治体制,基于群体和谐的道德原理法本身就是一种解决现实问题的智慧。即使在全球化的今天,笔者亦相信,无论是道德原理还是自由原理,任何一项都不足以解决人类所面临着的在自律与他律、权利与义务、群体与个体之间的永久冲突,而且任何一项走向极端都会带来灾难。因此,我以为道德原理与自由原理是各有其价值的,就像西方法的自由原理有其永久价值那样,传统中国法的道德原理亦永

---

[1] 参见[日]寺田浩明:《清代民事审判与西欧近代型的法秩序》,潘健译,载《中外法学》1999年第2期。
[2] 参见前揭[美]E.博登海默:《法理学——法哲学及其方法》,邓正来、姬敬武译,第244~245页。

有其价值,因为两者都是人类必需的。不过,令笔者担忧的是,在崇尚自由主义、追求权利、放纵个性的今天,人们的选择往往是功利的。对此,孔子所说的"人无远虑,必有近忧"[1]和让·保罗·萨特所说的人要对自己选择负责[2],中西这两位贤哲的箴言或可供世人参考。

---

[1] 《论语·卫灵公》。
[2] 让·保罗·萨特(Jean Paul Sartre,1905—1980)认为,人的选择是绝对自由,所以,人应对自己的选择负责。这即是他所说:"如果存在真的先于本质的话,人就要对自己是怎样的人负责。所以存在主义的第一个后果是使人人明白自己的本来面目,并且把自己存在的责任完全由自己担负起来。还有,当我们说人对自己负责时,我们并不是指他仅仅对自己的个性负责,而是对所有的人负责。"([法]让·保罗·萨特:《存在主义是一种人道主义》,周煦良、汤永宽译,上海译文出版社2005年版,第57页。)

法律文化交流的一般原理及其作用
——以唐与清末中日法律文化交流为个案的分析[*]

中日文化交流源远流长,依文献记载,迄今至少有二千年的历史。从《三国志·倭人传》到《清史稿·日本传》,中国的十六部正史中对此均有记录。[1]在这二千多年的历史洪流中,中日之间一直流淌着法律文化的泉流。[2]其间形成两个高峰,一是古代日本大规模地输入唐代中国的法律文化,开创出它著名的律令时代;[3]一是晚清中国急速地输入近代日本的法律文化,开启了

---

[*] 原载于《政法论坛》2009年第2期,有修改。
[1] 参见王晓秋、[日]大庭修主编:《中日文化交流史大系·历史卷》,浙江人民出版社1996年版;[日]木宫泰彦:《日中文化交流史》,胡锡年译,商务印书馆1980年版。
[2] 参见刘俊文、[日]池田温主编:《中日文化交流史大系·法制卷》,浙江人民出版社1996年版。
[3] 大化改新(公元645年)前,日本还处在部民社会状态,经济、文化均落后于中国,没有系统的成文法,只有一些习惯法。大化改新后数十年间,经过反复的斗争,以唐为范本,逐渐引进并制定了律、令、格、式成文法,构成先进的国家制度。日本的多数历史学家,通常把当时这种以律令法为轴心所形成的国家统治体制,称之为"律令制"。在公元12世纪幕府政治以前,特别是大化改新后的头二三个世纪,即律令制推行较好的时期,谓之律令时代。律令制的特点是仿效唐代中国,国家掌握土地和人民,在此基础上建立以天皇为核心的中央集权官僚体制。律令时代是日本政治统一、法制完备、经济文化走向繁荣的新时代。这一时代的开创在制度上得力于对唐代中国法律文化的输入。为此,笔者撰有专文《日本输入唐代中国法律文化的效果与影响》,载《法学》2008年第3期,阅者可以参见。

我国法制近代化的进程。[1]唐代中国法律文化到日本,晚清日本化的西方法律文化到中国,这种双向交流不仅形塑和提升了两国的法制文明,而且亦已成为人类法律文化交流史上的一个经典案例。把这个案例作为一个典型来分析,用以探讨法律文化交流的一般原理及其作用,既是一项兼具理论和实践意义的科学工作,亦是一项饶有兴味的学术活动,但这个问题长期为人忽略,专门的探讨近乎空白,本文在相关研究的基础上试图对此做出回答。

一、法律文化发展的不平衡和人的作用,决定了法律文化交流在理论上的必然性和现实上的可能性

确切地说,古代日本输入唐代法律文化,是因为唐代法律文化对当时日本法律文化所拥有的绝对先进性,亦就是日本留学生所说的,"大唐者,法式备定珍国也"。[2]可以设想一下,如果当时日本的法律文化与唐朝不存在差距,亦即它们大致处于相当的发展水平,即使日本对唐代法律文化采取学习的姿态,那么也可能是另一番景象,其广度和深度恐怕都不能与历史上的相提并论。事实上,正是中日之间这种法律文化发展水平的不平衡,形成了唐朝中国对古代日本的压力。这种文化压力可能不如战争胜

---

[1] 中国早在明代就与西方(人士)多有接触,到19世纪40年代中西发生正面冲突前,联系也未曾中断,但对传统法律制度的改革直到1900年清廷谕旨新政,1905年五大臣出洋考察后才开始变法修律。变法修律的参照模式经历了从美、英到法、德,最后选定日本的过程,大规模引进源于西方的近代日本法律文化开启了中国法制近代化的历史进程。

[2] 日本《推古纪》三十一条记:"大唐学问者僧惠济、惠光及医惠日、福因等并从智洗尔等来之,于是惠日等奏曰:'留于唐国学者,皆学以成业,应唤,且其大唐国者,法式备定,珍国也,常须达。'"

负那样明显，但它却是无形而又沉重的，尤其是对像日本这样一个追求自尊的民族来说，这种来自外部的压力是一个不得不面对的现实。[1]同样，晚清中国不管曾经多么无知和轻视东邻日本，但事实还是让先进开明的中国人看到，近代化的日本不止在军事上，即使在法制发展水平上亦已超过中国。正如黄遵宪、沈家本和董康等所感受和认识到的那样，日本在法律文化上对中国已构成压力。[2]但在这种新的不平衡中，日本已处于先进而拥有优势的一方，所以，晚清中国决定模仿日本变法修律。

中日法律文化之间的这种不平衡为何能引起交流的必然呢？从大的方面说，"文化交流是调节各国文化平衡发展的无形的杠杆。由于自然地理及各种人为的原因，世界各国各民族文化的发展是不平衡的。这种不平衡包括文化的风格、气质各异，发展程度高低不一，这种不平衡是文化交流的内在动因。文化在交流中渐趋于平衡，接着再产生新的不平衡，然而再进行新的交流。就

---

[1] 根据人类学家的研究，日本人持久不变的目标是名誉，因为这是博得普遍尊敬的必要条件，而实际在其背后起作用的是一种耻感文化。这种文化十分注意外部对自己的评价，为了博得名誉上的尊敬，就要使自己成为一个自尊（自重）的人。不过，由于这种自尊不是基于人类"正义"这样的普遍道义原则，所以虽有利于个人和民族的强盛，但必然以牺牲个人的自由和普世价值的缺失为代价，因此发展到极端亦会有危及甚至伤害他人和自身的可能。（参见［美］鲁思·本尼迪克特：《菊与刀》，吕万和等译，商务印书馆1990年版，第135～157页"道德的困境"。）

[2] 这种压力有情面上的，这与日本相似。但除此以外，还有历史和文化上的，这与日本不同。因为中国在历史上一直是东亚的中心，在文化上亦一直以天下为己任，这使得它自觉成为大国责任的担当者和人类道德的楷模。所以，晚清中国的压力是来自多方面的，有外部的，亦有内部的，这是一种"外激内发"型的动因。

这样，文化交流不断调节各民族文化向前发展。"[1]如果要将其中的道理说透，正如前面所说，不平衡有压力，压力必然促使不平衡中处于后进、劣势的一方，通过模仿、发展来追赶先进、优势的一方。然而，事情还不止于此，法律文化是社会整体系统中的一部分，法律文化之间的不平衡，实际上是整体社会发展不平衡的体现。社会发展的不平衡自然导致人类竞赛中的压力，这种压力又往往转化为改革的动力。因此，法律文化作为社会革新系统中的一部分，交流是势所必然。从前述中日法律文化交流的动因中，我们已经看到双方都是在社会压力下进行改革的产物，在方向、规模与速率上亦都与社会整体的改革相一致。

与此同时，我们还应注意到，人类文化，包括法律文化，有一种自我交流的能量，这种能量表现在相对先进的一方，总是透过人的行为积极地向外渗透和扩张。这有点像流体力学原理，即不平衡中高低之间的惯性流动。中日之间法律文化发展的不平衡之所以能引起交流，亦不妨看成是历史力学原理的一种表现。唐朝中国在处理与日本等周边国家和地区国际关系时，确立和推行的是朝贡体制，并依此作为评价双边关系的标准。在朝贡体制中实际包含着法律文化的要素，即律令制的标准。尊重和模仿这一标准的，亦就是取法律令制的，唐则予以鼓励、支持和帮助。因此，遣唐使的成功不仅在于日本的努力，还有唐对这种文化输出的热心和所提供的帮助。[2]缺乏文化输出方的热心和帮助，交流

---

[1] 李振纲、方国根：《走向和谐——21世纪中国哲学的期待》，载张立文主编：《东亚文化研究》（第1辑），东方出版社2001年版，第42~43页。
[2] 参见张中秋：《中日法律文化交流的动因比较分析》，载《南京大学学报（哲学、人文科学、社会科学版）》2005年第6期。

是很难取得成效的。首先遇到的困难是专家的缺乏，没有专家的参与与交流，其效果可想而知。晚清中国为变法修律而进行的政治考察、法律翻译、草案制定、人才培养等，无不得力于日本。[1]而且，这种情况贯穿在中国法律近代化的全过程，亦即论者所谓的西法东渐的过程中。[2]对此人们可有不同的认识和解释，但我以为，把这一现象理解为法律文化交流中优势一方的一种自我能量的释放与扩张亦未尝不可。

正像经济状况一样，法律文化在各地的发展水平总是不平衡的，这使它们之间的交流既是必然的，同时又是积极和普遍的。古代罗马对希腊的学习，西方近代法的传播，美国对英国普通法的继受，以及西方法对非西方地区传统法的冲击、瓦解以至被移植、模仿等，都是人类法律文化基于不平衡而产生的交流。[3]如果我们仔细观察这些先例，特别是分析中日法律文化的输出与输入，我们的这个认识还可以向前延伸，即基于不平衡而产生的法律文化交流，不只是必然和积极的，而且亦是可能的。从原理上说，人类生活本质上有相通性，人性自有一致性。建立在人类生活之上的不同法律文化，实质上都是追求生活秩序化和社会正义

---

[1] 参见张中秋：《中日法律文化交流的选择比较》，载《政法论坛》2006年第4期。

[2] 参见王健编：《西法东渐——外国人与中国法的近代变革》，中国政法大学出版社2001年版。该书选录了直接参与并对中国法律近代变革有重要影响和贡献的外国法律专家的报告或论文，这些专家包括有赫德、丁韪良、罗炳吉、古德诺、赫善心、宝道、爱师嘉拉、博良、威罗贝、哲美森、刘伯穆、有贺长雄、冈田朝太郎、志田钾太郎、三宅正太郎、今井嘉幸、庞德。

[3] 参见[法]勒内·达维德：《当代主要法律体系》，漆竹生译，上海译文出版社1984年版。

性的人类本性的共同表达，这奠定了不同法律文化交流的可能。就以中日为例，日本通过变通继受了唐代中国的法律文化，说明唐代法律文化所确立的生活方式符合当时日本人的口味和追求；同样，晚清中国通过变通继受了日本化的西方法律文化，说明当时的中国人亦能适应这种法律文化所确立的生活方式。而这两者之所以可能，本质上还是人类一致性在其中的体现。

除了上述同一性原理的作用外，法律文化的交流还有基于差异的互补性原理的作用。我们说人类法律文化在本质上是相通的，但并不排除因环境和条件的不同而形成的差异。一些差异造成冲突，另一些差异又形成互补，特别是因功能相近而形成的互补。可以说，古代中日法律文化的交流，是人类同一性原理在同一类型法律文化交流中获得成功的典范；而晚清中国所要输入的是日本化的西方法律文化，它在文化类型上完全异于中国固有的法律文化，因此，近代中日法律文化的交流，既是同一性原理在不同类型法律文化交流中所起作用的结果，同时又是差异互补性原理在促成不同类型法律文化交流方面实际可行的例子。进一步说，中日法律文化交流中的继受与变通，乃是同一性原理和差异互补性原理在交流中各自发挥作用和相互作用的结果。

我们知道，在人与世界的主客体关系中，主体的作用从来都是能动的，而且"人"这个主体始终是历史事件的关键因素。不可想象中日法律文化交流离开了各方人士的谋划、参与和努力，法律文化的同一性和差异互补性原理又怎么能在这样一个具体的交流中发挥作用。同样道理，同一性和差异互补性原理是普遍存在于不同的法律文化体系中的，因此，从理论上讲，人类法律文化客观上存在着相互交流的可能性。但实际情况并非如此，关键要看有没有"人"这个历史主体的参与和推动。如果缺少了这一要素，原理支配下的可能性亦不会自动呈现，而且可以这样认为，主体的态度如何和努力大小还在一定程度上决定着，至少影响着交流的可能性向现实性的转化。从中日法律文化的交流中，我们不正是看到了这一点吗？[1]但这又是否表明，法律文化交流的可能性完全取决于人呢？笔者认为，法律文化自身存在着交流的可能性，这是客观的，不取决于人，即如自然科学的原理一样。但问题是法律文化的交流不是物质世界的自然变化过程，而是一个社会历史过程，因此人的参与是基本前提。从这个意义上说，可能性的转化受到了制约。然而，毋庸担忧的是，对一个拥有文化传统和理想追求的民族来说，由不平衡所引起的压力必然促使它将可能性转化为现实性，其结果是交流成为一种必然的现象和现实。这是因为文明和向往文明使人类具有追求和模仿先进的天性，这一天性根植于人类的自尊。古代日本面对那么多的困难，即使有白村江战败和遣唐使的牺牲，亦无法阻止他们在几百年内持续不断地积极引进唐代中国的法律文化。晚清中国虽出于被迫无奈，但为了向先进的日本学习，不亦是投入了相当的人力、物力和财力吗？毫无疑问，这些都是追求民族自尊、国家自强的战略目标使然。这种源于人类意志和精神的动力，正是人类文明存在和发展的前提，亦是法律文化交流能够从理论上的可能性与必然性向社会现实性转变的保证，中日法律文化交流的历史实践恰好证明了这一点。

---

[1] 参见张中秋：《对中日法律文化交流的透视——以它们成败得失的原因为对象的比较》，载《法制与社会发展》2008 年第 3 期。

二、调适域外先进文化与本土固有传统，决定了法律文化交流的成败得失

法律文化的交流一旦启动，一个相伴始终的重大问题是，如何处理域外先进文化与固有传统的关系。即如物种移植一样，如果被移植的物种不能在新的环境中存活（扎根）下来，那么移植就是失败的。法律文化交流亦是一种移植，但它要比物种移植复杂得多。如果说物种移植成功的关键在于水土相宜，那么，法律文化交流的成功则取决于对域外先进文化与固有传统的调适。调适的最高境界是会通，会通意味着移植的最大成功。

道理听起来简单，但操作起来困难重重。这首先要求交流双方的心态先有某种调适。"交流"是一个中性词，似乎交流双方是平等的，但事实上由发展不平衡所引起的交流双方往往是不平等的。古代日本虽是拥有主权的独立国家，但在以唐朝中国为中心的东亚世界中，它既是地理上的边缘，亦是政治体系上的边缘。晚清中国虽是大国，但它不是强国。近代世界是列强支配的世界，日本战胜沙俄即晋升为列强之一，从而在国际关系中获得了相对的优势。因此，中日法律文化交流是在不平等的国际关系中展开的，这在外交和心理上会对双方产生某种优越或压抑的不同影响。现今世界的交流对这种不平等已有相当的克服，但有一个事实时间亦不能改变，即不平衡必然导致交流中的法律文化自身存在着先进与后进的区别。这种区别构成发展上的落差，没有落差交流本身就不会以学习、吸收、继受、移植这些不同的输入方式进行。唐代法律文化相对于当时的日本，日本化的西方法律

文化相对于晚清中国,都是更加先进的一方。虽然这是为双方所公认的,但这并不能消除因落差而引起的各种文化心态,其中最主要的就是文化优越感和文化压抑感,以及由此衍生而来的各种变化心态。所有这些心态和认知对正常交流都是干扰。

文化优越感来自文化相对先进的一方,文化优越论或文化优越主义是它进一步发展的形态。我们在中日法律文化交流中已经看到,唐朝中国和近代日本对于自身被学习、模仿都有很强烈的自豪感,都积极地为对方提供多种条件以输出自己的文化。[1]在这个过程中,优越感自觉或不自觉地都在滋生,最终形成文化优越论,在心理和情绪上都给对方以压抑。优越和压抑是一对紧张关系,两者都不利于域外先进文化与固有传统的调适。优越论者以中心自居,不论主观上有何善良动机,客观上往往居高临下,忽视或轻视他人的文化传统,甚至不顾对方的具体情形,以牺牲对方的良好传统来推销自己的文化,结果总是事与愿违。我们在中日法律文化交流中对于这一面所见不多,原因是交流双方都是拥有主权的国家,所以,文化优越论的危害不是直接而是通过给对方以压抑的方式间接表现出来的。

由压抑而转化来的文化心态有两种,一是激进主义,一是保守主义。这两种文化心态是相反而相成的。表面上看,激进主义是反传统的,实则它是在域外文化优越论的压迫下,对自身文化所表达和采取的一种极端的改进方式。透过中日法律文化交流,我们发现激进主义在对待域外文化上又有多种表现形式,如理想

---

[1] 参见前揭《中日法律文化交流的选择比较》一文。

主义、形式主义、教条主义和浪漫主义都是其表现。古代日本由于对唐的膜拜和唐化的心切，致使它在法律文化的引进中并未能将现实主义全面贯彻始终，最明显的是对唐律中身份和奴婢制度的继受，而事实证明这是不合国情的形式主义和教条主义的产物。[1]晚清中国在这方面发生了激烈的争论，走了不少弯路，有过更多的失误。从"华夷之辩"到"中西之争"，其中的一个主角就是激进主义，最极端的即是"全盘西化"论。[2]清末变法修律输入日本化的西方法律文化是中国法制近代化的开端，由此开始，激进主义及其各种表现形式（变体）有愈演愈烈之势，其核心是对域外先进文化的过分依赖和信任，同时漠视和抛弃自己的传统。这导致许多出自日本专家之手的法律草案，如诉讼法和商法，甚至国人自己制定的刑律，都有因过于现代而不合国情的弊端。朱勇教授在评价大清刑律的适用性时曾指出："清末立法者吸收西方近代法律理论，希望借助变法修律，全面建立新型刑事法律体系，在刑事立法方面实现法律理性主义目标，具有法律发展史上的进步性，但同时，《大清刑律》在基本原则和基本制度方面，与当时中国的社会现实严重脱节，缺少生效、实施的社会基础，因而成为中国近代法律发展过程中的一个不理智的环节。"[3]笔者以为，这个不理智环节的背后有激进主义的因素在

---

[1] 参见前揭《日本输入唐代中国法律文化的效果与影响》一文。
[2] 参见丁伟志、陈崧：《中西体用之间——晚清中西文化观述论》，中国社会科学出版社1995年版。
[3] 朱勇：《理性的目标与不理智的过程——论〈大清刑律〉的社会适应性》，载张生主编：《中国法律近代化论集》，中国政法大学出版社2002年版，第294页。

推动，因为当时中国的最大国情还是礼教社会，[1]而急于求成的心理使得激进者连法律是出自社会并与社会相适应这一最基本的原理亦顾及不上，所以，清末修律的元老、激进派的代表董康在晚年的回忆中反省道："前清团匪事变（引者按：指义和团事件），国家锐意修订法律，愚承归安沈寄簃预知遇，令提调其事，尔时实为沈浸欧制最力之一人，亦为排斥礼教最烈之一人。改革后忝厕政府者十余年，服役社会者又十余年，觉曩日之主张，无非自抉藩篱，自溃堤防，颇忏悔之无地也。"[2]

与激进主义一味排斥传统相反，保守主义在形式上是以固有传统抵制域外先进文化。原理上这是文化差异性对文化同一性的抵抗，但这种抵抗往往是在文化交流中的优越论的压迫下被激怒出来的。它的积极意义是在文化变革中保持传统的某种连续性，坚守在某种特定文化下人们所获得的生存意义，因此它能够弱化激进主义指导下的固有文化价值崩裂的危险，从而减少从文化引进到文化交流失败的可能性。然而，如果凭由保守主义主导文化交流，那么文化交流一则很难开展，二则趋向先进文化的变革进程和方向将被阻碍以至扭转。日本在大化改新前后形成的"文化立国"和"法制社会"这一战略国策，是在经过了反复的斗争后才确定下来的，先是苏我氏与物部氏的斗争，后是代表皇室的

---

[1] 如光绪三十三年（公元1907年），沈家本在法律馆开馆之前奏请派提调和法政人员的奏折中，曾明确提到："伏念编纂法典，事务浩繁，凡参考各国成法，体察中国礼教民情，穷源竟委，义例纷如，非多得明达之才，不足以资商订。"（沈家本：《修订法律大臣沈家本奏选保法律馆提调人员折并单》，载《政治官报》光绪三十三年十一月初二日，第四十二号。）

[2] 何勤华、魏琼编：《董康法学文集》，中国政法大学出版社2005年版，第360页。

力量与苏我氏集团的较量,其间的因素当然复杂得多,但文化保守主义正是这种反复斗争的原因之一。[1]相对于日本,中国的文化保守主义一直是根深蒂固,清末变法修律中"礼教"派的言论,我们在本书前面的比较和透视部分中已有揭示,其根源在于曾经的文化优越者,在域外文化优越论的激进主义刺激下反应尤为强烈,以致发出西法之善出于中国圣意这样的言论![2]

激进主义与保守主义亦是法律文化交流中不同原理作用的表现,激进主义关注并信奉的是法律文化的同一性,保守主义看到并推崇的是法律文化的差异性。前者深信先进文化具有普适性,因为文化具有同一性,所以直接移植简单可行。在激进主义者看来,保守主义者不只是顽固守旧,简直是阻碍文化进步的反动力量。而保守主义者则坚信,文化的传统和特征正是它存在的根据和价值之所在,因此,激进主义者的行为既不可行更不应该。然而,不论人们在理论上有多少认识,激进主义与保守主义总是交织于法律文化的实际交流中,这是法律文化原理作用于相互交流的人们从而形成优越与压抑紧张关系的常态。中日法律文化交流不仅体现了这种法

---

[1] 参见[日]坂本太郎:《日本史概说》,汪向荣译,商务印书馆1992年版,第46~47页、第65~66页。

[2] 修订法律馆的吉同钧早在光绪二十六年(公元1900年),就对当时热闹的新政西法论者提出了批评意见。他说:"今谈时务者,均以力行新法为亟亟求治之本。夫法至今日,弊坏已极,诚当变矣。然变法则可,而谓必行西法则不尽然,非谓西法不善也。西法之善者皆探本中国圣人创制之遗意而出之。如西法之最善者,莫如兵制,议院,现所急急学步者亦首在此。然西人兵制,即周礼寓兵于农,唐初府兵之遗制;西人之上下议院,即《洪范》谋及卿、士、庶民,《王制》爵人、刑人与众议之,《孟子》国人皆曰贤、不可之遗制也。……"[参见杜春知、耿来金整理:《吉同钧东行日记》,光绪二十六年三月十三日,载《近代史资料》(总87号),中国社会科学出版社1996年版,第79页及以下。]

律文化交流的一般原理，而且为我们寻求成功的经验提供了先例。

如前所述，中日法律文化交流依其各自的战略目标来评判，古代日本是相对成功的，晚清中国是相对不成功的。虽然日本亦不能完全摆脱法律文化交流中优越与压抑的紧张关系，从而亦不能免除激进主义和保守主义的干扰，但现实的或者说实用主义的思维和态度，使它能够在唐代法律文化的输入中坚持大胆引进与善待传统相结合的方针，通过继受与变通的协奏较好地顺应和发挥了交流中法律文化同一性与差异互补性原理的积极作用，形成域外先进文化与本土固有传统的调适。晚清中国在这方面亦不是一无所获，因为中国输入近代日本的法律文化亦是继受与变通的展开，只是由于文化心理因素和客观形势，常将此类交流逼入激进与保守的夹缝中，往往形成简单移植与保守拒绝的两极对峙，从而限制了法律文化同一性与差异互补性原理在交流中的协调与发挥。因此，尽管沈家本对变法修律提出了会通之说，而且这亦的确是融合中外法律文化的化境，但在实际的继受与变通中并未能前后一致地贯彻大胆引进与善待传统相结合的方针，这在一定程度上背离了法律文化交流中基于原理的共通法则，结果增加了调适域外先进文化与本土固有传统的困难。

从中日法律文化的交流中，我们发现激进主义和保守主义及它们的变体，这些让法律文化交流付出代价的因素都具有人为性，亦即人的认识和行为对域外文化与固有传统的调适至关重要。如日本大胆引进与善待传统相结合的现实主义方针，即是发挥了法律文化原理在交流中的积极作用，这是一个相对成功的经验。这个经验的核心是正确认识和处理交流中继受与变通的关系，它要求首先必须认识到继受是交流的方向，是一个民族和国家释放压力、追求自尊、提升自己法律文化至先进行列的通道，因此在谨防激进主义及其变体误导的前提下，可以大胆引进；同时要重视变通是成功继受的必要条件，域外文化不管多么先进，但能否被成功地继受直接取决于它是否能通变宜民，通变宜民即是域外因素与固有传统的调适，亦即先进的域外法律文化与固有的法律文化传统在原理上经由互补而趋于共存。[1]

三、法律文化的类型及其相关要素，构成了并影响着法律文化交流中的难与易

与人类文明形态相适应，法律文化亦有不同的类型。而且，依据不同的标准，法律文化的类型可有不同的划分。[2]法律文化

---

[1] 清廷在理论上是认识到了这一点的，因此在光绪二十八年（公元1902年）的修律诏书中明确谕示："中国律例，自汉唐以来，代有增改，我朝大清律例一书，折衷至当，备极精详，惟是为治之道。尤贵因时制宜，今昔情势不同，非参酌适中，不能推行尽善，况近来地利日兴，商务日广，如矿律、路律、商律等类，皆应妥议专条，著各出使大臣查取各国通行律例，咨送外务部，并著责成袁世凯，刘坤一，张之洞慎选熟悉中西律例者，保送数员来京，听候简派，开馆编纂，请旨审定颁发，总期切实平允，中外通行，用示通变宜民之至意。将此各谕令知之。"（《清德宗实录》卷四九五，第536~537页）但遗憾的是，事实上并没有做到或者说做得不好，其间因素复杂多样，但因激进和保守所造成的调适失当应是其中的一项。

[2] 法律文化可依不同的标准分为不同的类型。从时间上说，有古代的、中世的、近现代的；从空间上说，有亚洲的、欧洲的、非洲的、拉美土著的；从文化性质上说，有农业文明类型与工商文明类型的；从宗教道德方面说，有伦理型的（中华法系）、宗教型的（印度教的、伊斯兰教的、基督教的和其他土著原始宗教的）；从法的精神上说，有专制/人治的、民主/法治的；从法域上说，有民事性的、刑事性的、程序性的等；从法的形式上说，有习惯法的、成文法的；从社会形态上说，有奴隶制的、封建制的、资本主义的和社会主义的；从现代化理论上说，有传统的、现代的等。如此之多的划分使人在眼花缭乱之余确有不胜其烦之感，但唯一要注意的是明确自己的标准。

类型的异同与法律文化交流中的选择密切相关。中日法律文化交流所提供的经验是，法律文化的类型、亲近关系、法律形式和样式及其相关要素，构成了并影响着法律文化交流中的难与易，尤其是对交流中的选择作用明显。

　　法律文化类型的文明属性一般是指法律文化归属于何种文明形态。历史上，人类依次出现并存在过原始的渔猎文明、古代的农耕文明、近代的工商文明，以及现代的光电（信息）文明等。一般认为，同一文明形态或属性的法律文化在类型上一致或趋于一致，反之亦然。同类型的法律文化交流起来相对容易，不同类型的法律文化交流起来首先要遭遇文明属性的障碍。就以中日为例，古代的日本与唐代的中国因为同在东亚稻作农耕文明圈内，因此，尽管双方文化上有许多差异，但文明的属性基本一致。[1]由于这个缘故，日本输入唐代法律文化与其固有的法律传统相结合，实质上仍是同类型的交流。这与晚清中国输入日本化的西方法律文化不同，日唐的交流不存在文明属性上的冲突，所以，交流起来相对容易，其表现就是平稳顺利。晚清中国输入的是日本化的西方法律文化，要沟通两者在性质上有很大的困难，其间有几层障碍：一是近代西方法律文化是工商文明的产物，与农业文明范畴内的传统中国法律文化在文明的属性上有异；二是西方法律文化是宗教伦理和市民伦理的体现，与宗法伦理的中国法律文化精神相异。可以说，这两种法律文化存在着古今、中西的差异。所谓古今即农业文明与工商文明的不同，所谓中西即宗法伦

---

[1]　参见［美］费正清等：《东亚文明：传统与变革》，黎鸣等译，天津人民出版社1992年版，第5页。

理与宗教/市民伦理的不同。由此可以想见,晚清如果直接继受西方法律文化不仅得不到中国固有法律传统的认同和支持,相反会引发更激烈的冲突。因此,经过日本改造的西方法律文化,虽然文明的属性不会有根本的改变,但其相异和冲突已有所弱化,同时文化亲近因素亦开始发挥作用。

文化亲近因素是一个很松散的概念,大意是说交流双方在历史、地理、文化和风俗、人种,以及使者交流方面有某种亲缘关系。虽然形成这种关系的原因极不相同,但它无疑使交流双方在文化上有亲近感,进而影响双方的选择。中日法律文化交流即是这方面的一个显例。从前述讨论中我们已经发现,晚清中国最终决定模仿日本变法修律,文化亲近因素起了很大的作用。其实,这亦是古代日本大规模移植唐代法律文化的有利因素。历史上,古代罗马对希腊法文化的吸收,中世纪德意志对罗马法的继受,英国法在美国的传播,土耳其对瑞士民法典的移植,甚至还有两大法系的形成和接近,都表明这是世界范围内法律文化交流的普遍现象。[1]这种现象的普遍存在,内含着这样一个法则,即人类行为是受功利支配的,趋易避难是人的天性。这使得文化亲近因素直接与交流的难易相关。

同样,法律的形式和样式,在中日法律文化交流中亦显示出这样的功能。中日双方之所以选择对方为学习模范,借以输入先进的法律文化,除了既定的政治条件外,在法律文化类型和文化亲近的因素下,还要考虑的就是法律的形式和样式。如果说古代

---

[1] 参见 [德] K. 茨威格特、H. 克茨:《比较法总论》,潘汉典等译,贵州人民出版社1992年版,第322页。

日本在法律形式和样式上决定它是否接受唐代法律文化所面临的选择余地较小，那么，晚清中国的选择及其随后的交流必定包含了法律形式和样式的要素。晚清中国面对的是各具优势的列强，但通过考察和比较，从放弃英美法到转向大陆法，又从法德大陆法转向日本法。原因固然不一，其中极为重要的一项即是对法律形式和样式的取舍。因为中国自古以来就是成文法国家，法典是其法律的基本表现形式，因此要在这样一个至少有两千年成文法传统的大国输入形式完全不同的判例法，又如何可能？可以说，这还不完全是表面上简单的法律表现形式问题，它实际关涉到不同法律形式和样式下的法源、体制、法律家类型、司法审判风格和法律思维等。这些在一定程度上都是依附于法律形式和样式的，并与某种特定的法律形式和样式合成一体，成为一个民族或国家的法律文化传统。往深里说，这亦是法律文化交流中起作用的同一性和差异互补性原理中的一部分，其中起作用的是同一性的增强和差异性的缩小，结果使得交流向着合流的方向发展。以下我们举例说明。

如英美法系以判例为主要法源；体制上司法、立法、行政相互分权制衡；法律家类型是律师；审判是抗辩式的；法律思维属经验主义的归纳逻辑，对理性主义的演绎推理持怀疑态度。这些与中国法律文化传统都是格格不入的。相反，大陆法系在以上各方面都与中国相近。首先，法律是专家学者依某种理想标准制定出来的，所以它正式的法源是结构完整的法典法；司法虽然独立，但司法官具有行政官的色彩；法律家类型是法官和法律学者；司法审判是以判官为主的纠问式，有家长处理家政的痕迹；法律推理是从法条到事实再到结论的逻辑演绎，所谓大前提（法条)、小前提（事实）、结论（裁定）的三段论结构。[1]藉此可见，晚清中国从英美判例法转向法德大陆法绝不是偶然的，除司法独立外，中国固有的法律文化在这些方面都很明显。因此，经过日本化的西方大陆法文化在这些方面亦更接近中国的法律传统，其中最重要者有日本的君权（天皇）对法权的控制、行政对司法的制约等，这些都是西方文化东方化的结果。由此不难看出，晚清中国以近代日本为范本，实是一件顺理成章的事。[2]

中日法律文化交流的历史经验还表明，在既定的政治、经济和国际形势条件下，法律文化的类型、亲近关系、法律形式和样

---

[1] 以上有关两大法系在法律形式等方面的特征揭示，参见前揭《比较法总论》（潘汉典等译）一书，第121~143页。

[2] 如果我们放宽视野，从中外法律文化交流的历史实践以及在其背后起作用的原理来看，晚清中国的选择亦是正确的。我们知道，在中日法律文化双向交流外，中西法律文化迄今亦有不对等的双向交流。19世纪以前，中国文化包括以文官制度为核心的广义法律文化，经传教士的传播对西方产生了重要影响。19世纪以来，西方法律文化被大规模移植到中国。这一历史和当下的实践表明，中西法律文化交流的可行已是不争的事实。同时，具体考察双方交流的历史实践，又可以发现交流总是伴随着激烈的争论以至冲突，特别是中国对西方法律文化的移植引起了观念、制度和部分社会的冲突与混乱。为什么会有这样的历史实践呢？笔者认为，从原理上讲，追求文明和先进是中西法律文化交流的主要动因。这可以命名为A项。德礼优先（中国模式）还是法律优先（西方模式），这是晚清中国在移植西方法律文化中最困难的问题，其结果是通过继受日本化的西方法律文化，并在礼教等问题上加以变通而解决。我们可以把这命名为B项。A项表明，中西法律文化在文明和追求文明上是相通的。正如笔者以前所说，"心主身从"是文明时代的人的文化原理。（参见张中秋：《人与文化和法——从人的文化原理看中西法律文化交流的可行与难题及其克服》载《中国法学》2005年第4期。）基于这种文化原理的同一性，即共同的文明趋向，交流因此是必然同时又是可能的。B项表明，双方交流的难题恰是双方的差异所在，而继受日本化的西方法律文化和在继受中再变通这两个步骤，使双方的分歧和差异缩小到了可交流的程度。历史证明，这是合乎法律文化交流的原理因而能够得以施行的一项选择。

式及其相关要素，直接影响交流中的选择和实际交流中的难与易。一般来说，在政治、经济和国际形势相对良好，亦就是说交流双方，特别是输入方能够自主、自愿、平等地与输出方交流时，法律文化的类型、亲近关系、法律形式和样式及其相关要素，能够决定交流对象的选择，实际交流中的诸多困难亦易于克服。反之，在政治、经济和国际形势相对恶劣的情况下，交流不是不可以进行，但由于有了制约，输入方往往处于无力自主选择的境地。在这种情况下，法律文化的类型、亲近关系、法律形式和样式及其相关要素，无法直接决定选择，但依然能间接影响选择，并造成实际交流中的诸多困难。

实际交流必须解决的问题是，如何化解交流中由文化优越与压抑所引起的紧张关系。这要求克服激进主义和保守主义及其各种变体对交流的误导和干扰，坚持合理的现实主义。从中日法律文化交流的历史实践看，正确认识和处理继受与变通的关系是化解问题的关键。这要求人们既要认识到继受是交流的方向，又要重视变通是成功继受的必要条件。在此认识指导下，还要注意继受与变通在不同的时段、层面、领域，或某一具体问题上的不平衡性，因此，实践中常有继受中不需变通，又有变通中不必继受的情况。准确地说，同类型的法律文化，亲近的文化关系，不相冲突的法律形式、制度、法域、技术或程序性规则，都是相对易于继受的（要素）；反之则有困难，必须变通。同时，在私法与公法中，私法相对于公法；私法中一般民事制度相对于婚姻家庭制度；公法中一般刑事规范相对于政治性的规范；以及法条相对于制度，制度相对于理论，理论相对于原则，原则相对于概念，概念相对于原理等。总之，后者相对于前者在继受的难度上都相应增大,其变通的要求亦相应提高。甚至我们还发现,法律文化的制度、理论和行为模式部分虽已移植,但在人们意识深处受原理支配的法律文化观念和心理结构,亦即人们所说的习性,则依然故我。这提醒我们,变通是一件多么艰难持久的事,而把握原理又是多么重要。

中华法系与罗马法的原理及其哲学比较
——以《唐律疏议》与《法学阶梯》为对象的探索*

一、中华法系的道德原理

我们知道,唐律是中华法系的代表,《唐律疏议》是唐律的精髓和骨干;[1]而《法学阶梯》既是罗马法的重要组成部分,又是罗马法的"全部法学的基本原理"[2]之所在,因此,以《唐

---

* 原载于《政法论坛》2010年第3期,有修改。
[1] 唐律是中国唐代法律的总称,包括唐前期的律、令、格、式四种法律形式和判,以及唐后期的格敕(格和格后敕)等。其中,作为律的代表的《唐律疏议》,不仅是全部唐律的主体,亦是全部唐律的精髓。可以毫不夸张地说,《唐律疏议》的学理即是中华法系的原理。所以,明代刑部尚书刘惟谦等在《进大明律表》中说:"历代之律,至于唐亦可谓集厥大成矣。"《清史稿·刑法志》亦载:"中国自书契以来,以礼教治天下。……至唐《永徽律》出,始集其成。虽沿宋迄元明而面目一变,然科条所布,于扶翼世教之意,未尝不兢兢焉。君子上下数千年之间,观其教化之昏明,与夫刑罚之中不中,而盛衰治乱之故,綦可矣。"由此可见唐律的代表性。有关唐律在中华法系中的地位和影响,参见杨鸿烈:《中国法律在东亚诸国之影响》,中国政法大学出版社1999年版;有关《唐律疏议》在唐律中的地位和影响,参见刘俊文撰:《唐律疏议笺解》,中华书局1996年版,第1~92页"序论"。
[2] 查士丁尼皇帝在为《法学阶梯》颁示所作的"序言"中说:"……在把全部古法书籍编辑为《学术汇纂》共计50卷以后(这是在一些杰出人物特里波尼亚和其他卓越而有才识的人协助下完成的),朕又命令把这部《法学阶梯》分为四卷,其中包括全部法学的基本原理。"([古罗马]查士丁尼:《法学总论——法学阶梯》,张企泰译,商务印书馆1989年版,第3页"序言"。)

律疏议》和《法学阶梯》为对象来探讨中华法系与罗马法的原理及其哲学,这在比较法上是可行的。[1]当然,这里所说的中华法系主要是指传统中国法,罗马法亦主要是指万民法时代即罗马帝国时期的法律。而本文既然是对原理与哲学的比较,实际上就是关于法的理念的类型比较,因此理念与制度及其实践有不同之处,这亦是正常的,所以不影响研究结论的成立。

概念是分析的工具,因此,本文首先从"原理"这个核心概念开始,然后再探讨相关的问题。在科学术语上,"原理"是来自西方的概念,它在传统中国文化中对应的就是"道"。这个"道"不单是道家之道,而是中华文化之"道"。正如金岳霖先生说:"各家所欲言而不能尽的道,国人对之油然而景仰之心的道,万事万物之所不得不由,不得不依,不得不归的道才是中国思想中最崇高的概念,最基本的原动力。"[2]从这个意义上说,道是中华文化的共通原理。当然,它亦是中华法系的原理,因为中华法系是中华文化的有机部分。如何从法律上来认识这个原理,我们不妨先看一看作为唐律精髓的《唐律疏议》是怎么说的。

《唐律疏议·名例》在开篇中说:"德礼为政教之本,刑罚为政教之用,犹昏晓阳秋相须而成者也。"[3]这段话的意思是说,

---

[1] 在比较法中,以某一具有代表性的法律秩序或者说法律传统,来代表对法系的研究是可行的。(参见[德]K.茨威格特、克茨:《比较法总论》,潘汉典等译,贵州人民出版社1992年版,第121~122页。)同样,我认为以代表性的法典为对象来探索法系亦是可行的。

[2] 参见金岳霖:《论道》,载刘梦溪主编:《中国现代学术经典——金岳霖卷》,河北教育出版社1996年版,第18~19页及前后。

[3] (唐)长孙无忌等撰:《唐律疏议》,刘俊文点校,中华书局1983年版,第3页。

德礼是政教的根本,刑罚是政教的辅从,两者的关系犹如黄昏与早晨(相续为一天)、春天与秋天(相续为一年),它们相互配合构成完美的整体。这是对上述文字的直译,如果仔细分析,就会发现它的内涵远不是这么简单。首先,它融合了儒、法、道三家的思想。从概念的倾向上讲,"德礼"是儒家的,"刑罚"是法家的,"昏晓阳秋"是道家的。儒、法、道三家的思想在国家法典中融为一体,这是西汉以来中国法律发展到唐代"臻于完善"的表现,而且随着唐律对中国周边诸国的影响,以《唐律疏议》为核心的唐律由此成为中华法系的象征和代表。其次,《唐律疏议》的这段话渗透了中华文化之道,体现了从"阳主阴从"到"德主刑辅"的道德原理结构。为了更直观地阐明这一点,我们先看下面的图示。

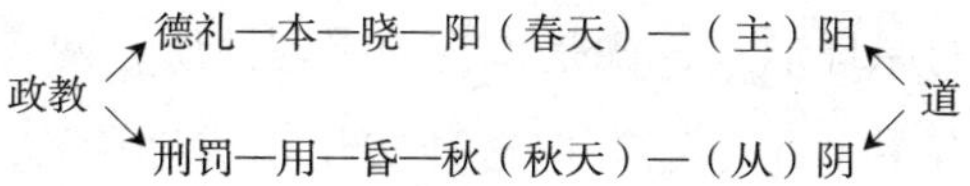

$$
政教 \begin{cases} 德礼—本—晓—阳(春天)—(主)阳 \\ 刑罚—用—昏—秋(秋天)—(从)阴 \end{cases} 道
$$

图1 《唐律疏议·名例》所示道德原理结构图

很显然,这个图示是把上述《唐律疏议·名例》的文字表述结构化了,其中"阳秋"之后是笔者加上去的,但符合道的结构。透过这个图示,我们可以看到作为政教两翼的德礼与刑罚与作为道之两仪的阳与阴的对应关系。我们知道,政教是传统中国政治文化的统称,法律亦包含在其中。因此,作为政教两翼的德礼与刑罚,实际上就是传统中国法的基本内容,亦即儒、法、道三家法思想合流后所形成的礼法结构。正如上述《唐律疏议·名例》所示,在这个结构中,德礼为本、刑罚为用。因此,人们把它概括为礼法结合、德主刑辅。礼法结合、德主刑辅是以唐律为代表的中华法系的基本结构。

从上述图示可见,礼法结合、德主刑辅的哲学基础或者说法理依据是阴阳合一、阳主阴从的中华文化之道。依据中国经典表述,道的基本构成是阴与阳,所谓一阴一阳之谓道,此一阴一阳就是道或后来被称为太极的两仪。[1]阴与阳这两者的关系是对立统一的,其中对立中有相涵相摄,相涵相摄中又有支配,阳在其中起主导和支配作用,形成阴阳合一、阳主阴从的结构。按照中国古典思维,阳代表德性,"阳主"意味着事物的属性依德。因此,如上所述,道虽然可以用来指称事物的原理(在这种情况下,道已经含有了德),但实际上道原本所表达的是事物的秩序结构,德是事物的内在性质。这亦就是说道是德的表现形式,德是道的存在依据,道与德共同构成了事物的统一性。因此,我们说道是事物的原理形式,德是事物的原理性质,两者构成完整的事物原理。有鉴于此,笔者把这种文化构成理论称之道德原理。如果对照上述《唐律疏议·名例》的表述和图示,我们即可发现,中华法系的原理不过是中华文化的共通原理在法律上的延伸,所以实质上还是道德原理,只是这个道德原理的内涵有了变化,由阴阳合一、阳主阴从的哲学概念转换成了礼法结合、德主刑辅的法律概念。换言之,道德即是中华法系的正当性所在,亦即最后的法理依据。因此,从法的哲学上说,中华法系的原理可称之为道德原理,中华法系法亦可称之为道德原理法。[2]

---

[1] 《周易·系辞上传》曰:"易有太极,是生两仪"。
[2] 参见收入本书的《传统中国法的道德原理及其价值——以〈唐律疏议〉为分析中心》一文。

二、罗马法的自由原理

依据《法学阶梯》,罗马的法律分为公法与私法,私法包括自然法、万民法和市民法。[1]罗马私法是罗马法中最有特色和影响的部分,《法学阶梯》就是有关这部分的内容。《法学阶梯》在整个罗马法中的重要性,正如查士丁尼皇帝所说:"其中包括全部法学的基本原理。"[2]所以,我们要探索罗马法的原理就必须以《法学阶梯》为样本。

正如我们所知,原理是对事物关系的本质揭示,它以思想观念的形态存在,通常隐秘而均匀地分布在法律的文本之中,因此,我们只有通过对文本的分析才能触及它。依中文译本统计,《法学阶梯》正文四卷十八篇,但笔者通过阅读,发现在它对自然法、万民法和市民法等相关问题的回答中,亦即在《法学阶梯》第一卷的第二篇中,表达了罗马法的结构和原理。《法学阶梯》第一卷第二篇开篇明示道[3]:

> 自然法是自然界教给一切动物的法律。因为这种法律不是类所特有的,而是一切动物都具有的,不问是天空、地上或海里的动物。……

---

[1] 前揭[古罗马]查士丁尼:《法学总论——法学阶梯》(张企泰译),第5~6页。

[2] 前揭[古罗马]查士丁尼:《法学总论——法学阶梯》(张企泰译),第3页"序言"。

[3] 以下引文见前揭[古罗马]查士丁尼:《法学总论——法学阶梯》(张企泰译),第6~7页。

1. 市民法与万民法有别,任何受治于法律和习惯的民族都部分地适用自己特有的法律,部分则适用全人类共同的法律。每一民族专为自身治理制定的法律,是这个国家所特有的,叫作市民法,即该国本身特有的法。至于出于自然理性而为全人类制定的法,则受到所有民族的同样尊重,叫作万民法,因为一切民族都适用它。因此,罗马人民所适用的,一部分是自己特有的法律,另一部分是全人类共同的法律。……

2. ……至于万民法是全人类共同的。它包含着各民族根据实际需要和生活必需而制定的一些法则;例如战争发生了,跟着发生俘虏和奴役,而奴役是违背自然法的(因为根据自然法,一切人都是生而自由的)。又如几乎全部契约,如买卖、租赁、合伙、寄存、可以实物偿还的借贷以及其他等等,都起源于万民法。

《法学阶梯》不愧是伟大的作品,上述几段简洁的文字就给我们勾勒了一幅贯通自然界、人类社会和罗马国家的法律图景。依据它的表述,在私法领域,通行自然界一切动物的法律是自然法;通行全人类的法律是万民法;通行某一民族国家的法律一部分是万民法,一部分是专为自身治理制定的市民法。所以,通行罗马国家的法律一部分是它的市民法,一部是通行全人类的万民法。由此可见,从自然法到万民法再到市民法构成了一个法的链式整体,这三种法既分别对应于自然界、人类社会和罗马国家,同时自自然法以下又依次复合通用,从而在形式上形成一个从大前提到小前提再到结论的完美逻辑结构。根据这种逻辑结构,万民法是市民法的上位法,自然法又是万民法的上位法,所以,自然法既是万民法和市民法的效力渊源,又是万民法和市民法的正当性来源。这意味着自然法是罗马法的母法,自然法理论就是包括万民法和市民法在内的罗马法的法理依据。换言之,自然法理论就是罗马法的原理。

自然法理论是西方法学的根基,所以自古希腊、罗马以来,关于它形成了不同的学说,但正义始终是它的核心和本质。[1]从这个意义上说,自然法理论就是一种正义理论,自然法学就是有关正义的学说。这与《法学阶梯》所说的"法学是关于神和人的事物的知识;是关于正义和非正义的科学"[2]完全吻合。这种吻合不是巧合,而是事物的内在逻辑使然。因为罗马法的理论是自然法,自然法的核心和本质是正义,所以法学必然是关于正义和非正义的科学。只是由于当时自然法在人们的观念中还具有神性,即《法学阶梯》第一卷第二篇所说的"各民族一体遵守的自然法则是上帝神意制定的,因此始终是固定不变的。……"[3]所以,法学亦是"关于神和人的事物的知识",但不管是神还是人的事物的知识,其知识亦即法学的核心和本质都不外乎是正义而已。这样说来,正义是罗马法的理据,就像礼(理)是传统

---

[1] 《牛津法律大辞典》对自然法的解释是:"一般说来,它表示一种对公正或正义的信念,这种正义秩序普遍适用于所有为宇宙间最高控制力量支配的人,它不同于实在法,即由国家或其他人类组织制定的法。一切自然法学说的出发点是理性和人性。但在自然法的含义和它与实在法的关系上,自古以来众说纷纭。……自然法的观念从未消亡,似乎永不衰竭。"([英]戴维·M. 沃克:《牛津法律大辞典》,邓正来等译,光明日报出版社1988年版,第629~631页"自然法"。)
[2] 前揭[古罗马]查士丁尼:《法学总论——法学阶梯》(张企泰译),第5页。
[3] 前揭[古罗马]查士丁尼:《法学总论——法学阶梯》(张企泰译),第11页。

中国法的理据一样。

　　问题讨论到此，似乎可以结束了。如果仅从法的层面上讲，情况的确是这样，但如果要追问下去，进入法哲学的原理层面，那问题还未了结。对照道德是中华法系的原理，道德→礼（理）→法（刑）能够构成一个完整的理据链，而在罗马法的正义→法律结构中，则缺少了一个具有"道德"这样的文化原动力的环节。这说明在逻辑上，正义背后还有一个更高的理据存在，这个理据是正义的根源和动力所在。这个理据是什么？还是让我们从《法学阶梯》中寻找。《法学阶梯》在第一卷第一篇开篇中定义道："正义是给予每个人他应得的部分的这种坚定而恒久的愿望。"[1]事实上，人对自己应得的那部分的愿望有很多，但"什么"才是人的诸多愿望中称得上是"坚定而恒久的愿望"呢？这就是说"什么"是人的一生中最坚定而恒久的向往。对此，《法学阶梯》虽然没有直接给予明确的回答，但在它文本的结构理路方面和将自然法作为评价人的标准方面，给了我们寻找答案的线索。

　　请看《法学阶梯》在第一卷第二篇的最后说："我们所适用的全部法律，或是关于人的法律，或是关于物的法律，或是关于诉讼的法律。首先考察人，因为如果不了解作为法律对象的人，就不可很好地了解法律。"[2]这说明在罗马法至少在罗马私法体系中，关于人的法律是第一位的。那么，在关于人的法律中什么又是第一位的呢？《法学阶梯》在第三篇的开头接着上述第二篇

---

[1] 前揭［古罗马］查士丁尼：《法学总论——法学阶梯》（张企泰译），第5页。
[2] 前揭［古罗马］查士丁尼：《法学总论——法学阶梯》（张企泰译），第11页。

的引文说:"关于人的法律的主要区分如下:一切人不是自由人就是奴隶。"[1]这很清楚地表明,在《法学阶梯》有关罗马所适用的全部法律的结构中,关于人的法律是第一位的;而在关于人的法律中,关于人的法律的主要区分,即人是自由的(自由人)还是不自由的(奴隶)这是第一位的。[2]确认了这一点,就等于确认了自由是人的一生中最坚定而恒久的向往,亦即自由是人所向往的最大正义。要明白这一点,只需理解在罗马法中,奴隶因其不自由,只是会说话的工具,在法律上等同于物。这说明罗马法将自由视为人之为人的条件,不自由就不是人,奴隶虽有人的自然特性,但不是法律意义上的人,故而被自由人所支配,所以,自由是人所向往的最大正义。这样,我们在《法学阶梯》的结构中看到,它存在着人→自由→正义→法的这样一条理路。

这个从《法学阶梯》文本的结构理路方面所得到的认识,还可以从《法学阶梯》将自然法作为衡量人的价值的标准方面再次得到确证。《法学阶梯》在阐释自然法与万民法时说道:"奴役是违背自然法的(因为根据自然法,一切人都是生而自由的)。"[3]它在第五篇"被释自由人"的开头一段中亦说:"……因为根据自然法,一切人生而自由,既不知有奴隶,亦就无所谓释放。……"[4]这说明自然法作为正义的理论,它在关于人的法律上的首要而基本的正义是自由,所以,根据自然法,一切人生

---

[1] 前揭[古罗马]查士丁尼:《法学总论——法学阶梯》(张企泰译),第12页。
[2] 从《法学阶梯》所呈现的罗马法体系来看,情况确实如此,因为《法学阶梯》的一切设置,包括它关于人和物与诉讼的各项规定都是从这一区分开始的。
[3] 前揭[古罗马]查士丁尼:《法学总论——法学阶梯》(张企泰译),第7页。
[4] 前揭[古罗马]查士丁尼:《法学总论——法学阶梯》(张企泰译),第13页。

而自由；如果人生而或生后不自由，就是对自然法关于人生而自由的正义原则的违背。这样一来，在自然法理论中，正义是衡量法律是否正当的一个标准，而自由成了保证正义正当性的理据，这亦意味着自由是正义的理据和原动力。所以，美国法理学家E.博登海默在谈到正义与自由时说："整个法律正义哲学都是以自由观念为核心而建立起来的。"[1]因此，当人们说自然法是一种正义的理论时，这亦无异于在说自然法是一种关于自由的学说。

综合上面的分析，我们可以获得这样的认识，即在自然法理论指导下，由《法学阶梯》所呈现的罗马法，无论是在文本的结构理路还是内容的精神联系上，都已构成自由→正义→法律这样一个完整的理据链。换言之，正义是罗马法的理据，而自由则是正义的理据。因此，从法的哲学上说，罗马法的原理可称之为自由原理，罗马法亦可称之为自由原理法。[2]

三、中华法系与罗马法原理的哲学及其法的结构、特征、历史命运和现代价值的比较

从我们上面对中华法系与罗马法的原理探索中，可以发现一个很有趣的现象，即无论是《唐律疏议》还是《法学阶梯》，在

---

[1] [美] E. 博登海默：《法理学——法哲学及其方法》，邓正来、姬敬武译，华夏出版社1987年版，第272页。
[2] 齐云博士详细地从奴隶自由权的获得方面论证得出："优士丁尼的《法学阶梯》自始至终都贯穿着'自由权优先'这根红线"。（参见齐云：《优士丁尼〈法学阶梯〉中的自由权优先原则》，载《华东政法大学学报》2009年第6期。）我认为这个观点是正确的，但遗憾的是作者还没有认识到，"自由权"之所以"优先"，是因为自由是罗马法的原理。

它们有关原理的表述中都与自然亦即大自然这个概念相关。《唐律疏议》使用了"昏晓阳秋"这个词,《法学阶梯》使用了"自然界"这个词,这似乎在提醒我们,中华法系与罗马法的原理都是与自然相关的。因此,如果要对中华法系与罗马法的原理及其哲学进行比较,有必要从它们的自然观开始。

(一) 有机自然观与中华法系的结构、特征和价值

关于中国与西方,包括古代中国与罗马的自然观,不仅有大量的历史文献可供阅读,还有数量众多的现代研究可资参考。[1]一般认为,笔者亦是这样认为的,古代中国人的自然观是有机的自然观,即包括自然、社会和人类为一体的宇宙是一个有机联系的生命系统,用中国哲学的话来说,就是天、地、人为一体的世界是一个生命体。[2]有机自然观的核心在于把世界看成是有生命的系统,它之所以说世界是有生命的系统,是因为世界的自然状态是和谐有序和生生不息,和谐有序是它的外在现象,生生不息

---

[1] 在关于中国古代科学与文明以及与西方的比较上,世界著名科学家李约瑟(Joseph Needham)先生的研究是最全面同时亦是最客观的,他在《中国科学技术史》(第2卷·科学思想史)中提供了关于中西(包括古罗马)自然观方面最丰富的中外文献目录和最科学的综述与研究。阅者可参见[英]李约瑟:《中国科学技术史》(第2卷·科学思想),何兆武等译,科学出版社、上海古籍出版社1990年版,第13章、第16章及参考文献。

[2] 所谓自然是个大宇宙,人是一个小宇宙之谓也。本文以下的论述是笔者多年阅读、思考、体悟的心得,参考的书目无法一一列出,因为数量不少而且很多思想又是交叉性的,唯有《周易》(重点是经与传)、《道德经》、《礼记》(重点是《乐记》《大学》和《中庸》)、《春秋繁露》、《太极图说》和朱熹的《四书章句集注》等,以及上面提到的李约瑟和现代学者王国维、金岳霖、冯友兰、朱光潜、宗白华、张岱年、成中英、杜维明等人的相关论述,特别是艾兰等人主编的《中国古代思维模式与阴阳五行说探源》(江苏古籍出版社1998年版),对本人最具启发意义。

是它的内在性状。自然世界的这两个特征给我们的先贤以深刻的印象，他们把这种从自然得来印象与人生经验和社会实践结合起来，将自然界的和谐有序概括为道，藉以抽象地表达事物的有序性，亦即事物的存在形式；将自然界的生生不息概括为德，藉以抽象地表达事物的创生性，亦即事物的内在性质。由于道原本是一种秩序，所以在哲学上它被引申为主静、属阴、显柔、为仁、表礼；而德原本是一种创生，所以在哲学上它被引申为主动、属阳、显刚、为义、表法；道与德共同构成事物的统一性。职此之故，宋儒周敦颐在他著名的《太极图说》中阐述了太极原理之后引《易》说："立天之道，曰阴与阳，立地之道，曰柔与刚，立人之道，曰仁与义。"[1] 推而言之，立政教（大法）之道，即德礼与刑罚，或者说情与理。这样，从原理上来说，世界就是一个道德的世界，道德原理是沟通天、地、人，亦即贯通自然、社会和人类的共通原理。这种从自然出发具有生命感的理论，从根本上或者说哲学上回答了有机世界存在的形式与本质，所以它不是一般意义上的自然观，而是中国人的世界观。

　　道德原理的世界观是整体的、联系的和辩证发展的，因为世界是有机的。作为法的指导思想，道德原理赋予了中华法系特有的结构、特征和价值。从结构上说，道德原理是形式与性质合一但以性质为本形式为辅的事物原理，所以中华法系的结构是礼法结合、德主刑辅。正如我们在前面对《唐律疏议》的分析中所

---

[1]（宋）周敦颐撰：《周子通书》，徐洪兴导读，上海古籍出版社 2000 年版，第 48 页。关于这个问题还可参见杨成寅：《太极哲学》，学林出版社 2003 年版；杜维明：《试谈中国哲学的三个基调》，载胡晓明、博杰主编：《释中国》（第 2 卷），上海文艺出版社 1998 年版，第 877~891 页。

揭示的，德礼为本属阳[1]，刑罚为辅属阴，礼法结合、德主刑辅显示了阴阳合一、阳主阴从的道德原理的法理化。这种法理化实则是以道德为原点、以礼法为两仪、以德为主以刑为辅的一元化结构，类似于一极（太极）两仪（阴与阳）阳主阴从的太极图式，而太极图本是一种生命原型图[2]，所以这种法的一元化结构是以有生命感的哲学为根子的。而且，由于德礼本质上是一种基于道德的责任，所以这个结构确立以德礼为本，实则意味着中华法系是一种责任→权利型的结构，即担当责任是行使权利的前提，这样的法又称之为责任优先或责任本位法。此外，从特征上讲，中华法系因道德原理而使它拥有某些与生命体相似的特征，如体系上的系统性、协调性、连续性和对立统一的继承式发展，以及内容上因强调整体利益而形成的公法特色和司法实践中的类比思维等。[3]当然，在中华法系的道德原理中，还有比

---

[1] 这里的"德礼为本属阳"要说明一下，因为我在前面说到，道在哲学上被引申为表礼属阴，说明礼是属阴而非属阳。这与"德礼为本属阳"似乎有矛盾，其实并不矛盾。因为就礼的本义来说是序，此点与道相通，所以在哲学上它被纳入属阴的道的范畴。但中国文化中的阴阳不是绝对的而是相对的，而且是可以转化的。譬如，德与礼、礼与刑、德礼与刑罚，一般说前者属阳，后者属阴，这是在它们各自独立时的对应关系，但如果把它们联系起来看，就发现这种关系的相对性，如礼相对于德属阴，相对于刑又属阳，所以德礼相对于刑罚属阳。这就是阴阳辩证法，亦即对立、统一、变化的世界观，而且正是因为有了这个辩证法，中国文化才避免了走向极端的弊端。
[2] 太极图是中国人关于世界的抽象图式，太极图中的阴阳鱼图形是生命的原型，或者说生命的原初形状。
[3] 参见[美]威格摩尔：《世界法系概览》，何勤华等译，上海人民出版社2004年版，第4章、第7章；张中秋：《中西法律文化比较研究》（第5版），法律出版社2019年版，第3章、第5章的中国部分。

结构和特征更有意义的,那就是道德原理所赋予中华法系的价值。简单说,中华法系因道德原理的生命感而使它在追求形式统一亦即和谐有序的同时,更关注实质正义亦即公正、善良和仁义等。用现代法律话语,即实体价值优于程序价值。因为形式服从于实质,这是道德原理的本质要求。因此,即使法律是刑杀,目的还是为了仁政。如《唐律疏议·名例》在谈到立法宗旨时所说的:"《易》曰:'天垂象,圣人则之。'观雷电而制威刑,睹秋霜而有肃杀,惩其未犯而防其未然,平其徽纆而存乎博爱,盖圣王不获已而用之。"就是一个很好的例证。

(二) 无机自然观与罗马法的结构、特征和价值

现在让我们来讨论罗马法的自然观问题。即如上述《法学阶梯》的引文所示,在罗马法的理论和制度体系里,自然界→自然理性→自然法→万民法→市民法,的确构成了一个前后相续的法源链条,但它与中国的自然→道德→礼法→法律有所不同。前者是一种逻辑上的联系,相互之间没有有机体的相涵、相摄和互动,更不可能有上位法对下位法的吸收,只有上位法对下位法的单向指令;后者是一种有机的联系,相互之间不仅有相涵、相摄和互动,而且上位法在指导下位法的同时,亦有可能与下位法相融而吸收之。由此可见,逻辑上的联系注重的是思想上的非矛盾性,有机的联系实际是事实上的统一性,这种区别的根源在于两种不同的自然观。

相对于中国有机的自然观,西方自古希腊、罗马以来,一直是无机的或者说机械的自然观占主导地位,而且这种自然观在古

代和中世纪还有神创的色彩。[1]就对罗马法有影响的自然观而言,来自古希腊斯多噶学派的自然哲学,经过西塞罗的吸收再传递和影响到罗马的法学家和裁判官们,并且在这个过程中还掺杂了来自希伯来的基督教思想和罗马自己的实践经验,从而形成了罗马法的自然哲学。这种哲学认为,自然是由无数独立的个体(譬如原子)所组成的,这些独立的个体之间缺乏生命体那样的有机联系,所以自然是一个无机体。但自然本身是有序的,这种有序是自然法(则)的体现,自然法(则)出于自然理性。按斯多噶学派的说法,自然理性是出于自然(物)的本性(实际是物的自由运动所形成的作用与反作用的规律,牛顿揭示了这一规律,机械唯物论以此为据),按基督教的说法是神意的体现。罗马法在这个问题上陷入了两难,所以一方面它说:"出于自然理性而为全人类制定的法,则受到所有民族的同样尊重,叫作万民法。"[2]另一方面它又说"各民族一体遵守的自然法则是上帝

---

[1] 本文以下论述亦是笔者多年阅读思考的结果,但笔者对西方原典和经典了解有限,在此问题上值得提出的主要参考书有:[英]罗宾·柯林武德:《自然的观念》,吴国盛、柯映红译,华夏出版社1999年版;[英]W. C. 丹皮尔:《科学史》,李珩译,商务印书馆1987年版;[英]李约瑟:《中国科学技术史》(第2卷·科学思想史),何兆武等译,科学出版社、上海古籍出版社1990年版;[美]乔治·霍兰·萨拜因:《政治学说史》(上册),盛葵阳、崔妙因译,商务印书馆1986年版;[英]罗素:《西方哲学史》(上卷),何兆武、李约瑟译,商务印书馆1963年版;[英]梅因:《古代法》,高敏、翟慧虹译,商务印书馆1984年版;[美]E. 博登海默:《法理学——法哲学及其方法》,邓正来、姬敬武译,华夏出版社1987年版;以及《爱因斯坦文录》(浙江文艺出版社2004年版)和柏拉图、亚里士多德、芝诺、西塞罗、阿奎那、牛顿、笛卡尔、康德、黑格尔、怀特海等人的相关论述。

[2] 前揭[古罗马]查士丁尼:《法学总论——法学阶梯》(张企泰译),第7页。

神意制定的，因此始终是固定不变的。……"[1]但无论按哪一种说法，自然理性到处都是一样的，所以它是正义的。这样，在罗马法的自然哲学里面，由万民法而自然法，由自然法而自然理性，由自然理性而正义，所以，追溯起来，万民法与自然法都成了一种正义的理论。但我们不要忘了，自然理性之所以是正义的，按照斯多噶学派的说法，是出于自然（物）的本性，自然（物）的本性依无机的自然观，即是独立而自由的运动，因为自然的本原是无数（没有生命体那样联系的）独立的个体（譬如原子），所以，追本溯源，独立亦即自由乃是正义的根源和原动力，自然法的正义只是自由的表现而已，这一点我们在前面对《法学阶梯》的解析中已加以证明。所以，从法的哲学上说，罗马法的原理是自由原理。

从无机出发，自由原理的世界观是个体的、独立的、自由的和进取发展的世界观。作为法的哲学原理，自由原理亦赋予了罗马法特有的结构、特征和价值。从结构上说，由于自由原理是从自然本原经自然理性推导出来的，所以在罗马法体系中源于自然理性的自然法成了第一法源，万民法和市民法都以它为宗。又由于自由原理是一种个体间以及个体自身表象与本质之间相分离的二元结构理论，所以罗马法亦形成了一种自然法与制定法（万民法与市民法）相对立的二元结构。而且依据自由原理，理念先于现实，本质优于表象，所以在这个结构中，自然法拥有指令的权利，制定法（万民法与市民法）只有接受指令的义务。如前所说，自然法的核心是自由和正义，自由和正义表现在法律上就是

---

[1] 前揭［古罗马］查士丁尼：《法学总论——法学阶梯》（张企泰译），第11页。

权利，这样一来，自由和正义的权利在自然法上是天生的，而在罗马法上则是必须接受的天赋人权，所以罗马法（准确说是罗马私法）的结构是一种权利→义务型的，即行使权利是承担义务的前提，这样的法又称之为权利优先或权利本位法。同样，从特征上说，罗马法亦因自由原理而使它拥有某些与无机系统相应的特征，如体系上的逻辑性、开放性和冲突—征服式的扩张性发展，以及内容上因强调个体利益而形成的私法特色和司法实践中的形式逻辑思维等。[1]最后，从价值上说，自由原理对罗马法价值的影响是深刻的。正如我们所知，罗马法有诸多价值，但笔者以为其中两个价值是最基本的：一是它高度逻辑精密的庞大体系，这是形式上的；一是它对自由/正义的追求，这是实质上的。这两者都奠基于自由原理，因为自由原理所表达的世界就是一个逻辑系统，所以，罗马法在形式上是一个具有逻辑性的系统理论，而实质上它又是一个立足个体、依据理性、追求自由的理论。[2]以上就是自由原理与罗马法基本价值之间的关系，这种关系在罗马法中是通过自然法来实现的。如果我们仔细研究《法学阶梯》的理论结构和它的制度设置，就不难发现这种关系的存在。

（三）中华法系与罗马法的历史命运和现代价值

《唐律疏议》颁布于公元653年（唐高宗永徽四年），《法学

---

[1] 参见前揭［美］威格摩尔：《世界法系概览》，第4章、第7章；前揭张中秋：《中西法律文化比较研究》（第5版），第3章、第5章的西方部分。

[2] 这是西方人文主义法律传统的源头，它在罗马法中首次得到确立，并在罗马法的复兴中得以传播，其核心是赋予个人独立、自由的合法性。它的推理是承认人是理性的，理性到处都是一样的，所以，人是独立、自由、平等的，这即是法律正义的内容。

阶梯》制定于公元533年（查士丁尼皇帝第三任执政官期间），这两部分别代表古代东方与西方法律秩序的著名法典，在互不相通的情况下，其诞生的时间如此接近，真是人类法律史上的一大奇观。[1]还有一个更有趣的事实是，《唐律疏议》与《法学阶梯》所代表的中华法系与罗马法，至少它们的原理和哲学，在古代东亚世界和地中海世界是通行的，而且影响深远，这是它们作为世界性法律体系的共同之处，即对人类法律文化和法制文明的重大贡献。所以，日本的中国法学者仁井田陞教授在对比研究了唐代律令与日本律令之后说："耶林说过：'罗马曾经三次征服世界，第一次是用武力，第二次是用宗教，第三次是用法律。'然而，大体上可以说，中国亦是一以武力，二以儒教，三以法律支配东部亚细亚的（不过，其武力支配未达到日本）。蒙受中国法律影响较多的民族和地区，东至日本和朝鲜，南达越南，西及所谓西域，北到契丹和蒙古。"[2]

然而，《唐律疏议》与《法学阶梯》的历史使命却有所不同。《唐律疏议》在中国被宋、元、明、清所继承，在东亚被其他国家所接受，所以在近代东亚法律变革以前，中华法系一直是整个东亚地区实际运行的法律体系；而《法学阶梯》则随着罗马帝国的分治和西罗马帝国的灭亡，逐渐湮没在欧洲中世纪的历

---

[1] 虽然唐代中国与东罗马有间接的交往，但没有任何证据显示，《唐律疏议》与《法学阶梯》之间有什何联系。相对于对方，它们都是独立出现、独自存在并各自发挥作用的。有关中国与罗马的历史关系，可见［美］弗雷德里克·J.梯加特：《罗马与中国——历史事件的关系研究》，丘进译，人民交通出版社1994年版。

[2] ［日］仁井田陞：《唐令拾遗》，栗劲等编译，长春出版社1989年版，第801页。

史尘埃中。但当人类开始走出中世纪迈向近代时,它们的命运又发生了变化。《法学阶梯》以及罗马法的其他部分被重新发现并开始复兴,最后加入到了近代欧洲的大陆法系之中,并且随着欧洲的扩张走向世界。在东亚,从19世纪中后期起,东亚诸国面对西方的侵略开始变法,中华法系从外围开始瓦解;到20世纪初,晚清中国变法修律,经由日本接受了欧洲大陆的法律文化。这样,中华法系在其本土被继受了罗马法的大陆法系所替代,其原理和哲学当然亦不例外。

  最近百年来,中国通过对域外主要是对西方的学习,在法制近代化和现代化上取得了重大进步,这是包括罗马法在内的西方法对中国的贡献,对此我们不应忘记。但在这个过程中,我们亦犯了一个很严重的错误,就是对中国法律传统有意无意地压制和忽视,这造成西方制度与中国社会的某种脱节,其中在涉及道德与自由的法律问题上,如全体(国家、社会、集体)利益与个体利益的关系、公共道德与个人自由、家庭伦理与婚姻自由等,这些问题在法的理论、制度和实践上都存在着脱节和争议。笔者认为,要理解和化解西方制度与中国社会的脱节,从原理处去思考是最根本的。因为在任何法律系统中,原理是支配性的,而且是最稳定的部分。就中国而言,虽然中华法系已经解体,但它的道德原理并未消失,作为中国固有的文化原理,它早已融入中国的历史和文化之中,而且延续至今成为强有力的传统。道德原理之所以如此有力,本质上是因为道德原理是中国人固有的而且是至今未失(至少未完全消失)的世界观,何况这个世界观原本就是人类世界观中不可或缺的部分,所以,它当然亦是我们的法律中所不能缺少的。如果把道德原理与自由原理进行一个比较,这个道理就很明确了。

　　如前所述，道德原理是一种有机的自然/世界观。依据这个原理，人生活在一个有机的世界，有机的世界本质上是一个道德的世界，所以人是有而且是必须有道德的，如果没有道德，则人无异于禽兽，因此，道德是人作为主体存在的正当性所在，亦即人之为人的理据。同样，人类群体在没有道德，或在缺乏道德的人之间，根本无法建立起正常的社会，即使通过某种途径一时建立，亦将时时面临着解体直至覆亡的危险。所以，中华法系的道德原理是从人际关系的健康确立和天、地、人和谐共存的有机观出发的。质言之，道德原理立足全体、效法自然、追求和谐，所以它赋予了中华法系责任—权利的结构、道德的精神和人类全体以及人类与自然共生共荣的价值目标。比较而言，自由原理是一种无机的自然/世界观。依据这个原理，世界的本原是独立而自由的个体（譬如原子），所以作为人类社会的一分子，人首先是独立而自由的个体，其次才是人类群体中的一员，因此，个人的自由和权利优先，以确保他/她作为人类一分子存在的意义，这就是罗马法以至整个西方法的出发点。质言之，自由原理立足个体、依据理性、追求正义，所以它赋予了罗马法权利—义务的结构、自由的精神和人类独立与进步的价值目标。虽然这两者是如此的不同，但依然各有其价值，而且还有某种程度上的互补性，因为人是个体的但人类是群体的，道德与自由都是人类所必需的。有鉴于此，笔者认为，凭借道德原理的合理性和传统的力量，伴随着中国的发展和文化自觉，特别是中国的有机自然观已获得最新科学与哲学（如机体哲学）

的某种支持,[1]所以,要理解和化解西方制度与中国社会的脱节,甚至在运用什么样的法律去参与解决人类争端和全球性的生态危机方面,中华法系的道德原理将具有重大的指导意义。这主要是因为,依据道德原理,个人是人类的有机部分,人类是自然的有机部分,人的行为不单单与他人而且还与自然相关联,所以个人与人类的行为要讲道德、负责任、守法则,这样人类才有望保持自身及其与它息息相关的自然系统的和谐有序。

最后要补充的是,我通过本文的写作,悟到了一个道理,亦引发了一个思考,即伟大的法律体系都是有哲学的,而且是它自己的伟大哲学,作为正在追求远大目标的中国,它的法律体系的特点和哲学将是什么?这是值得我们深思的。

---

[1] 如场理论、系统科学和机体哲学等,都已证明中国有机的自然观与人类对宇宙自然的最新认识是相通的。所以,李约瑟博士说:"中国人的世界观依赖于另一条全然不同的思想路线。一切存在物的和谐合作,并不是出自他们自身之外的一个上级权威的命令,而是出自这样一个事实,即他们都是构成一个宇宙模式的整体阶梯中的各个部分,他们所服从的乃是自己本性的内在诫命。近代科学和有机主义哲学,连同它的各个综合层次,已经又回到了这种智慧上面来,并被对宇宙的、生物的和社会的进化的新理解所加强。"参见前揭[英]李约瑟:《中国科学技术史》(第2卷·科学思想史),第619页。有关机体哲学,可以参见,[英]A. N. 怀特海:《过程与实在》,周邦宪译,贵州人民出版社2006年版。

初唐法律论（译作）*

在研究任何一个法律制度时，需要回答的最重要的问题，也许不只是了解其中的法律条款是如何详细地规定的，而恰恰是弄清这个机制是如何运转的，以及由谁来操纵它的运转的问题。对于中国封建王朝的晚近几个时代，我们收集到了一些判例法（案例汇编），这是很幸运的。因为正是通过这些判例法（案例汇编），我们能够深入地研究上面提出的所需要回答的问题。然而对于唐朝，我们没有类似的资料可资利用，我们找不到判例法（案例汇编）方面的书籍，甚至从宋代保存下来的那种半虚构的材料亦没有。在《文苑英华》这部书中保存有两千多份判词，其中许多是与法律问题有关的，但是，这些东西是抽象的理念的判词，就形式而言，它们是在考试中用的一种文体；就内容而言，它们大多数与其说是基于法律的，毋宁说是基于道德、伦理和宗教观点的。它们与法院的实际判决和诉讼程序，几乎没有什么联系可言。

---

* 本文由 Denis C. Twitchtt（汉名：崔瑞德）博士所著，其为英国剑桥大学著名中国史学者，曾与费正清（John K. Fairbank）教授合作主编《剑桥中国史》，译文由笔者译自《法律史》1976 年第 2 卷第 1 期（See Dr. Denis C. Twitchtt, "Law in Early T'ang China", *Legal History*, Vol. 2, No. 1, 1976, India），译文略有删节，本文原以"初唐法律研究"为题发表于《南京社会科学》1993 年第 3～4 期。

唐朝的"律"(《唐律疏议》)和"令"都详细规定了处理案件的程序,前者是以完整的法典形式出现的,后者是以法规形式出现的行政法规,它们本来是零碎的,现在已由仁井田陞付出艰巨的劳动,把它们汇编起来了。但是尽管在那个时期的历史中有许多对审判和判决有参考价值的东西,我们能从中研究法律机制在唐代是如何运作的唯一材料,是那些由斯坦因和伯希和在敦煌探险时所发现的零碎的手写文书,以及大谷光瑞在吐鲁番探险时所发现的材料。这些珍贵的残卷被保存下来,纯粹是出于历史的偶然,它们是真实的判例档案的组成部分——它们甚至在清代的案例汇编中亦没有被收入。

这些材料是由敦煌(当时叫沙州)或吐鲁番的地方当局制发的文书,据推算它们几乎只能来自这么一个很短的时间内,即从公元七世纪的最后十年到公元八世纪的中叶,因为自从公元763年以后,这个地区由于当时吐蕃(西藏)占领甘肃而被孤立于中国的其他领土,尔后又归入吐蕃的统治之下。

这些手写的原始材料的历史内容,是我在写此文时把自己的研究限于初唐的原因之一。然而,无论如何,还有更进一层的原因,那就是这是人们所渴望了解的,关于唐朝地方组织的全部详细而系统的描述,以及对其中央政府的法律机构的介绍,可以见诸《旧唐书》和《新唐书》中关于官僚机构的专门论述,亦可以见诸集其大成的《唐六典》,在诸如《通典》和《唐会要》这一类的关于行政机构的百科全书中亦可以见到,这些描述和介绍的情况所揭示的政府机构,存在于公元739年左右,而这个年代正好是《唐六典》编纂完毕的年代。以上情况的出现并不单是关于法律的历史叙述汇编方式的结果,它反映了一个大的历史变化，由于安禄山叛乱，以及后来一系列混战，引起了行政机构和人员的变动，很明显，中央政府的各个机构之间秩序井然的关系因此被完全打乱了。我们至今仍未能十分清晰地了解这个变化。同样的，晚唐产生了地方一级的行政行为的巨大差别，因为许多不同的地方政府纷纷开始超越行使那些原来由中央政府行使的权力，所以，要在总体上理解帝国的这些国家机构的变化就更加困难了。

中央政府的权力削弱了，而地方政府的行政活动在方法上越来越变得步调不一致，伴随而来的是在政府活动中中央的法律地位的巨大变化。中唐以前已经存在着这样一个惯例，这个惯例是从秦汉一直延续下来的。按此惯例，一个稳定统一的中央集权的王朝，应当建立在牢固的基础之上。这些基础是：统一的行政程序的建立，政府机构组织的一体化，社会组织的统一化，以及大一统的整个帝国一致的社会道德规范和习惯，并且所有的一切都有一套严密的、强有力的法制作为保障。这个制度不仅包括以法典"律"的形式出现的刑法规范（其目的似乎是为了设立人们行为所应遵循的不变的准则），而且还包括以法规形式即"令"的形式出现的行政法规。除此之外，还有其他补充唐律的法律形式，这些补充的法律与"律"和"令"一样，亦大约每二十年修订和删除一次，它们即是所谓的"格"，它是皇帝以敕令形式颁布的关于法律的修改、补充、添增的法令的汇编；而所谓的"式"则是法律的实施细则，它照顾到了各种不同的政府机关的具体要求，照顾到了地方上的差别性和特殊性。所以，"律"和这些多种形式，本身亦是受统一的规则来协调和控制的。

这个中央集权的法律机体，几乎遍及政治活动的一切领域，它不是唐朝的创造，正如"律"一样，它是长期发展的产物，唐朝以前各代留下来许多法律说明它是自汉朝一直延续下来的。它与自公元268年（秦始四年）晋从《泰始律》发展以来的南北两系的法典均存在着继承关系。自从公元581年后，法律的形式有所变化，与前代的法典相比，隋律、唐律都要明显地简要得多，它们只占公元268年西晋颁布的《泰始律》或公元563年北周颁布的《北周律》的三分之一，条款亦只有南朝梁于公元503年颁布的《梁律》的五分之一。公元582年或公元583年颁布的"令"亦是基于纷繁复杂各不相同的前代法令而制定的。隋文帝于公元583年颁布了"律"与"令"以后，中国封建社会的法律基本成型了，内容亦开始保持相对的稳定，并且为以后的唐律所继承下来。这无论如何并不意味着法律是静止不动的，在初唐时期由于皇帝经常以敕令的形式颁布新的法令，所以法律本身亦在不断地修订和更新着，直到公元737年为止，都是每十五年左右出现一部新的律令汇编，其中只有两个较长的时间是例外，即在公元685—706年和公元719—737年之间不是这样的。但在此期间编订了几本新的《格后敕》，从敦煌所发现的法律残卷中，我们可以发现在修订中，法律发生了很大的变化，即使是在被认为是规定人们行为的最基本的刑法中亦是如此，"令"亦是随着形势变化而不断地修正的，这一点已被充分的证据证明。显而易见，这四种形式构成了一个相互之间有机联系的整体。

　　唐朝行政制度至少在形式上，在整个庞大的大唐帝国境内是整齐划一的，而唐朝的这个法律有机体正是通过这个行政制度得以施行的，唐朝有三百多个州（府），以及组成州的一千五百个县，它们中的每一个的组成及相应的行政程序都是由中央政府以一整套复杂的规范来加以规定的,不仅对于大的人口中心,而且对于像敦煌和吐鲁番那样的边远地区亦是如此,而我们的材料地都是在通往中亚的商道上兴起的边塞重镇和驿站,它们是从高度畸形发展起来的城市,都坐落在沙漠的绿洲上,它们之中的很大部分由非汉族的少数民族居住,尽管如此,唐朝的这些边远地区地方的官方文书还是给人留下了深刻的印象,它们照搬中央制定的行政法规,其精确程度已达到了一个惊人的地步,甚至在最小的细节上,亦不含糊。诸如如何将官方牒文加印封存的问题。总而言之,边远地区衙门的一切都是照本宣科的。

不仅中央机关的行政程序在帝国内部是统一的,而且每一个州和县在各个方面亦是统一的,从户口登记到土地分配,从赋税到兵役征调,以及国家的劳役义务等方面都有一套一体遵循的统一的制度。从理论上讲,西北的一个农民和与他同时代的长江中下游肥沃地区的农民,以及南方亚热带地区的农民,享有的权利和承担的义务是完全一样的,他们应分得同样数量的土地,交纳同样数量的赋税,负担同样的徭役义务和兵役义务,服从同样统一的家族组织的"社",遵守同样的"律"。但必须知道,公元589年以前,中国南方地区、东北地区和西北地区已经按照各自的环境和方式发展了好几个世纪,所以唐朝中国各地的自然环境、社会组织有悬殊的差别,这种差别说明,在事实上要使一个严密统一的行政和司法制度能完全地在各地得到实施,是不太可能的。但即使如此,仍要贯彻实施。比如就土地分配而言,即使地方的特别情况使每个农户不能获得其有权得到的土地,但为了和"令"保持一致,当地的地方政府不得不按农民应有的而不是实际分得的土地进行登记。

政府必须依法活动并在实践中形成一套严密一体的制度,这种尝试产生了两个极为重要的影响。

首先,唐朝户籍登记有五千多万人口,而这些人口要由 17 000 名有官衔的品内官和 50 000 名低品级的流外官来管理。要在整个帝国实施这么一种制度,就意味着必须有一个不成文的规则,即政府的干预活动应该限制在为其设置的活动范围之内,尽管法律规范"令"为州和县的长官设定了在其管辖的范围内管辖生活各个方面的职责,从维持公共道德和秩序到修理道路等。然而,来自吐鲁番的材料却证明,官员们的绝大部分精力都用于维持法律与秩序,忙于征税、劳役、动员与征调以及有关土地与人口登记等方面的事情上,其他则由不属于中央集权政治体制的地方长老和民间组织去管理。

其次,法律如果要普遍适用,那么就必须以概括的形式制定出来。为了能使制定出来的法律在广袤的帝国内一体遵行,必然需要唐朝的法律具有高度的概括性、适用性和灵活性,这是从制度本身的需要中自然引申出来的。这种概括性、适用性和灵活性为公元六、七、八三个世纪逐渐成形的东亚其他成员国树立了标准的法律典范。这种法律制度之所以被设计出来,其目的在于能在中国广泛普遍地适用,其结果却越出了中国国界,为不同类型的政府和不同社会制度的国家提供了一个法律楷模,高丽、日本以及安南国等都以此为蓝本制定了自己的法典。

然而,尽管该法律制度有很大的灵活性,帝国各个不同的地方特殊需要和中央的大一统还是产生了尖锐的矛盾,这个矛盾由于以下事实而加深了,那就是这套行政制度是以统一的成文法的形式在隋和唐两代中贯彻实施的,然而,它原先是为北魏及其后继者设计的，适用于比隋、唐两个朝代更落后的社会形态和政治实体。它是专门为一个以土地分配为立国之本，视财货和商业为末业的社会设计的。因此，它尽可能把大量的政府的日常工作交给被任命的个人来完成，这些个人完成了政府日常工作的很大一部分。因为他们原来对政府要承担财政上的义务，所以他们干的工作只作为他们所应负的义务的一部分，即特殊的徭役义务，这样政府就不用再承担财政上的负担了。军队亦是基于自给自足、自备武装的人员而编制起来的，这种兵民合一的理想制度的模型一直可以追溯到秦朝。在这种制度体制下，兵役征调、土地分配和税收构成了一个严密的封闭系统。这种系统是基于这样的一种假设，即中央政府及其地方代表，拥有控制管理每一个家庭及其成员的知识，因而每一个官员都能根据其社会地位和其所代表的家庭而获得一定的特权和承担责任。而这些详细的知识和资料只能由一个严密的户籍登记和管理制度来提供并确保，这些资料是政府确定征税率、征发兵役劳役、分配土地、制定司法诉讼程序的重要依据。个人在唐朝法律中是不存在的，除非在提到家庭成员的尊卑等级大小时才涉及，或者在提到该个人在地方团体及其在地方政府中的地位时才涉及。因为只有在这种场合，其权利义务和责任要受到所涉及的东西的影响。这种通过中央政府到地方政府层层控制每个家庭和个人的制度是初唐行政制度的一个至关重要的核心。

公元 755 年以前的十年中，户籍登记制度已不受重视了。公元 755 年安禄山叛乱以后，它便彻底瓦解。随之而来的是依据中央集权统一的行政法律而建立的全部政府机构陷于瘫痪状态，全新的行政制度开始被引进。它在唐以后存续了几个世纪，在这个新的行政体制中，地方当局的活动不再由中央政府定死，不再在由中央政府严格监督下进行。在八世纪后期，唐朝政府面临着一些控制帝国重要地区、拥有重兵的半自治的藩镇割据的威胁。至此，即使他们希望把中央统一的行政法律贯彻下去，他们亦束手无策，况且他们想争夺更大的权力呢？在公元780年到公元789年期间以及稍后的一段时间内，形成了一系列中央和藩镇之间的讨价还价、争权夺利与妥协，于是藩镇得到了一定的税收权、人力支配权，甚而拥有他们认为适当的任何方式的征税权力。所以，如果在公元755年以前，我们能说"中国的税率通行全国"的话，那么在公元755年以后，即晚唐以后，无论是税率还是征税方法，都变得极不统一、极不规则了。不仅在州与州之间，而且在邻近的县与县之间，甚至在相邻的两个村之间都极不相同了。这种新的州的分权和由此引起的行政活动的不一致影响到政府活动的各个方面，法律的实施自然亦不例外。

由于地方在行政事务中有自治权这一点被认可和接受，以"令""式"的形式表现出来的统一的行政法亦开始迅速失去其存在的重要性。在安禄山叛乱以后，定期的法律修订汇编亦停止了，即使后来政府决定整理法律，亦不能对"律""令""格""式"进行一次全面修订，只是颁布"格后敕"，最后在公元853年编成了一部刑律，即《大中刑律统类》。总而言之，无论是作为人们社会行为规范的刑律，抑或是作为政府活动准则的行政法规，都走向了衰落。

因此在讨论初唐的行政法时，把它同唐朝后半期的法律和行政活动区别开来是完全正确的。从这个方面讲，初唐是建立在相当简明而又普遍统一的国家机构之上的最后一个统一的国家形态，这种形态可以追溯到古代的中国社会。八世纪中叶，这个理想的形态终于作为不可行的空想而为人们所抛弃，这标志着社会法律连续性的中断。这个事实，由于唐朝的延续和行政机构在以后半个世纪的存在，而被掩盖掉了。正如日本一些历史学家在研究他们自己的律令时所讲的那样，中央集权下统一汇编法律的时代已经一去不复返了。

初唐时期法律管辖正如中国历史上所有的时期一样，是正常民事管辖的一个组成部分。当时既没有司法独立的概念，亦没有行政和司法之间的任何分权。事实上，一些官员曾在京城中的一个特殊的法律学校中受过训练和教育，这个学校是国子监的一个部门，尽管在七世纪后期的一段时间内，它与最高司法机关（大理寺）连在一起。一些学生在那里接受严格的训练，最后通过一种特殊的法律考试，这种考试被称为明法科，它主要极详细地考核学生"律""令"条款的内容。这种考试制度建立于公元632年，它是构成唐朝考试制度的一种类型，是一系列特殊职业考试的一种。这种专业的法律训练造就了一些非常杰出的精通法律的官员，但就一般而言，它不是人们进入官场的一种严肃的受人尊敬的仕途，它只是通常为在京城中的司法长官提供了一条受限制的仕途，并且以这种方式训练培养出来的人大多不会垄断司法的权力，因为他们为数极少。在公元731年，国子监中有2210人，其中只有50人是明法科的，中央最高司法机关，诸如大理寺和刑部的低级官吏是由年轻的官员担任的，其中许多是通过"钦试"的进士。这种"钦试"往往是一个读书人进入官场的一条捷径，这些人要比通过特殊培训而进入官场的人多得多。作为监察各部门司法活动的御史台的低级职位，亦是如此。这些明法科的进士们要与那些未经专门法律训练而进入官场的人为显赫重要的位置而展开激烈的竞争,而且他们自己亦倾向于在官僚机关中的各个部门任职。

每个官员不论是中央行政机关还是地方政府机构的首脑,都拥有司法职权,官僚政治体制中的每一个机构都负有天生的职责来处理案件。官府的长官是被任命的长官,他们对所有的决定都要负最后的责任。不管这种决定是行政的还是司法的,只要是在他的权力范围内作出的,都由他负责。众所周知,他的副手被称作"佐官"或"通判官",就是对司法判决负连带责任的官员;为其上司处理案件和发布决定的低级官员被称作"判官",而那些担负日常调查职能的官员被称作"典"。每一个政府机关都是按这种体制组织起来的,通过这种方式把各个官府在某职权范围内所作的决定,所应负的相应责任的级别固定下来了,而不同种类的官府与官吏与个人的重要性则毫无关系,官府的负责人要对其行政活动和决定命令负正式的法律责任。根据这种体制,下属同僚对主司的错误行为亦要分担责任。同时,一旦出现违法行政行为,官府中全体官员、吏员都要受到轻重不等的惩罚。

每个案件必须由控告或起诉方进行诉讼,这种控告或起诉可以由受害者本人提出,亦可以由被害者的亲属提出,如果被告是官员,则他们的直属上司必须对他提起诉讼。控告必须以特定的书面形式提出,即"告状",这种"告状"必须恰好符合已公布的法律中的一个条款或几个条款。如果诬告别人,则原告人会受到与他所控告别人的罪行所应得之刑罚相同的处罚,即"诬告反坐"。匿名控告或以一个假名错名控告亦要严加处罚,其他任何扰乱官府诉讼的行为都要受到惩罚。一旦做出了告发,县官和其他司法官吏就不许超出案件告发的范围进行调查和审讯。

一些日本学者认为，唐朝法律对民事案件和刑事案件有不同的程序。毫无疑问，唐律中并不存在明确的关于民事、刑事的区别，一切案件除非它是对刑律的触犯，否则是不会被受理的，亦不会受到判决或惩罚。这个严厉的法律中亦有一些宽容的规定，这些规定以总则性的条款出现，它免除了"不理"行为和"诸不应得为"而为之的刑罚，这些行为在刑罚典中没有专门可运用的条款可援用。尽管如此，这一类案件仍然要加以一定的惩罚，而不论其性质是那样的模糊和不确定，所以，所有的案件都是刑事案件。

不管怎样，在紧急的案件或需要立即解决的案件与我们现在所说的民事纠纷案件之间是有区别的，后者如涉及财产、土地、婚姻、税收、继承及个人地位方面的案件等，这些案件都没有构成对原告人的实际权利的侵犯。因此这些案件被当作非紧急案件来处理，对他们的审理限于冬季，此时正值农闲阶段，即农历十一月开始到来年农历三月底为止这段时间，在夏季农忙时，这些非紧急案件是不受理的，即使已正式登入档案，卷宗亦可以撤下来而不予受理。如果确实对被害者有权利上的侵犯，那么案件就转化成一个紧急案件，按正常的刑事诉讼程序进行审理。

每个臣民都负有发现犯罪必须告发的责任。唯一的例外是允许同居的家庭成员隐匿其尊亲属的罪行而不告发，否则，就违反了孝道，从而告发的人因此反而受到刑罚处罚。当然，这种例外亦不是绝对的，它亦存在着例外的例外，即对谋叛、谋反一类常赦所不原的重罪案，必须告发，不许隐匿。

告诉必须在适当的初审法院提出。通常情况是在县令管辖范围内发生的刑事案件，由县令亲自组织审理，唯一的例外是，如果在集市上违犯法令犯了轻罪，市场的主管官员（市令）有权作出速决裁判，及时处理，对违者处以鞭笞之罚。在京城中，政府的各个衙门均可以作为初审法院而行使审判权。当罪犯被京城的巡司捕获后，可以直接押送到大理寺审判，在这种情况下，大理寺亦可以作为初审法庭而受理案件。

县令亲自负责案件的审讯，原告要就他所控告的内容而受到询问，并且分3天进行告诫审问。只有在这时，捕役才能逮捕并拘禁被告，事实上，两造都被羁押起来，尽管原告有时可以因为邻居的担保而被释放，从而免于关押。县令在审讯过程中，他必须面对面地亲自审讯，必要时县令还可以对两造施用刑具（只限于打一定数量的板子），不仅对被告适用，对原告亦适用。当审讯结束以后，县令执笔写下正式而又规范的司法判决书，对违法者判处刑罚，当然他必须严格按照已公布的"律"和"令"的条文来处理，使之和"律""令"规定严密地吻合起来。县令还可以迅速地对一些轻微的犯罪行为处于笞刑或杖刑，但凡是性质严重的案件必须由县移交给有管辖权的州级法庭判决。县衙门把案件移送到州衙门，案状上要有县令对此案的意见和判决。

州刺史必须重新调查审核证据，讯问被告、原告和证人，一如前面县令所做的那样，他判决的权力亦是限制的，刺史只能临时判处徒刑以下的刑罚。即使在审理这些案件中，刺史亦可以就任何法律上的疑难问题请求上级答复，或者向大理寺请教，或者向刑部请教。大理寺本身有一批低级的官吏被派到地方指导司法审讯和调查，而只有在大理寺亦不能解决这个疑案时，才可以向刑部提出。

所有涉及流刑和死刑的重案，必须由刑部复核，他们可以会同下级司法机构共同审理，并将结果上报皇帝批准，或者如果他们认为有疑问时，派人调查案情。所有死刑案件，刑部必须提交给"三司"处理，"三司"是由御史台御史大夫、中书省中书舍人和门下省门下给事中组成。如果被告不服判决，那么他还可以上诉，通过上表、挝登闻鼓或站在石上喊冤等方式向皇帝告状。

　　所以出现了法院和裁判所复杂的审级制度，以及复杂的检查监督机构。一个性质较为严重的案件要经由许多不同官员主持下的五次不同的审判程序，每个法院的审判权按其级别而受到严格限制。

　　然而，所有的案件都首先由县令进行初审，绝大部分相对比较轻的案件可在这一级得到解决。正是在县级司法机关，案件开始了最初的亦是最主要的审讯，亦正是在这里，制定了以后一系列的诉讼程序和赖以参考的文书材料。当然，以上情况是就一般而言。我们可以在京城中看到例外，因为京城中许多案件直接由大理寺进行初审，或者由中央行政机关中的一个机构审理，但绝大部分案件是从县法庭开始受理的，现在有必要仔细地观察一下案件在那里处理的过程和方式，有必要了解谁是对此负责的官吏。

　　在中央六部之一吏部主管下的官僚体制中，县是最低级的行政级别，县令在该体制中是最低级别官衔的官吏，县亦是中央行政法律适用于普通百姓的最低审级。县以下主要是乡村组织，即"乡"以及为了财政原因而由家组成的"里"，它们负有维持地方法律秩序的责任。同时，由家组织起来的"保""邻"组织互相负连带责任，即他们对互相的行为负法律和财政上的担保责任。所有这些地方组织都由当地家庭组成，由当地德高望重受欢迎的长者领导，他们的地位由政府确认。虽然在一定程度上他们起到了地方行政机关代表的角色，但是在他们自己的社会中，这些地方机构按照习惯用仲裁的方式来处理各自事务，解决各自的纠纷，而不参考中央成文的法律，甚至不遵循由地方和绅士创制出的信仰和价值观念。

由于中央统一的法律和地方习惯存在着冲突，由于中央政府与地方实情存在着矛盾，所以，县司法机关的目的是使这些矛盾和冲突得以缓解，使它们彼此适应。所以，如果我们要想了解这些矛盾和冲突是如何被解决或缓和的，那么，仔细地研究县司法机关办案的过程就显得十分重要了。

在公元740年，唐朝共有1573个县，这些县组成了328个州和都督府，这些机构完成了唐朝政府的大部分行政活动，中央和地方之间没有中间的行政等级，尽管帝国划分为15个"道"，但这些"道"在唐朝及其以后的朝代中，并不是永久性的常设行政机构，而只是为了由中央定期派员巡视监察各地行政工作的需要而划分的范围。

一个中等的普通的县的范围是相当大的，大约平均有英国一个郡那么大，其人口从几百户到几万户不等，平均每个县有5350户，大约25 000到30 000人，而在人口稠密的地区，比如东部平原区，人口要大大超过此数了。管理广袤地区的这么多人口，只有一个县令和几名官员，即使在上县中（唐朝县分为上县、中县、下县，上县人口在6000户以上），县府中只有4名有官衔的命官，这些官员是正常官僚机构的组成部分，是在京城中被任命出来的，他们可以和别处的官进行调任。这四个官，除了县令以外，他们是县令的副官"丞"、"主簿"和两名"尉"，比较小的县只设一个"尉"。县衙门的组织并不复杂，县令和县丞下面设有主管记录的中心机构——录事司，其行政官吏即为"录事"和"录事史"，这些吏员主管在县府领导下受理和处理文书，力求与乡村递送保持一致，包括交付的所有重要事情，衙门的日常事务和判决由两名特别官吏完成，即"司户"和"司法"。每一个机构都在尉府的领导下，每一个机构都设有职吏"曹"和"史"，还有几名"典狱"和"文书"负责调查。这些职吏都没有官衔，而只是些杂役。这意味着他们并非由官僚机构从外面任命派遣而来的官员，只是作为一种特殊的劳役服务而受雇于官府的当地居民。

县的这种行政机构揭示了这么一个事实，县令要对国家的安宁、良好的秩序和习惯、健全廉洁的行政活动负责。他们主要的义务是，一方面要维持社会法律和秩序，解决各种纠纷；另一方面要管理财政。只有他和他的直属下级才是在职命官，只有这些人可以和其他官府的官员换职调任。这个事实意味着县的一部分日常工作是由常设职吏和工作人员完成的，这些人员不仅完成了大多数与法律诉讼程序有关的详细的文书工作，而且他们本身亦是县令获得地方知识的来源，他们可以告诉县令地方上的风土人情、习俗、掌故，以及该地方户口人数等情况。

在大谷光瑞探险中发现的许多珍贵的手稿现在为京都的龙谷大学图书馆所掌握。这些材料告诉我们在县衙中是如何处理一个案件的。这些最完整的资料，在大谷文书2835号中，它是一个与户口有联系的个体农户的档案，他从敦煌地区（沙州）逃亡到邻州，在那里他成了一个被束缚在地产上的农奴。

从沙州到甘州、凉州、瓜州和肃州的流亡农户（大谷文书

2835号)官方信件(牒)记载:

特奉命作出如下认定:

上述数州,由于缺乏耕地和水源,所以许多百姓居住在打有水井的城市中,田里耕作的人实在很少。

在沙州,百姓忙于农活,老幼皆知如何耕耘劳作之事。然而,他们却突然逃亡,逃到其他各州安生。一般他们是受到邀请并居住在那里的,是作为农业劳力被送到那里为那些拥有地产的人家劳作的。他们提供援助和协助,但拥有家产的人家都像对待家奴一样对待他们。如果地主喜欢他们就付给其一些工钱。反之,如果地主们讨厌他们,他们就陷入危险之中。

所以,很难说谁是对的。总之,随着四季推移,他们对国家亦有些犹豫了,彷徨观望了。

现在由地方当局管那些业已逃跑的农户的耕地并分给别的农户,由这些农户派出一个儿子负责耕种。

收获的庄稼首先用以交税(这些税原来应由逃户的农户负担),如果完税后有剩余的话,则剩余的部分归帮助耕作的人所有。

还有一则材料记载:

现在我们奉旨命令:逃户应当离开住地,重回家园。毫无疑问,只要他们能回来,则不论其家庭地位高低如何,一律给予两年免税的优惠。至于今年逃亡他乡的农户的地产,政府应当发放种子、贷款并把土地分给别的农户,鼓励他们帮助耕种,如果逃户回来了,其田内庄稼仍照旧生长。应当免除其赋税和劳役,并使其重新获得土地及其孳息物。

有一些人担心逃亡户会上地方官府的当,有些地主亦会千方百计引诱他们说:"他们在那里有现存的土地,而在其故乡无法安生。"

所以,逃亡户到处乱转,丢下他们原来的生活来源,轻易地到别处去居住。甘州、凉州、瓜州、肃州的百姓用令人误入迷途的说法给这些逃户提供信息。但无论如何,现在规定土地上的地里收入应一律归还给逃亡回来户,使他们可以在故乡重新居住并耕作其土地。然而,如果主管重新安置户口和监督的官员未在牒中得到正式通知,我们认为,将有无穷的诉讼从逃亡回来户中产生(下略)。

在公元 703 年左右,司法机关已试图通过一种非常优惠的条件使那些逃户重归家园,并替他们重新登记。负责重新登记的官员发牒给敦煌的县令,重申政府的新条款,并要求县令发文给部下和邻近各州,要求他们敦促逃户回归家园。

敦煌地区的县令收到这个牒文后,把它交给了部下,审查注册,文书送到录事司,先临时由尉审阅(亦许录事位置空缺,这意味着敦煌是一个中县,县里只有三个命职官员和一个尉),录事司封好牒文以后,把它送给司户,主管该司的尉审查了案文并在上面签署,然后该牒文进一步由该司中一个职官审证,尉再命令把牒文多抄几份,送给邻近诸州各一份,并由下属留一份备案,然后文书回到县令手中,他才最后命令发送牒文。

在大谷光瑞的文书材料中，还有许多与上面牒文同样格式的文书，它们都是在同一个时期制发的，即都是在武则天女皇统治的最后几年中制发的，这些文书说明，县令自己在许多判决和决定中，只是参加了极少部分的工作，在正式的仪式化形式下进行的，通常是由官衔很低的官吏及其下属职员和工作人员进行审批、评论。

州的组织是建立在县基础之上的，它在和中央政府之间的联系以及必须处理的大量繁琐的案件事务方面和县基本相似。州当然比县大，每州大约有5万至10万人口，少数州还要多得多。刺史当然要比县令职位更高，地位更重要，刺史及其副官，即使在边远的州，级别亦有四到五品的官衔，他们由此进入有特权的官僚阶层，而且荫及子孙后代，使其子弟亦有步入官场的特权。他们还享有诸如此类的其他特权，最大的州大约有40 000户（大约20万人口），其州刺史品位官至三品。这样一些大官就其地位特权和薪俸而言，除了少数宫廷显要以外，他们能与所有其他大官分庭抗礼。

如县的设置一样，州的刺史和主管行政的副官下面设有一个中央的秘书处，它负责和中央政府及邻近州县的联系事宜，并处理一些州内部的事务，它的职位由下级官员担任。

唐朝的州只设七个机构，即司空、司仓、司户、司兵、司法、司工和司市。每个机构中都有一至两名主管行政的官员，一至两名曹和史，后者是品外官员，亦无官衔；司法不仅有比其他各司更多的曹和史，而且掌握有武装的警察15人、典狱员14人、文书8人和卒20人。每个司的大小在下面将详细交代。正如县衙门一样，每个州还有一个教育司和市场管理司，这些机关的长官是由有官衔的官员担任的，同时配备了很多下属人员和经过登记的学生。

一个上州共有 22 名有官衔的品官，有 135 名品外职员，其中 78 名主管书记工作。下州的级别要低一些，只有 12 名品官，其中 2 名是地方主管教育的长官，没有判司，只有三个重要机构，即司法、司仓、司户。其中司仓和司户是合在一起工作的，两个机构拥有 15 名办事吏员，而司法则只有 6 名，但司法还有 10 名武警、8 名典狱、4 名文书和 16 名法曹。下州总共有 70 名杂勤雇员，其中 32 名是书记人员。

因此，下级司法机构作为初审机构，只是地方行政机关中的一个机构，其中只有几十名有官衔的官员，他们是由京师或高级官僚机构任命的，其他日常工作绝大部分由没有官衔的衙役吏卒去完成，而这些衙役吏卒则是由地方抽上去的。

正是这种地方政府的机构，说明了县令以及在某种程度上讲，包括州刺史，都具有双重的职能，一方面，他们是中央权力的代表，另一方面，他们又是当地百姓的"父母官"，在其职权管辖范围内，负有保护当地居民利益之责任。行政机构本身既包括中央任命的官员，亦包括为数众多的地方雇佣的下级办事人员。前者是作为中央政府在地方行使权力的临时代表，一般不超过五年，他们对所有的判决和命令要负最后的责任，后者则是常设的终身任职者，他们并不构成由中央吏部任命、选拔的官僚机构的组成部分。

在这些无官衔的下属胥吏的日常行政活动中，他们所充当的角色，意味着书面文件的准备，证据的收集提取，地方风土人情的积累汇编，都不依靠外来官员的决定。因为，法律既不允许官员们在有家庭血缘关系的地方任职，亦不允许他们在其管辖范围内缔结婚姻，形成种种亲属关系。只有如此，他们才能被视作是超然和公正的。上面这些任务全是依靠当地选拔出来的与该地有家庭血缘关系、婚姻关系的吏员去完成的，这些人与其说是支持中央政府利益的，还不如说是代表和支持地方利益的。

这些地方利益是为中央政府认可的合法利益，法律亦告诫地方官员不能试图强制实行与地方利益相冲突的规则。同样，有充分证据证明州县衙门不断编订基本法规及其法律实施细则，这些规则不仅与州县的特殊情况相符合，而且与日积月累的经验亦相符合。这一套汇编起来的档案由敦煌保存了下来，其内容涉及灌溉工程秩序，与前任官员判决相同的规定，及与前任官员判决矛盾冲突时如何选择的规定，古代习惯，前代惯例，地方长者的观点，前任下属胥吏的意见和忠告，等等。这样一些有关地方法规和程序的档案为法律的执行提供了连续性，从而抵消了由于县令刺史不断更替而造成多变的影响。

地方衙门的办事人员是根据其代表的家户的利益，根据其知识学历能力而选拔上来的，这些人亦可以由世袭而产生，或者来自一个小的社会团体。总之，他们具有较高的文化素养，并且对地方官吏的活动程式，对文书，对法律都了如指掌，他们很可能大都出身于高贵的家庭，从敦煌和吐鲁番保存下来的文书来看，绝大多数办事吏员的姓都是当地有名望的家族的姓，这个事实为我们在敦煌发现的档案文书中所找到的家系家谱所证实。

这样就可以得出一个极其重要的结论，即县令、刺史与他们下属吏员之间的矛盾和冲突是司空见惯的。因为一方面是受过高等教育的官僚特权阶层，他们作为在地方上的中央政府的代表，要按照中央制定的统一的法律办事；另一方面是看上去比上述官员社会地位低的下层吏员，他们并没有和他们的上司一样受过特殊教育和训练，他们至少是地方利益的代表，他们希望并且一贯依地方的风俗习惯办事。这样矛盾和冲突就不可避免了。这样一个两极分化的存在是无可争辩的。唐代的官员当然感到要比下属吏员优越得多，因为后者只是纯粹的办事人员。正如很久以前，顾炎武就指出的唐代的基本原则"封建"，应该到吏中去找，到地方行政机关的常职下属吏员中去寻找。这里的"封建"意味着把权力分封给地方的人员和地方机构，而不是牢牢地控制在中央手中。

然而，我还想对这个观点再解释一下，官员和吏员在教育上和背景上的尖锐冲突，在商朝就已初露端倪了，到了明朝这种区别和冲突更加突出了。我认为有必要对这个现象仔细考察一下。中国封建王朝后一个时期绝大部分官员是通过科举考试选拔上来的，这个考试需要考生经过一个漫长而模式化的教育过程。当然，后来有一些考中和未考中的考生被雇在官府中管理文书档案。但是，一般而言，官员们认为他们自己是一个特殊的阶层，他们自认为与众不同，因为众人只受过平常的教育，只有有限的能力。他们自认为不仅与吏员不同，而且认为自己毫无疑问比那些吏员要高人一等。

唐和其后几个王朝一样，官僚机构根本不是统一的和清一色的，经过严格挑选的中举者在整个官僚机构中所占的比例并不大，只在15%以下，他们通常在中央官府中任职，那里最要紧的是对古代学术和传统经典的深入理解和掌握，以及在此基础上形成的道德伦理观念。而这些官僚机关中的佼佼者，把地方上的官吏视作是从京城中流放到外地的人，他们往往拒绝到各地任职。八世纪初期的惯例是：中举者视担任县令为一条希望渺茫的"老牛仕途"，而把担任刺吏（后改州牧）则看作是无可奈何的"饿羊之路"。

有充分的证据证明，这一地区即使卑微的官职亦有一些是由因世袭而进入官场的人去担任的。这些世袭特权赋予高级官员的子孙后代使他们进入官场担任低级官职。最近对扶林吐司（Ts'uis of Poling）一个大家族的研究证明，许多低级成员都担任州、县的卑职。这是一个十分有趣的例子，它有关于一个著名家族的家谱，人们都在一个下州中任职。恰好在公元719年建于兖州孔庙的一个石柱上记载了州的主要官吏的名字，从而使这个家族得以荣耀。名单上的17名官员中有14名都来自门第显赫的家族，奇怪的是其祖先的地位越是显赫，他们担任的官职越低，这些人无疑都是享有与经过考试而中举的官员同样的教育和背景的，他们中的绝大多数人在唐代仍然是来自同样贵族出身的名门豪族子弟。

然而，通过世袭进入官场的人在唐朝官僚机构人员中所占比例还是很小的，和考中的候补官员一样，如果他们得志的话，他们将晋升到京城中去任职。公元715年张九龄曾为地方官员的素质而叹息，他说在洛阳长安周围的京畿地区之外，除了在一些重要的大城市，几乎没有才华横溢的地方官。所有的州刺史都是在东京城中未能担任官职的人员，他们失宠了，或者由于原先的靠山下台而被置于无足轻重的位置上。官僚机构的另外一些官员都是从在秘书机构工作和军队中长期为人所轻的职位上服役而提拔上来的，至于县令和更低一级的官吏的才能，实在更是无可奉告，不值一提了。

唐朝关于官员选拔制度中，有这么一条规定，即每个吏员如果完成了八年的服务并且常有成绩的话，他有权通过考试申请调任或晋升成为正式的有官衔的官员，这一点常常为人们所遗忘，通过这种方式调任和晋升的官员为数不少。在公元729年，2000多名吏员通过了考试并获得调任资格，这个数字比通过科举考试而担任官员的人数多十几倍。

这些调任者通常对仕途并不抱多大的奢望，他们没有"正宗的官府"的行为权。因为，在那些官府中，对古代知识的了解和对儒家经典的掌握是作为衡量某官员伦理道德观念的标准和依据的。对于一个天赋非凡的人而言，从吏员晋升到官员为他进入最高官僚集团提供了一个阶梯，至少八世纪初有两位宰相开始时是文书办事人员，即魏师古和牛僧孺。事实上大多数从吏员晋升到官员的人只能到此为止，他们只能在负有有限责任的低级官员职位上度过他们另一半官场生涯，如担任低级的监卒等。担任诸如此类官职的人是很多的，这些职位是专门为提拔晋升的吏员而设置的，这些人后来在官僚机构中组成一个特殊的阶层，曾几次反对由朝廷任命的中举的候选官员担任本来属于该阶层的职务。

正是这些人以及从军队中同样晋升上来的官员占据了唐朝官僚机构的大部分职位，特别是占据了各省官员的大部分职位，这一点几乎是没有任何疑问的。尽管唐朝在公元737年正式官员只有18 805人，但却有着为数极多的下级雇员和吏员，这些吏员在同时期达到349 863人，这个数字包括三种职能相当独立的吏员，第一类是"品外官员"，他们是拥有自己官衔的吏员，大多在京城中任职；第二类是"勤杂办事人员"（包括差役、杂役），他们中又分为两种人，一部分是常职政府官方的雇员，另一部分是作为服劳役而定时轮流值班的人员。吏员职位大部分是由地方官员任命的人担任，其候选人是从以下几种人中选拔出来的，一种是没有世袭特权、很低级的地方官的儿子，一种是地方雇员的子孙，或者还有一种是由地方政府的现任人员来担任。

现在，我们比较清楚了，作为中央政府权力在地方的代表"官"和作为地方利益与习惯的代表"吏"之间存在着不可调和的矛盾。我们在新的材料中，看到地方利益和习惯表现得比真实的更加明显。由于社会集团和背景的巨大差别，如中国封建社会后期所显露的那样，大部分地方官员依靠自己的努力进入了官僚机构上层，他们的下属，至少其中一些极其聪明能干者，有希望从低层被晋升。当然，需要强调的是，实现这种晋升的地方官吏是非常少的（大约占总数的十分之一），但毫无疑问，通过晋升进入官僚阶层的机会对每个吏员来说却是事实存在的。

另外，在一个小的县衙门中，只有四五名官员，日复一日连续不停地和其同僚一起工作，他们之间的矛盾是确实的，两派之间的社会出身、教育程度和思想意识观念的尖锐冲突亦是存在的。假使吏员们已陷入地方利益中，甚至在根据地方利益、先例、习惯和需要而适用法律时，他们仍然要在开头引用官方的法典。就是当他们把判决适用于当地情况时，他们亦确实承认法典条文的权威性，而不是把它仅仅看作是一个简单的仲裁法规。

无疑，唐初地方行政机关的吏员在实施法律过程中，无论是在刑法还是行政法的实施中，都起着十分重要的作用。他们当然亦和其他朝代的吏员一样徇私舞弊或屈服于地方压力；他们无疑亦通过运用他们的地方知识而影响他们的上级官员（这些官员不仅不了解地方习惯和风土人情，甚至连方言都听不懂）；同样无疑的是，他们能够促使他们的县令或刺史根据地方惯例来管理地方事务。但是，他们的行为，犹如整个县的行为，即使考虑地方情况时，亦要考虑到中央制定的统一的法律整体利益和程序。在唐朝的法律制度中，地方习惯和先例只能在县级以下的地方使用，在中央政府认可并在认为有必要干预的程度上才能适用。习惯上地方有威望有影响的人的仲裁、乡村祠堂中有权威的小集团的活动，仅仅用以解决一些细小的纠纷。一旦案件提交给地方政府审理，那么，就必须按照中央政府制定的法律和程序进行审理。因此，地方情况和地方考虑只能充当一个补充的角色。

后　记

　　我在前面的序言中说到，本书前后似乎构成了对唐律由法制而文化的阅读，其中好像还隐含着某种合逻辑的展开。其实，这不是刻意追求的产物，而是因为多种机缘巧合，在持续的阅读中自然形成的结果。如果要追溯这个过程的话，那就要从我对唐律的喜欢开始。

　　我对唐律的喜欢开始于大学时代。记得在读本科的时候，法律之外我喜欢看历史和哲学，在历史中喜欢看唐史。为什么对唐史有兴趣呢？因为看到唐史很有信心，晚清史一般不看，因为看了很气馁，那种心情是很复杂的（这是我当时的感受。其实，我们今天所谓的传统主要来自于明清，清特别是晚清是现代中国直接的历史源头，所以，如果要从对现代中国的认识来说，那么晚清史无疑是最重要的。当然，这是我后来的认识，而当时就是那种感受）。于是，有关唐的东西我都有兴趣，奇巧的是1981年的一个晚上，我从学校阅览室的一本台湾地区的刊物上，看到了一篇题为"中日法律文化交流小史"的文章。这是一篇述史的小文章，我仔细地把它读完。让我意想不到的是，当时发达的日本居然还有接受中国唐代法律文化千年以上的历史，这使我惊讶不已！于是，我对唐史的喜欢开始向唐律转移，后来华政的王召棠先生给我们开设的"唐律专题"又推进了我的转移。王先生是一位慈祥的长者和唐律专家，他是我大学时候的恩师，从他的讲

座中,我首次离开教科书直接接触到了《唐律疏议》。等到 1984
年我到法大读研时,北大的王永兴先生和刘俊文教授给我们讲
"唐律专题"。王永兴先生是陈寅恪的弟子,精通唐史和敦煌吐
鲁番文书,所以,他给我们讲"敦煌吐鲁番文书中的唐律问
题";刘俊文教授是王永兴的弟子,他是中华书局新版《唐律疏
议》的点校者,所以,他给我们讲对《唐律疏议》的点校和认
识,这让我对唐律和《唐律疏议》又大开眼界,而且更加喜欢。
于是,我将大唐律令与唐代经济社会盛衰作为硕士论文的选题,
完成了我第一篇阅读唐律的习作。1986 年我到南大法律系任教,
期间应系里要求开设"中国经济法律史"课程,我根据自己的
爱好和所长,把重心放在了古代特别是汉唐,这样又有了一些关
于唐代经济法律的习作。为了扩大对唐代经济法律的认识,随
后,我又把与它相关的唐代民事法律部分陆续完成。现在回过头
来看,到那时为止,我的这些习作其实都是对唐律制度的阅读,
还远没有到文化。说来亦巧,20 世纪 80 年代,国内兴起文化
热,在那样的思潮中,我开始了中西法律文化比较研究。在比较
中,我以唐律作为中国法律文化的核心,这样我对唐律开始有了
文化的意识和追求,这在拙作《中西法律文化交流比较研究》
中可以看到。后来,我因对最初读到的《中日法律文化交流小
史》一文心念不忘,但又觉得该文过于简单而该问题对学术又甚
重要,于是努力完成了《中日法律文化交流比较研究——以唐与
清末中日文化的输出与输入为视点》的研究。这两项工作开启了
我对唐律的文化阅读,给我带来了从文化看唐律与从制度看唐律
不一样的感受和认识,收在本书后面的几篇习作就是一个反映。
再后来,由于我对中国传统法的思考开始向法理、法哲学延伸,

所以，有关唐律的文化阅读又转到了法理、法哲学层面，收在本书后面的几篇习作亦多少反映了这一点。

  从上面的追述中可以看到，我对唐律的喜欢和由法制而文化的阅读，确有很多机缘巧合在里面，如上大学时偶然中读到那篇文章，特别是幸运地碰上了王先生和刘教授，还有到南大后应要求开设这方面的课程，以及巧遇上国内文化热的开展等。此外，我想还有两个因素在起作用，一个是明显的，一个不太明显。明显的是我是中国人，而且是学法律的，所以对唐朝的伟大和唐律的优秀自然引以为豪。起初，这种自豪还是感性的，但等到真正接触和了解了唐史和唐律后，就转为理性的了。譬如，人们常说唐朝伟大，那么，伟大在哪里呢？回答肯定不一。这里，我举一例唐人自己的说法。如唐朝高僧鉴真大和尚为应日本僧人之请，问弟子有谁肯东渡日本去传授佛法时，结果竟无人应答，最后大弟子祥彦回答说，除了九死一生的危险和修行未果外，主要是因为"人生难得，中国难生"（《唐大和上东征传》，中华书局2000年版，第41页），意思是说人来到世界已经很难得了，生在大唐那就更难得了。由此可见，在当时人们的眼里，人能够出生和生活在大唐都是人一生难得的幸福。还有，人们常说唐律优秀，那么，优秀在哪里呢？我在收入本书的《为什么说〈唐律疏议〉是一部优秀的法典》中略有说明，但这是作为今天中国人的我的说法。这里，我亦举一例当时日本人的说法。公元623年，即唐高祖武德六年，日本推古天皇三十一年，留学中国隋唐的学生学成回国，他们向天皇报告说："大唐国者，法式备定珍国也，常须达。"（《日本书纪》卷廿二）意思是说大唐是法制完备的珍贵国家，要经常到那里去拜访请教。这个报告和建议促动了日本的大化改新，大化改新的目标是要把日本建设成为像唐朝那样强大的法制社会、文化国家，日本因此而迈入先进的律令时代。我想以上二例可以回答唐朝为什么伟大和唐律为什么优秀了，这亦是我对唐律的喜欢和阅读从感性转为理性的显因。另一个不太明显的隐性因素是，走上探索中国法律文化这条路，对我来说似有必然。对此，我曾在拙作《原理及其意义——探索中国法律文化之道》（第1版）的代序中说到，我生长于清新自然的江南农村，天性中有乡土社会的求实倾向（这是制度的属性），同时又有对空灵文化的向往（这是文化的属性），所以，对唐律的阅读由法制而文化，似乎亦是我研究历程中一个潜在的自然趋向。

张中秋
公元 2020 年 9 月
于中国政法大学